돈 버는 앱인벤터

돈 버는 앱인벤터 · 이대로만 따라하면 당신도 앱으로 돈 벌 수 있다

저　자 ｜ 최기훤
펴낸이 ｜ 최용호

펴낸곳 ｜ (주)러닝스페이스(비팬북스)
디자인 ｜ 최인섭
주　소 ｜ 서울시 구로구 디지털로32가길 16, 1206호
전　화 ｜ 02-857-4877
팩　스 ｜ 02-6442-4871

초판1쇄 ｜ 2019년 7월 30일
등록번호 ｜ 제 25100-2017-000082호
등록일자 ｜ 2008년 11월 14일
홈페이지 ｜ www.bpanbooks.com
전자우편 ｜ book@bpanbooks.com

이 도서의 저작권은 저자에게 있으며 저자 및 출판사의 허락 없이 일부 혹은 전체 내용을 무단복제하는 행위는 저작권법에 저촉됩니다.

값 20,000원
ISBN 978-89-94797-93-9 (13000)

비팬북스는 (주)러닝스페이스의 출판부문 사업부입니다.

이 도서의 국립중앙도서관 출판예정도서목록(CIP)은 서지정보유통지원시스템 홈페이지(http://seoji.nl.go.kr)와 국가자료공동목록시스템(http://www.nl.go.kr/kolisnet)에서 이용하실 수 있습니다.(CIP제어번호: CIP2019028733)

돈 버는 앱인벤터

최기훤 지음

비팬북스

서문

여러분은 앱을 만든다고 하면 어떤 생각이 드시나요?

"앱은 IT를 전공한 사람만이 만드는 것!"
"JAVA나 C같은 프로그래밍 언어를 알아야 만드는 것!"

이렇게만 생각하고 계시나요?

이제 앱은 IT를 전공하지 않아도, 프로그래밍 언어를 몰라도 누구나 만들 수 있습니다. 심지어 초등학교 학생들도 2-3일 만에 배워서 만드는 게 앱입니다. 앱은 만들기 너무 쉽습니다. 물론 전문적인 프로그램으로 발전시키기 위해서는 다양하고 복잡한 알고리즘을 배워야 합니다. 하지만 그런 전문적인 앱이 아닌 일상에서 우리에게 간단한 지식을 전달하거나 내 비즈니스를 홍보하기 위한 앱이라면 2-3일 정도면 만들 수 있습니다. 그뿐인가요? 만들어진 앱을 구글 플레이를 통해서 실제로 출시할 수도 있습니다. 그런데 어떻게 하면 앱을 만들 수 있냐구요?

그 도구가 바로 앱인벤터라는 것입니다. 앱인벤터를 사용하면 안드로이드 앱을 2-3일 정도에 만들고, 구글 플레이를 통해 출시할 수 있습니다.

앱인벤터는 MIT와 구글이 함께 만들었지만 현재는 MIT에서만 관리하고 있습니다. 또한 무료로 오픈되어 있기 때문에 남녀노소 누구나 인터넷만 되는 환경이라면 앱인벤터에 연결하여 앱을 만들 수 있습니다.

그리고 이 책은 앱인벤터를 통하여 소소한 수익을 얻는 방법까지 제공합니다.

지금까지 국내에 출시된 앱인벤터 책들은 초등학교 코딩 교육을 위해 제작된 책이 대부분입니다. 이 책은 그러한 고정관념을 없애는 책입니다.

앱인벤터는 초중고의 코딩 교육을 위해서만 존재하는 도구는 아닙니다. 해외에서는 이미 앱인벤터를 통해서 많은 수익을 올리는 앱 제작자들이 많습니다. 아직 국내에는 이러한 방식이 많이 알려져 있지 않을 뿐입니다.

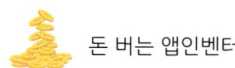

저는 이번 기회에 앱인벤터의 다양한 활용 방법을 소개하고자 이 책을 기획하고 집필하게 되었습니다.

이 책은 이론을 배제하고 실습을 통해 앱인벤터로 수익을 창출하는 과정을 배울 수 있습니다. 따라하기를 통해 예제를 하나씩 따라하다보면 앱인벤터를 이용하여 수익을 창출하는 방법을 자연스럽게 습득할 수 있을 것입니다.

"앱인벤터를 코딩 교육용만이 아니라 수익 창출 도구로도 사용할 수 있다"

저는 당연하게도 앱인벤터를 통해 구글로부터 정기적으로 수익을 얻고 있습니다. 구글에서 제공하는 플랫폼은 다양합니다. 티스토리 블로그를 통해 수익을 창출할 수 있으며, 유튜브를 통해서도 수익을 창출할 수 있습니다. 하지만 앱을 통해서 수익을 창출하는 방법에 대해서는 아직 많이 알려지지 않은 듯 합니다. 왜냐하면 이런 방법을 국내에 소개한 책이 없기 때문입니다.

이 책은 국내 최초로 일반인이 앱을 통해 수익을 창출할 수 있는 비법을 담고 있습니다. 책 자체의 분량은 많지 않은 편이지만 이 책을 통해 앱인벤터의 새로운 가능성을 확인할 수 있을 것이며 기존에 앱인벤터를 교육용으로만 활용하신 분들은 앱인벤터로 수익을 창출하는 방법을 습득하게 될 것입니다.

단언컨데 이 책은 앱인벤터를 통해 수익을 창출하는 방법을 제시하는 선구자적인 역할을 할 것입니다. 앱인벤터를 통해 많은 분들이 부가적인 수익을 창출할 수 있기를 바랍니다.

— 세컨드라이프 최기원

목차

1장 앱인벤터 기초

1. 앱인벤터란? 11
2. 앱인벤터 가입 및 언어 설정 11
   1) 앱인벤터 가입하기 11
   2) 앱인벤터 메뉴 언어 환경 설정하기 14
   3) 첫 앱 생성하기 15
3. 안드로이드 스마트폰에 AI컴패니언 설치하기 17
4. 스마트폰에서 앱 실행하기 19
5. PC에 시뮬레이터를 설치하여 실시간 개발 환경 구현하기 22
6. 오프라인 환경에서 앱인벤터 사용하기 35
   1) 오프라인용 앱인벤터 소개 35
   2) 오프라인용 앱인벤터 다운로드 및 설치 36
7. 앱인벤터 인터페이스 익히기 42
   1) 디자이너 화면 42
   2) 블록 에디터 화면 47

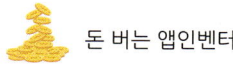

2장 기초 컴포넌트 익히기

1. 사용자 인터페이스 컴포넌트	 57
1) 버튼 컴포넌트	 57
2) 체크박스	 64
3) Datepicker & Timepicker	 72
4) 이미지 컴포넌트	 82
5) Listpicker 활용하기	 93

3장 앱인벤터 UI 제작 테크닉

1. Material Design이란?	 105
2. 스플래시 화면 구현하기	 106
3. 메인 메뉴 구현하기	 121
4. 스크린을 COPY하는 방법	 138
5. 앱 종료 메시지 구현하기	 157

4장 광고 달고 수익 올리기

1. 앱인벤터에 광고 달 수 있다? 없다? 163
   1) AppyBuilder 164
   2) Kodular 167
   3) Thunkable Classic x CrossPlatform 169
2. 구글 애드몹 가입하기 173
3. 구글 애드몹에서 광고 생성하기 178
4. 구글 애드몹 광고 컴포넌트를 앱에 삽입하기 - 배너 광고 184
   1) 배너 광고 블록 코딩 191
5. 구글 애드몹 광고 컴포넌트를 앱에 삽입하기 - 전면 광고 193
   1) 전면 광고 블록 코딩 199
6. 앱 광고 테스트하기 207
   1) 테스트용 광고 ID 삽입하기 208
   2) 광고 테스트용 앱 빌드 및 테스트하기 209

5장 무료 푸시 메시지 연동

1. 푸시 메시지 연동하기 214
2. One Signal에서 앱 설치 유저들에게 푸시 메시지 보내는 방법 231

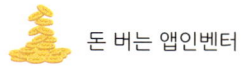

6장 구글 플레이에 앱 출시

1. 구글 개발자 등록하기 235

2. 구글 개발자에서 앱 출시하기 239

7장 앱 수익 지급받기

1. 구글로부터 입금받기 위한 외환통장 개설 273

2. PIN 번호 입력하기 275

3. 구글 애드센스에서 지급 설정하기 279

부록 유용한 사이트

1. 앱인벤터 도큐먼트 사이트 285

2. 무료 앱인벤터 교재 (영어) 286

3. 패시브인컴으로 부자되기 연구소 287

1장
앱인벤터 기초

1. 앱인벤터란?

앱인벤터는 안드로이드용 앱을 만들 수 있는 도구입니다. MIT와 구글에서 만들었으며 현재는 MIT에서만 운영하고 있습니다. 초등학생 코딩 교육용으로 현재 많은 인기를 끌고 있는 스크래치와 더불어 앱인벤터도 전 세계적으로 많은 인기를 누리고 있습니다.

앱인벤터의 특징은 전문적인 프로그래머가 아니더라도 앱을 즉시 만들 수 있다는 점에 있습니다. 몇 번의 드래그&드롭과 클릭만으로 앱을 생성할 수 있습니다.

심지어 앱인벤터로 만들어진 앱을 구글 플레이를 통해서 실제로 출시할 수도 있습니다. 그러나 아이폰용 앱은 제작할 수 없고, 안드로이드 전용 앱만 제작할 수 있다는 것은 약간 아쉬운 점이기도 합니다.

하지만 아이폰 유저라도 앱인벤터로 안드로이드 앱을 만들고 테스트할 수 있는 환경을 구축할 수 있습니다. 이 책에서는 그런 부분까지 설명할 예정입니다.

앱인벤터는 인터넷 전용 개발 환경을 제공합니다. 물론 오프라인에서도 앱을 개발할 수 있는 환경을 제공하긴 하지만 어디까지나 온라인 환경에서 개발한다고 생각해 주시기 바랍니다. 또한 가능하면 크롬 브라우저 환경에서 앱인벤터를 구동하는 것이 좋습니다. 기본적인 사항은 이 정도로만 이야기하고 중간중간에 필요한 내용을 설명하겠습니다.

1장에서는 앱인벤터의 기본 환경 설정 및 인터페이스에 대해 살펴보겠습니다.

2. 앱인벤터 가입 및 언어 설정

1) 앱인벤터 가입하기

앱인벤터를 사용하여 안드로이드 앱을 개발해 보겠습니다. 먼저, 앱인벤터를 사용할 수 있도록 환경을 구성해야겠죠? 앱인벤터 사이트에 가입하기 위해 아래의 절차를 따라해 주시기 바랍니다.

01 구글에서 'app inventor 2'라고 검색하면 관련 사이트들이 나옵니다. 여기서 'MIT App Inventor 2' 링크를 클릭합니다.

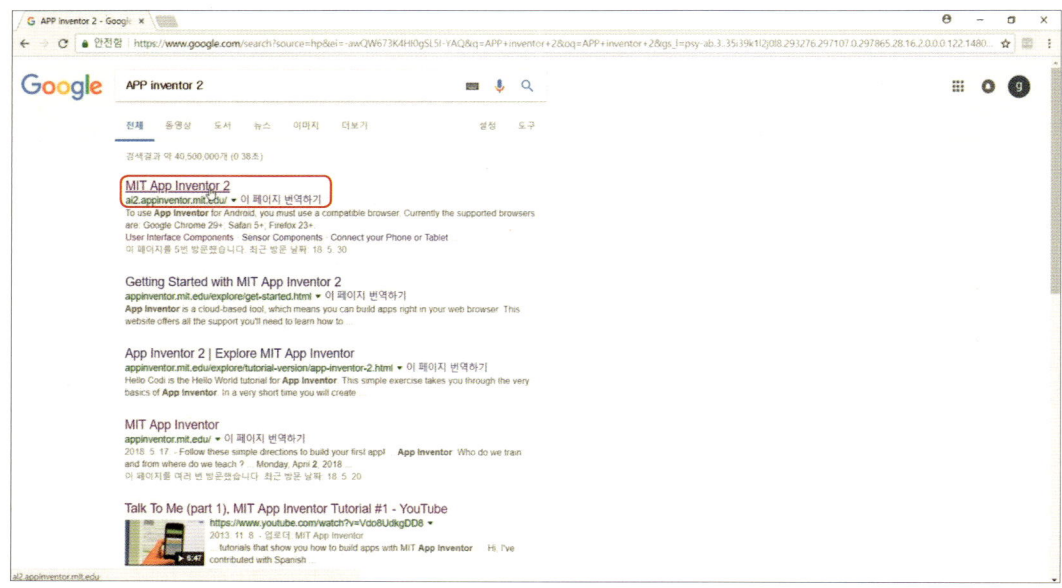

02 그러면 다음과 같은 앱인벤터 사이트가 나옵니다. 앱인벤터 사이트는 MIT에서 제작하였으며 누구나 무료로 사용할 수 있습니다. 오른쪽 상단에 있는 [Create apps!]를 클릭합니다.

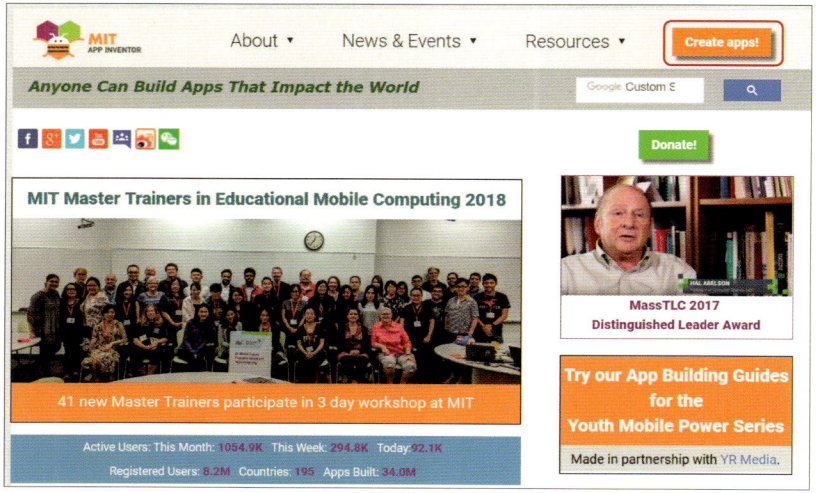

03 아래와 같이 구글로 로그인하라는 메시지가 나옵니다. 구글 계정이 없다면 만들면 됩니다. 구글 계정이 여러 개인 경우 아래 화면에 나오는 여러 계정 중에 하나를 선택하여 클릭합니다. 이렇게 하면 앱인벤터에 구글 계정으로 자동 로그인됩니다.

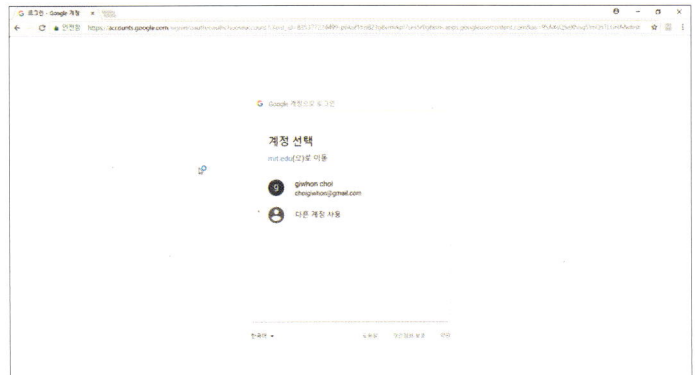

04 앱인벤터에 로그인하면 아래와 같은 앱인벤터 메인 화면이 나타납니다. 여기서부터 앱인벤터로 안드로이드 앱을 제작할 수 있습니다.

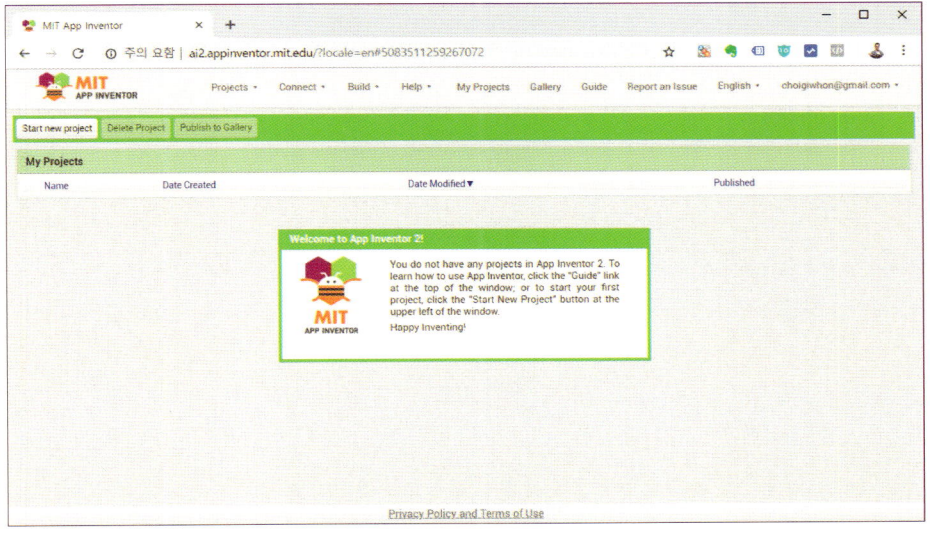

2) 앱인벤터 메뉴 언어 환경 설정하기

앱인벤터에 최초로 로그인하면 메뉴가 영어로 되어 있습니다. 영어 메뉴 그대로 사용하셔도 되지만 영어 메뉴가 익숙하지 않을 수 있습니다. 또한 국내에 출간된 대부분의 앱인벤터 책이 한글 메뉴로 되어 있기 때문에 한글 메뉴로 설정해서 사용하는 것이 좋습니다. 한글 메뉴 설정은 아주 간단합니다. 아래와 같이 설정하면 됩니다.

01 오른쪽 상단의 [English] 부분을 클릭해서 [한국어]를 선택합니다.

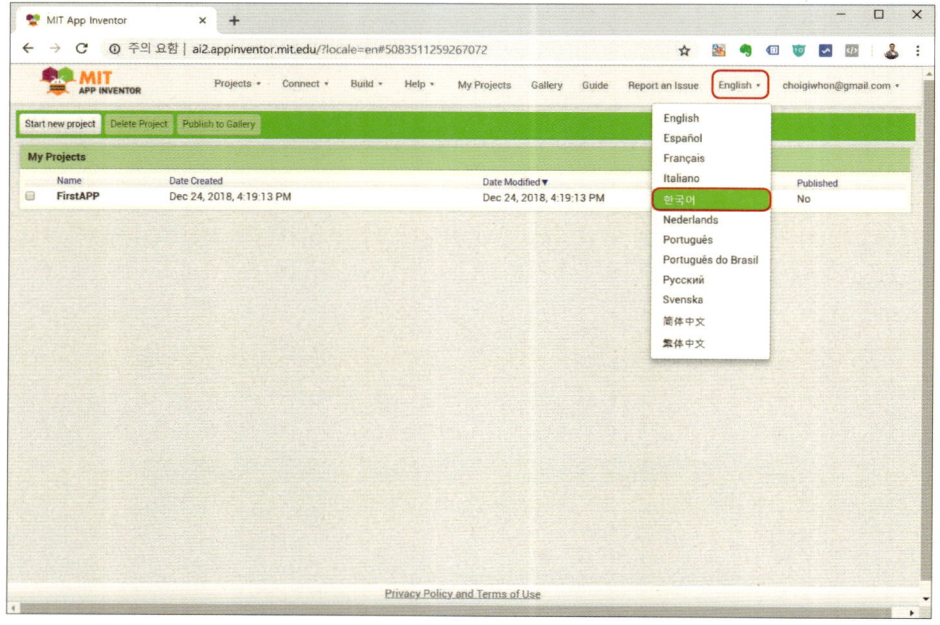

02 메뉴가 한국어로 변경되었습니다. 모든 앱인벤터 인터페이스에서 한국어로 볼 수 있습니다.

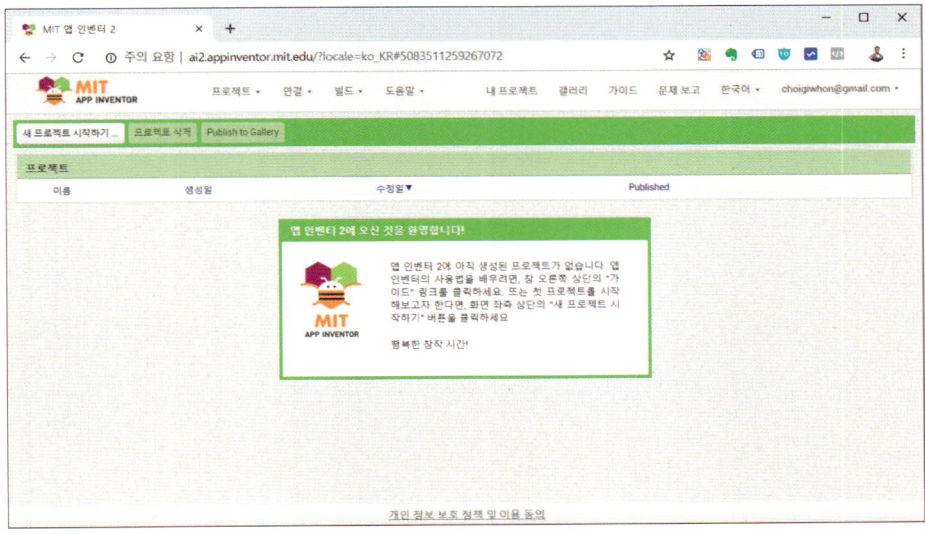

3) 첫 앱 생성하기

이제 앱을 만들 수 있는 준비가 완료되었습니다. 앱을 만들기 위한 프로젝트를 생성해 보겠습니다. 앱인벤터에서 앱을 만든다는 것은 프로젝트를 하나 만드는 것이라고 생각하면 됩니다. 프로젝트를 생성해 보겠습니다.

01 앱인벤터 첫 화면에서 왼쪽 상단에 있는 [새 프로젝트 시작하기] 버튼을 클릭합니다.

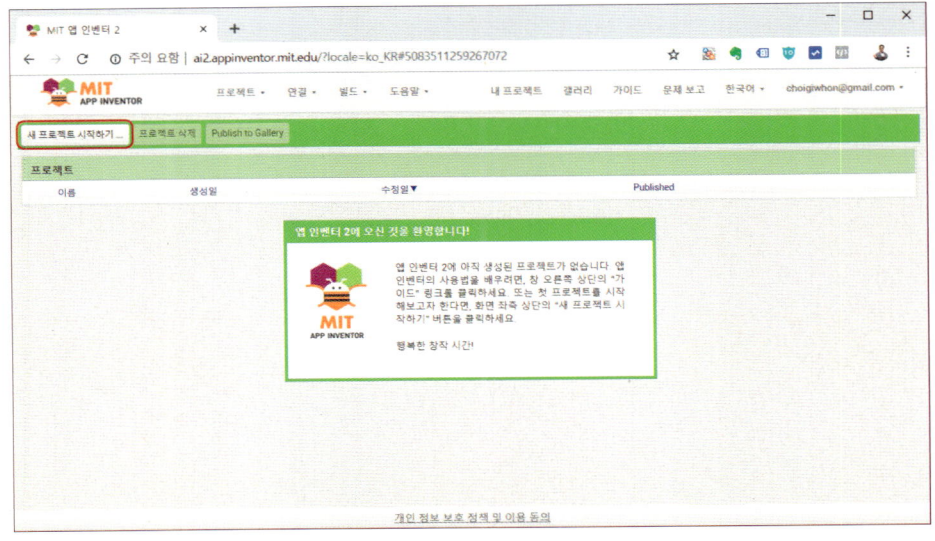

02 새로운 프로젝트를 생성하는 화면이 나타납니다. 여기서 앱으로 만들려는 프로젝트 이름을 입력합니다. 이 때 입력되는 이름은 영문이어야 하며 대시(-) 혹은 특수문자는 사용이 불가능합니다. 영문과 언더바(_)를 조합하여 프로젝트 이름을 생성할 수 있습니다. 프로젝트의 이름은 중요합니다. 한번 만들면 수정이 불가능하기 때문에 프로젝트 이름을 처음 생성할 때 제대로된 이름으로 정하기 바랍니다. 왜냐구요? 바로 이 프로젝트 이름이 구글 플레이에 출시되는 앱의 명칭이기 때문입니다. (물론 구글 플레이에 출시할 때는 앱 설명 부분에 한글로 입력하지만 여러분이 출시할 앱의 내용과 비슷한 영문 이름을 입력하는 것이 향후에 앱 관리 시 헷갈리지 않습니다.) 저는 FirstAPP이라는 프로젝트를 생성하였습니다. FirstAPP이라는 프로젝트 이름을 입력한 후 [확인] 버튼을 클릭합니다.

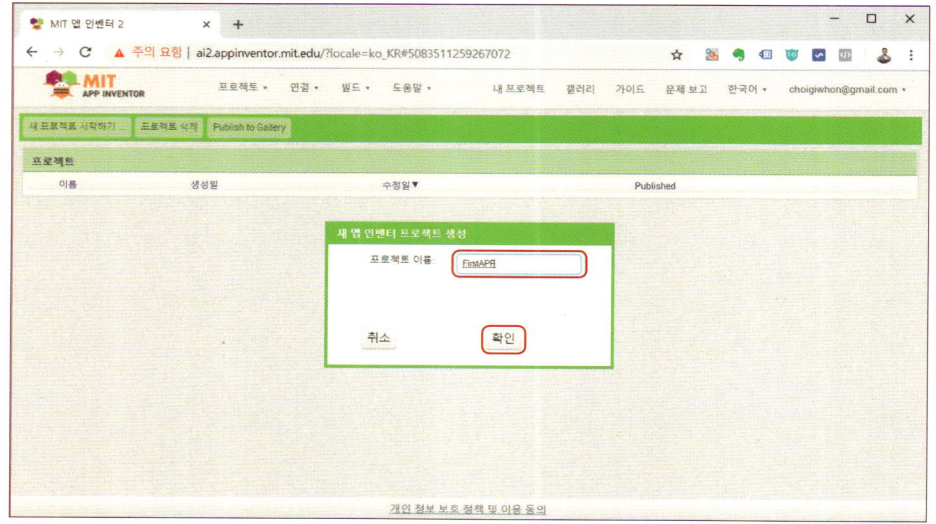

03 프로젝트가 생성되면 아래와 같은 화면이 나타납니다. 이제부터 여러분은 본 화면을 통해서 안드로이드 앱을 개발할 수 있습니다. 내 앱을 직접 만들어서 구글 플레이에 출시할 생각을 하면 가슴이 두근거리지 않나요?

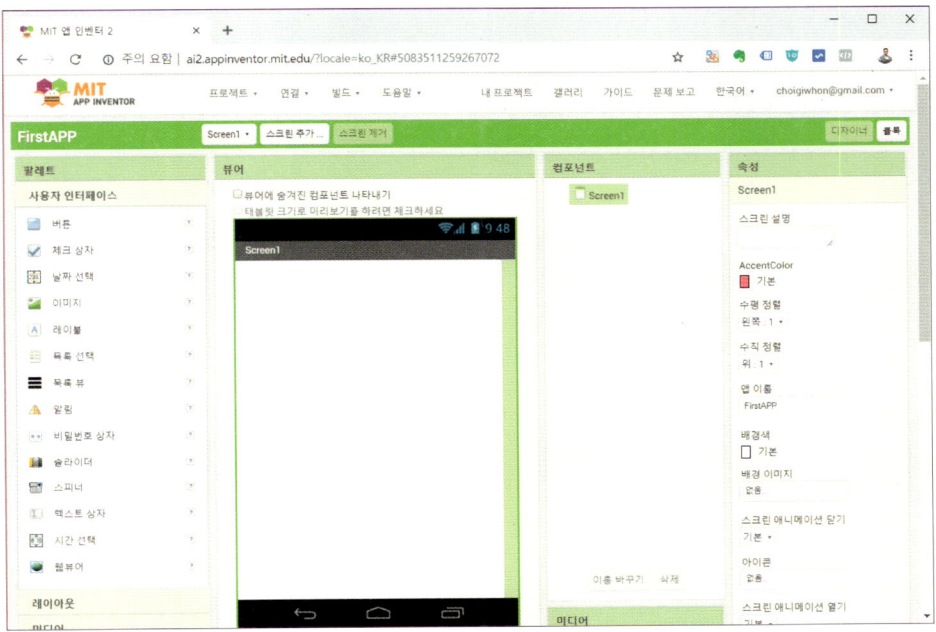

3. 안드로이드 스마트폰에 AI컴패니언 설치하기

앱인벤터로 앱을 만든 다음에는 어떻게 테스트할 수 있을까요? 아쉽게도 앱인벤터에서는 만들어진 앱을 곧바로 확인하는 기능을 제공하고 있지 않습니다. 대신 여러분의 안드로이드 스마트폰이나 에뮬레이터를 통해서 만들어진 앱의 동작을 확인할 수 있습니다. 세 가지 방법이 있는데 여기서는 AI컴패니언이라는 것을 가지고 앱인벤터에서 만들어진 앱을 동작시켜보는 방법을 알아보겠습니다.

01 여러분이 가진 안드로이드 스마트폰에 AI컴패니언을 설치할 수 있습니다. 구글 플레이 스토어에서 'MIT AI2 Companion'을 검색하면 아래와 같은 앱을 설치하실 수 있습니다.

02 설치가 끝난 후, [열기]를 선택하면 앱이 동작합니다.

03 아래와 같은 화면이 나타날 것입니다. [허용]을 선택하면 됩니다.

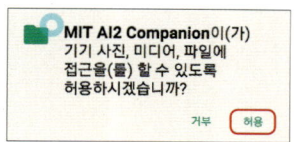

04 앱이 구동되면 아래와 같은 화면이 나타납니다. 두 개의 메뉴가 보입니다. 하나는 [connect with code]이고, 다른 하나는 [scan QR code]입니다. 다음 절에서 각 항목을 통해 앱 실행 방법을 살펴보겠습니다.

4. 스마트폰에서 앱 실행하기

이제 앱인벤터에서 앱을 만들어 보고 그것을 안드로이드 스마트폰에서 어떻게 테스트할 수 있는지 살펴보겠습니다. 일단 테스트할 앱을 만들어야겠죠? 아까 만든 FirstAPP을 가지고 앱의 실제 동작을 확인하겠습니다.

01 앱인벤터 화면 왼쪽의 [팔레트] → [사용자 인터페이스] → [버튼] 컴포넌트를 마우스로 드래그&드롭하여 오른쪽 Screen1이라는 화면에 갖다 놓습니다.

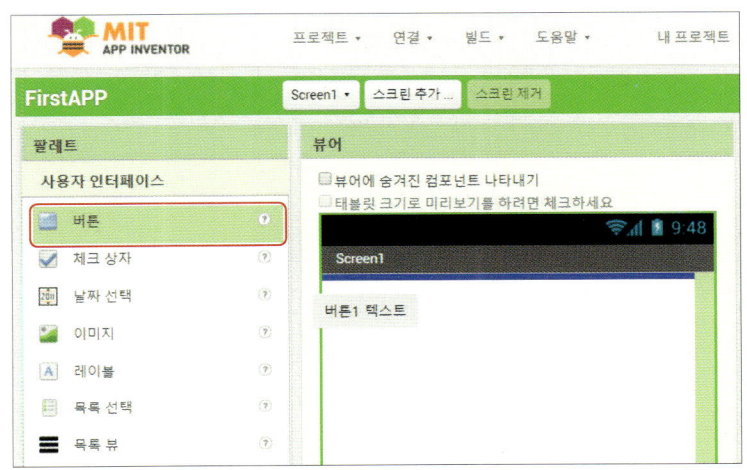

02 아래 화면처럼 버튼 컴포넌트가 배치될 것입니다. 버튼 컴포넌트가 선택된 상태에서 오른쪽 속성의 하단을 보면 텍스트 속성을 설정할 수 있는 부분이 나타납니다. 여기에 '첫번째 예제 앱'이라고 입력합니다.

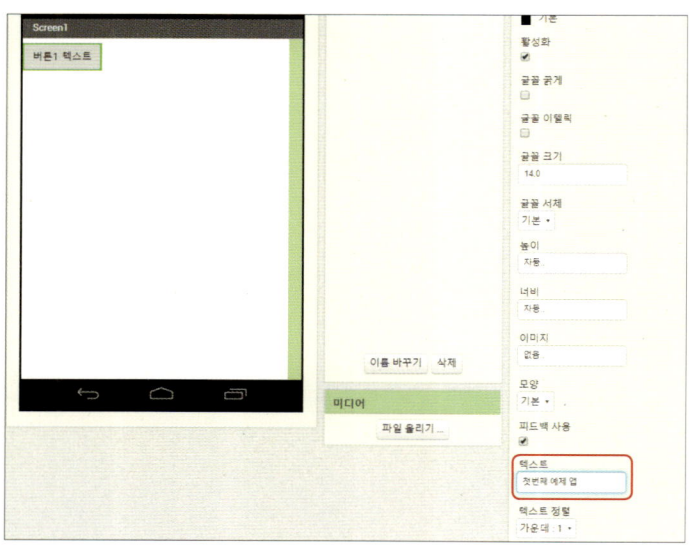

간단하죠? 아주아주 간단한 첫 번째 앱 제작이 끝났습니다. 엄밀히 말해서 앱이라고 할 것까지는 없고, AI Companion에서 확인만 하기 위한 앱입니다. 결과물이 잘 나오는지 말이죠. 현재 이 앱에는 블록 코드도 전혀 들어가지 않았고 화면 디자인만 한 것이기 때문에 앱 자체의 동작 기능은 아무것도 들어 있지 않습니다. 단지 화면에 버튼만 덩그러니 보이는 것이 전부입니다.

03 앱을 만들어 보았으니 결과물을 확인해 봐야겠죠? 앱인벤터 상단의 [연결] → [AI 컴패니언]을 선택합니다.

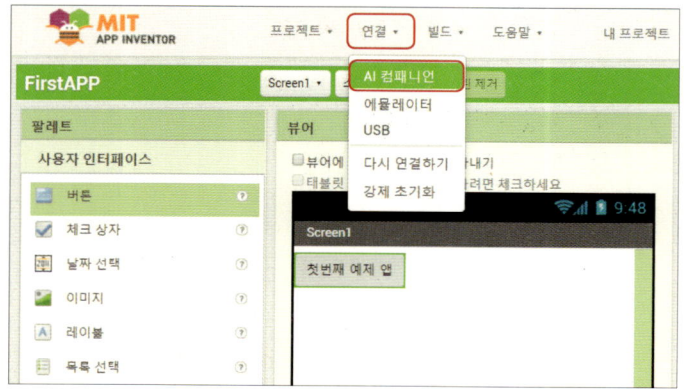

04 실행하면 아래와 같이 QR 코드 화면이 나타납니다. 이제 여러분의 스마트폰에서 'MIT AI2 Companion'을 구동합니다. 앱이 구동되면 두 개의 메뉴가 있다고 한 것 기억하시나요? 두 메뉴 중에서 [scan QR code]를 선택합니다.

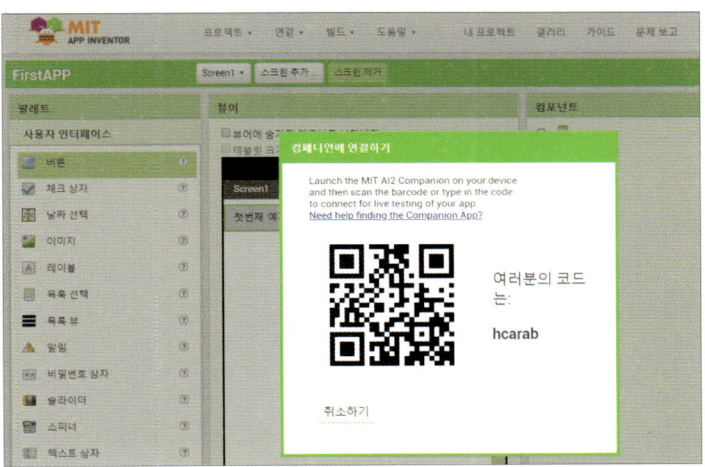

05 그러면 아래 화면과 같이 QR 코드를 스캔하는 화면이 나옵니다. 스마트폰을 컴퓨터 화면에 나타난 QR 코드에 맞추고 2-3초 가량 기다립니다.

06 2-3초 정도 기다리면 아래와 같이 우리가 만들었던 앱의 화면이 나타납니다. 아주 쉽죠?

5. PC에 시뮬레이터를 설치하여 실시간 개발 환경 구현하기

앞 절에서는 AI Companion과 안드로이드 스마트폰을 가지고 앱을 테스트하는 방법을 살펴보았습니다. 그런데 이렇게 매번 QR 코드를 생성하고 스마트폰을 통해 테스트하기가 상당히 귀찮다는 분들도 있죠. 그래서 PC에서 앱을 실행해서 바로 확인하고 싶어하는 분들도 있을 것입니다. 이런 분들에게 걸맞는 aistarter 시뮬레이터가 있습니다. 이 도구를 여러분의 PC에 설치하면 앱인벤터에서 만든 앱을 PC에서 곧바로 실행할 수 있습니다. 그럼, aistarter를 통해 앱을 테스트하는 방법을 살펴보겠습니다.

01 aistarter를 설치하기 위해 구글에서 'aistarter'로 검색합니다. 아래와 같은 결과가 나오는데 가장 위의 'Installing and Running ~'을 클릭합니다.

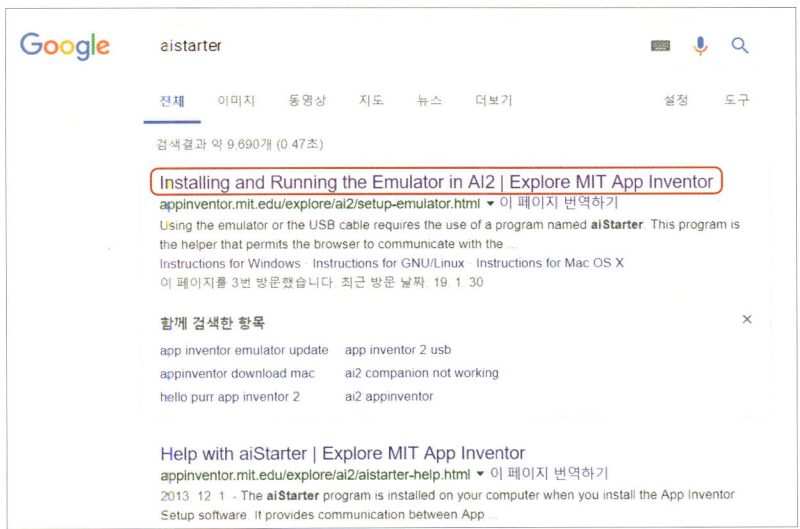

02 하단 부분의 [Download the installer]를 클릭합니다.

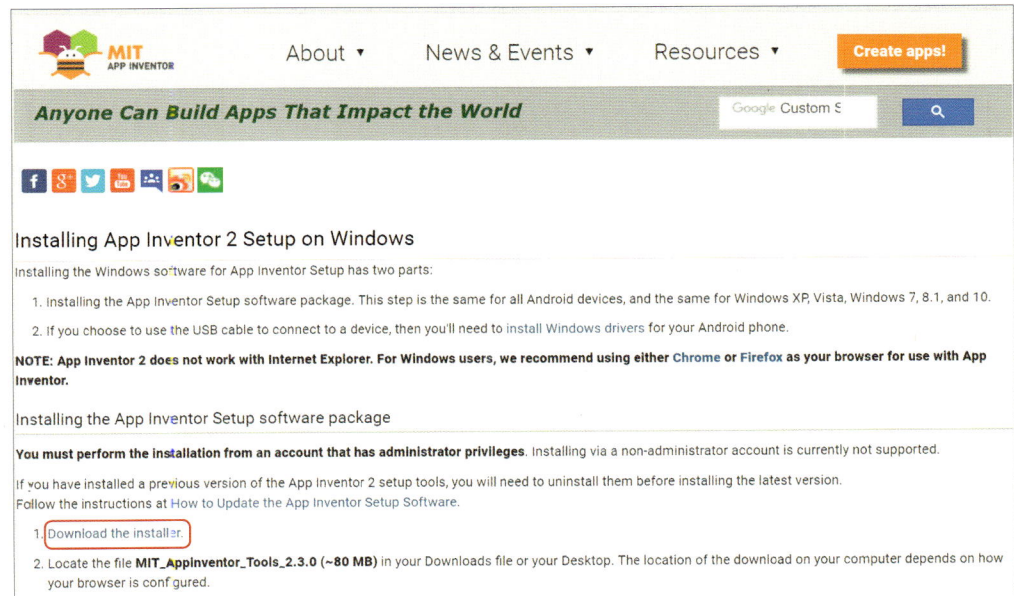

1장 앱인벤터 기초

03 그러면 'MIT_APP_Inventor.exe' 소프트웨어를 다운로드 받게 되는데요. 다운로드 완료 후 설치하면 됩니다.

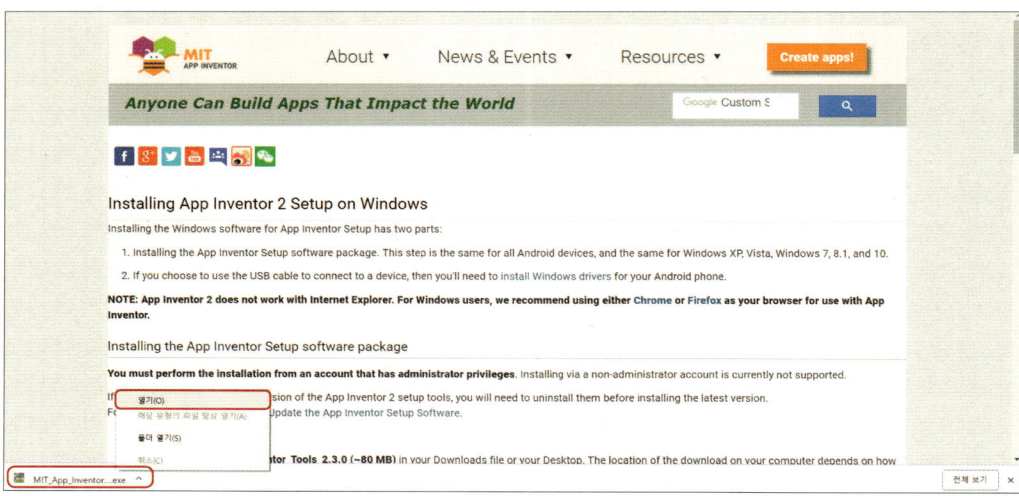

04 [실행]을 클릭합니다.

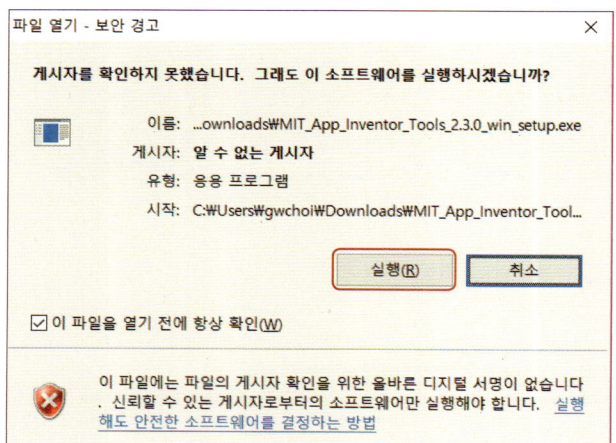

05 [Next]를 클릭합니다.

06 [I Agree]를 클릭합니다.

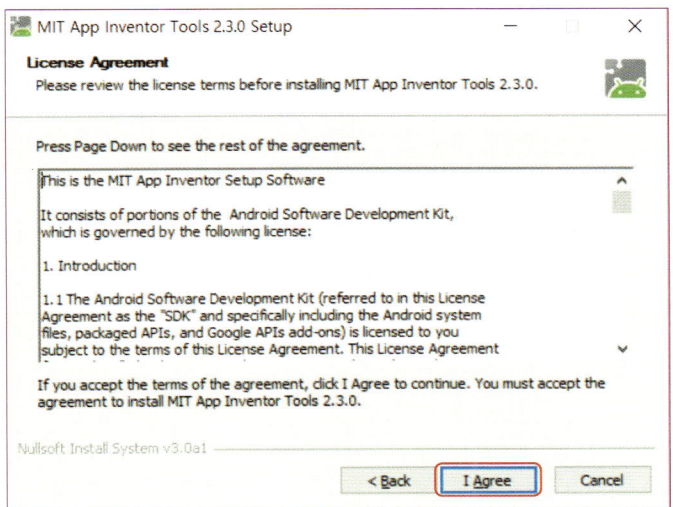

07 [Next]를 클릭합니다.

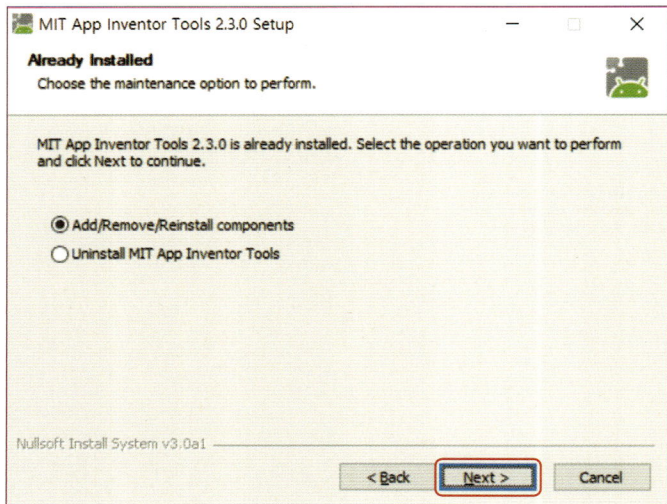

08 [Next]를 클릭합니다.

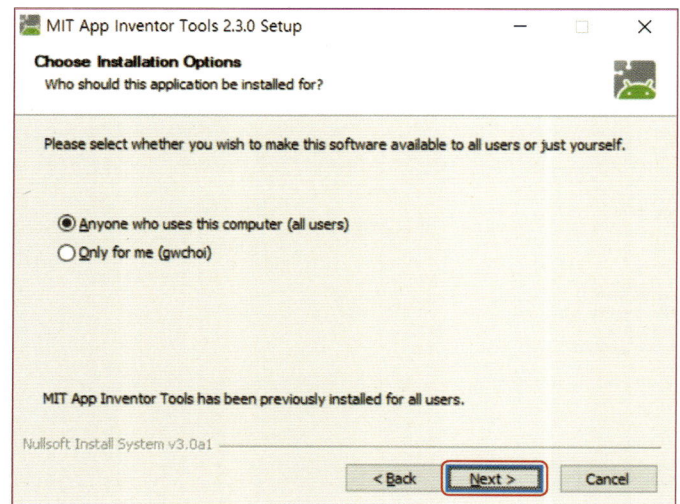

09 [Next]를 클릭합니다.

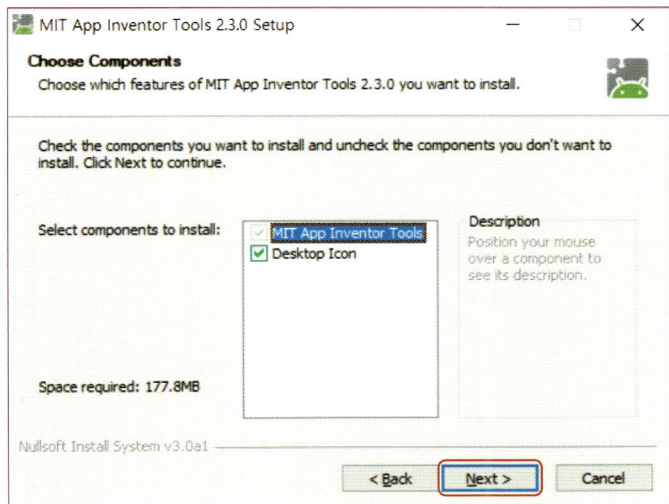

10 [Next]를 클릭합니다.

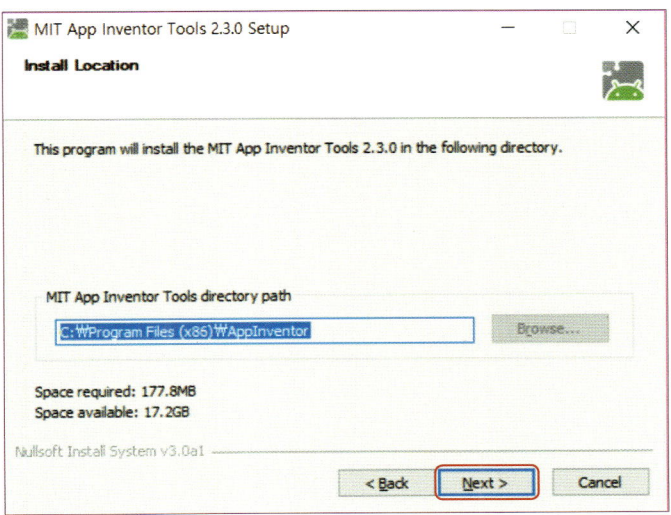

11 [Install]을 클릭합니다.

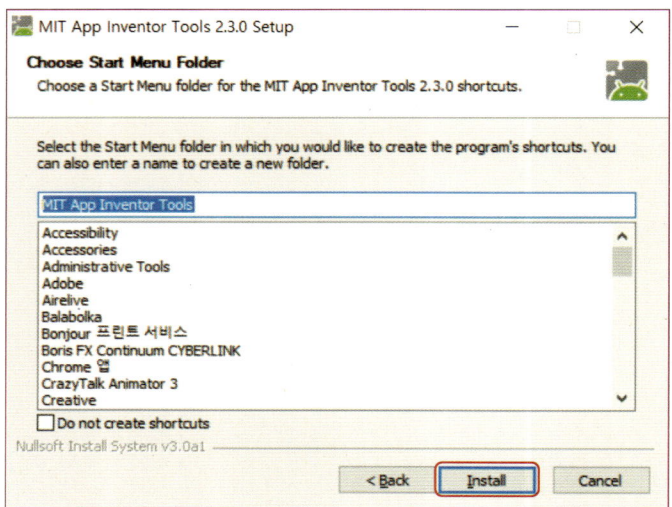

12 설치 진행 중인 화면입니다.

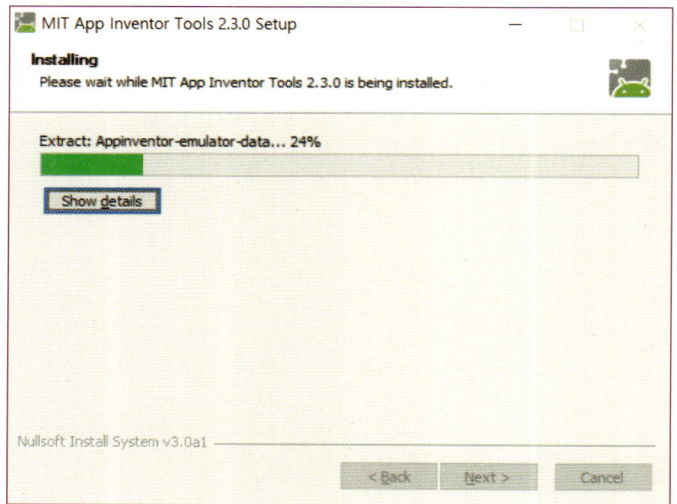

13 aistarter 설치가 완료되었습니다.

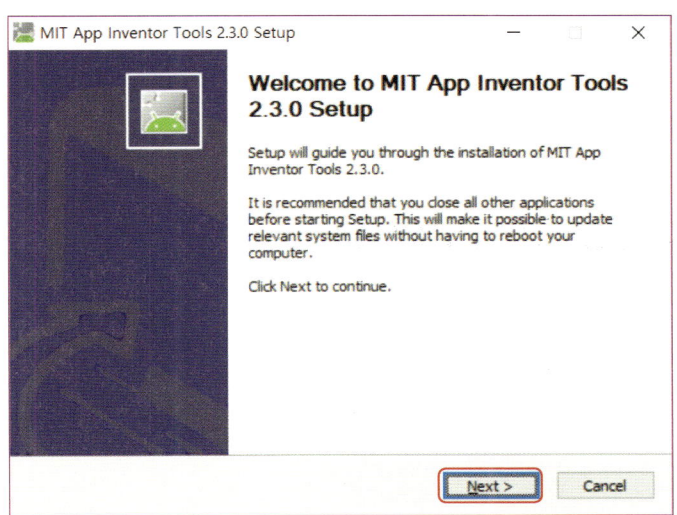

14 설치가 완료되면 아래와 같이 aistarter가 기동됩니다. 이 화면을 종료하면 안됩니다. 만약 종료 했다면 바탕화면에서 aistarter 아이콘을 찾아서 다시 기동하면 됩니다.

15 이제 앱인벤터 화면으로 돌아와서 [연결] → [에뮬레이터]를 선택합니다.

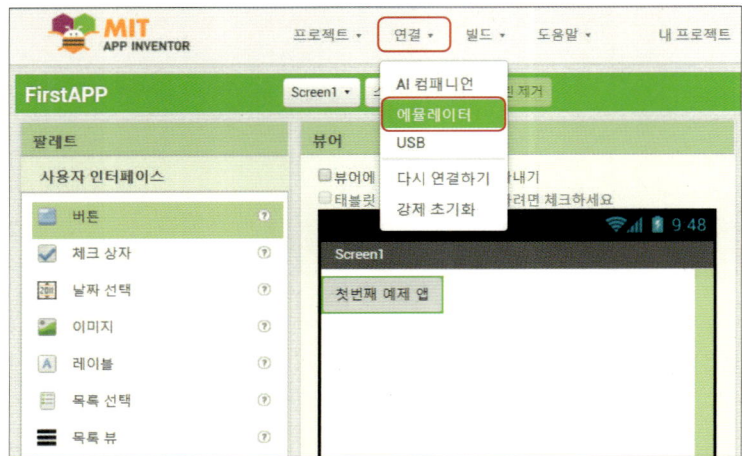

16 화면 오른쪽과 같이 aistarter가 기동되는 것을 확인할 수 있습니다.

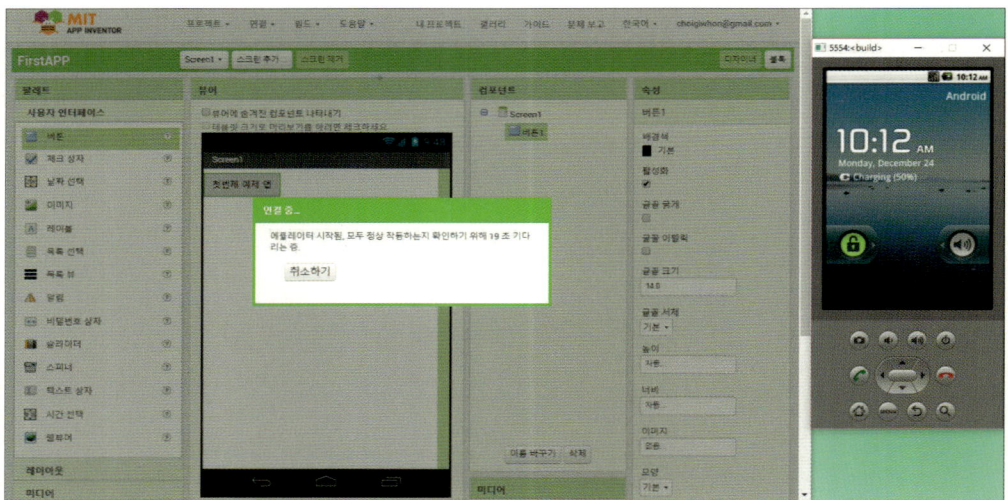

17 아래와 같은 화면이 나타날 것입니다. [확인]을 클릭해서 aistarter를 업데이트합니다.

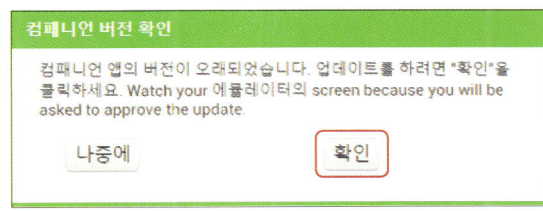

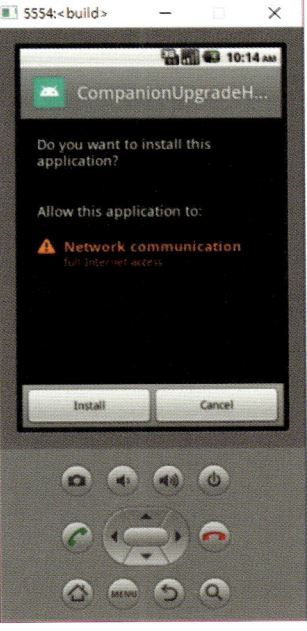

18 aistarter 업데이트가 끝나고 나면 에뮬레이터를 다시 연결해야 합니다. 앱인벤터 화면에서 [연결] → [다시 연결하기]를 클릭합니다. 만약 이 상태에서 aistarter 콘솔 화면이 기동되어 있지 않다면 바탕화면에서 aistarter(▓)를 찾아서 클릭하면 됩니다.

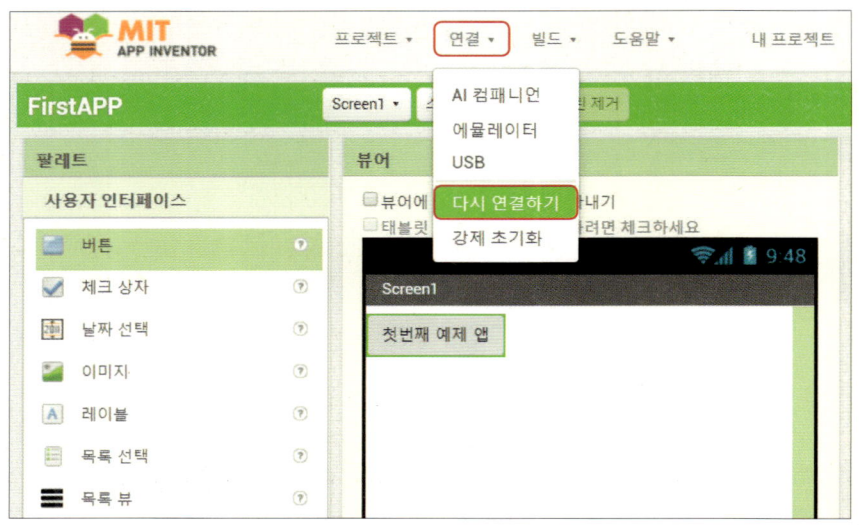

19 [다시 연결하기]를 클릭하면 아래와 같이 aistarter가 다시 기동되면서 연결됩니다.

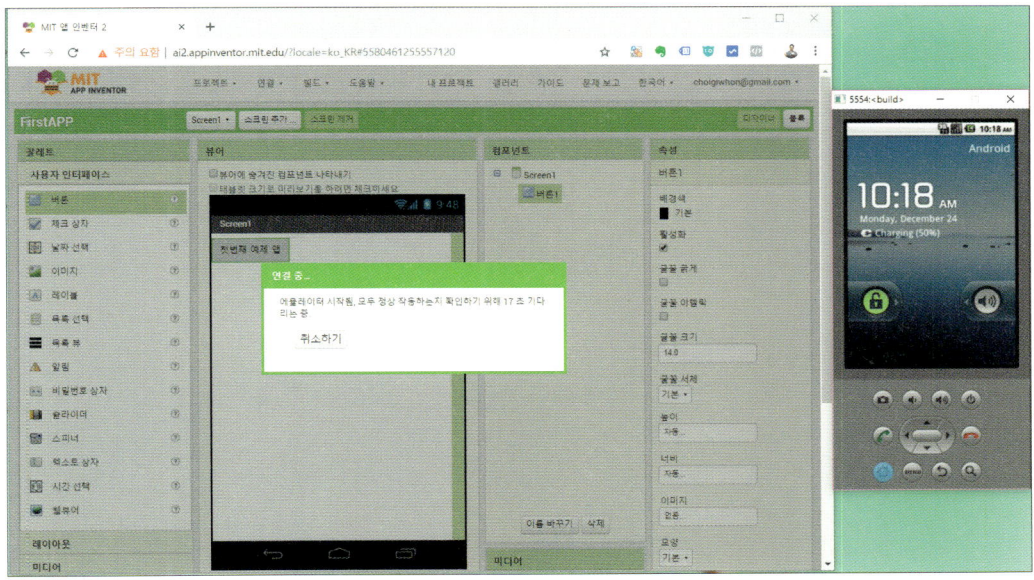

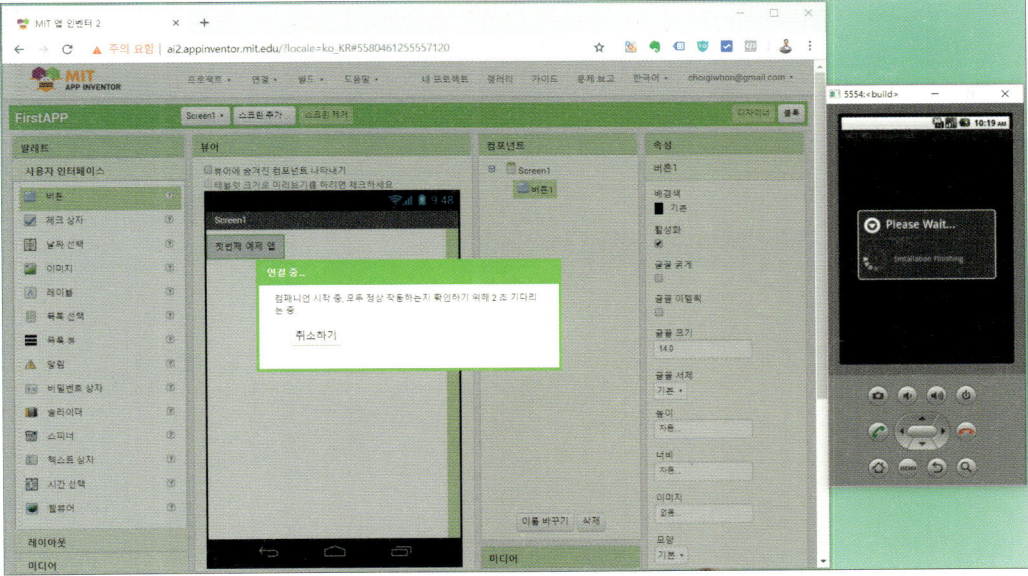

20 aistarter 기동이 끝나고 나면 여러분이 만든 앱을 PC에서 직접 테스트할 수 있습니다.

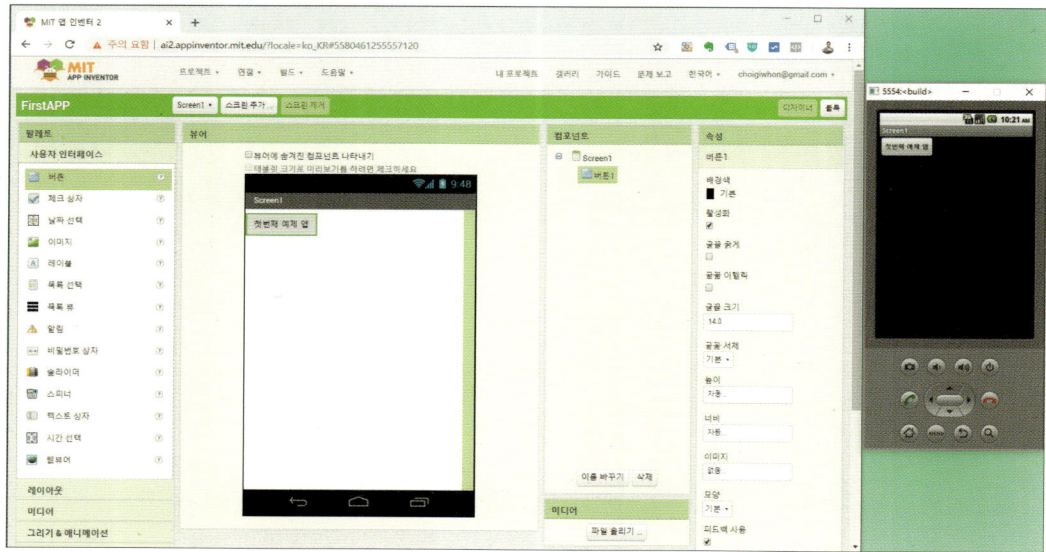

> **팁** 아이폰을 가진 사람은 앱인벤터로 앱 개발이 불가능한가요?
>
> 그렇지는 않습니다. 아이폰을 가지고 있다고 하더라도 안드로이드 앱을 개발하지 말라는 법은 없지요. 다음의 두 가지 방법을 통해 아이폰을 가지고 계신 분도 앱인벤터로 안드로이드 앱을 개발할 수 있습니다.
>
> 01 앱인벤터에서 제공하는 PC용 시뮬레이터 설치
>
> 본 절에서 설명한 aistarter 프로그램을 설치하면 아이폰 사용자라고 할지라도 PC에서 앱인벤터로 개발한 앱의 동작을 실시간으로 확인할 수 있습니다.
>
> 02 안드로이드 PC 에뮬레이터 사용
>
> 블루스택, 녹스 앱플레이어, 미뮤 앱플레이어 등을 윈도우 PC 혹은 MAC에 설치하면 안드로이드를 구동할 수 있습니다. 앱플레이어를 설치하고 구글 플레이를 설치한 후 앱을 설치하고 구동을 확인할 수 있습니다. 이 경우 AI Companion의 QR 코드 메뉴를 통한 실시간 테스트는 불가능하며 코드 입력을 통해 앱의 동작을 확인할 수 있습니다.

6. 오프라인 환경에서 앱인벤터 사용하기

1) 오프라인용 앱인벤터 소개

앞서 앱인벤터는 온라인 전용 프로그램이라고 말씀드렸습니다. 하지만 온라인에서만 가능한 것은 아닙니다. 오픈소스용으로 앱인벤터를 오프라인에서 사용가능하도록 제공되기도 합니다. 물론 PC에 직접 설치해야 한다는 불편한 점은 있지만 인터넷이 연결되어 있지 않은 환경에서도 앱인벤터를 사용할 수 있다는 것은 분명 장점일 수 있습니다. 이번 절에서는 오프라인용 앱인벤터를 다운로드 받아서 내 PC에 설치하고 사용해 보겠습니다.

2) 오프라인용 앱인벤터 다운로드 및 설치

01 오픈소스용 앱인벤터를 다운로드받기 위해 구글에서 'app inventor ultimate download'로 검색합니다. 아래와 같은 결과가 나타나는데 'App Inventor2 Ultimate download' 사이트를 클릭합니다.

02 아래의 사이트에서 'There are many package check out latest version here' 글 아래에 있는 URL 링크를 클릭합니다.

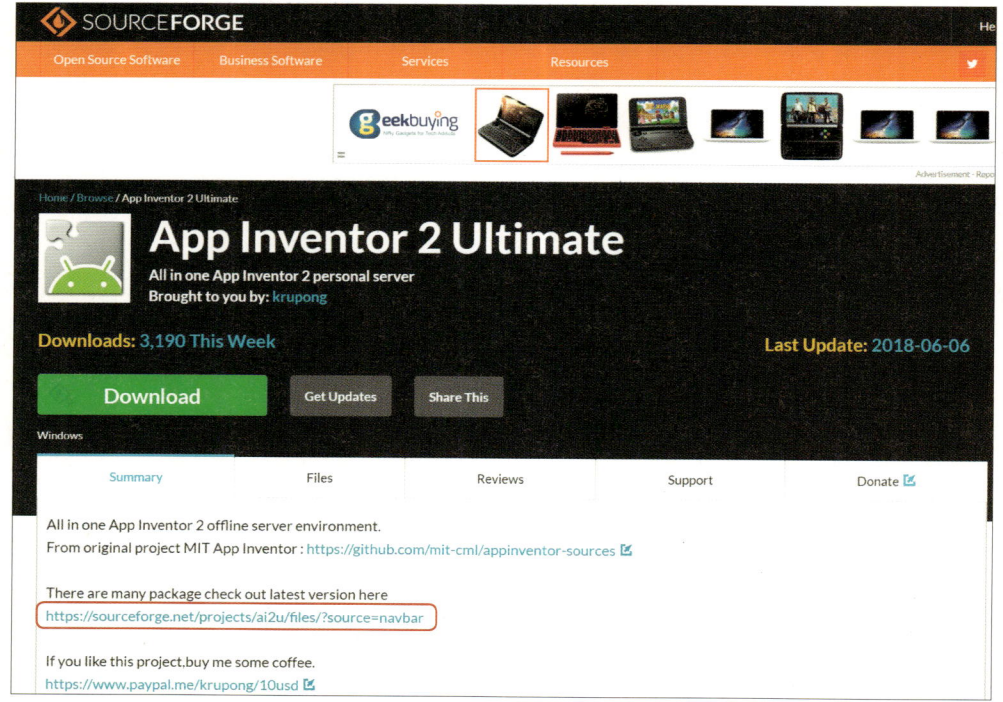

03 아래와 같은 화면이 나타나면 [ai2u 4.6]을 클릭합니다.

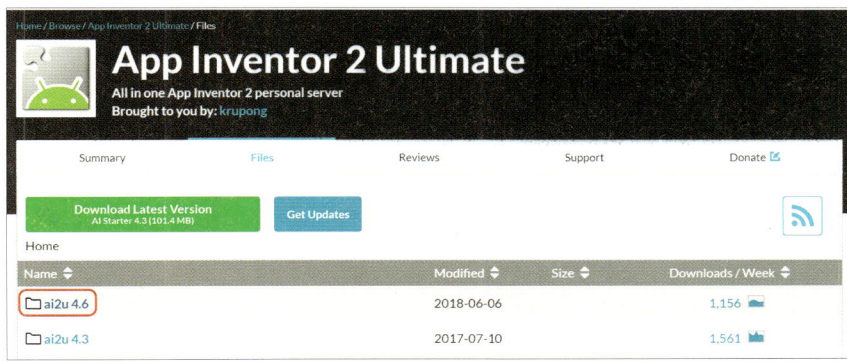

04 Installer와 Portable을 선택할 수 있는데 저는 Portable을 선택하였습니다. Installer는 설치를 진행하는 것이고 Portable은 폴더에서 직접 실행할 수 있는 형태입니다.

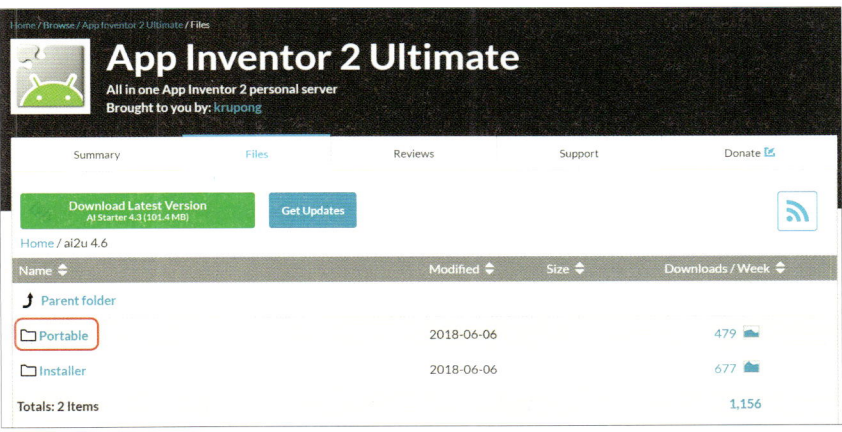

05 본인의 PC가 64비트인지 32비트 OS인지를 확인하고 해당 버전을 다운로드 받습니다. 최근 노트북은 대부분 64비트라고 생각하면 됩니다.

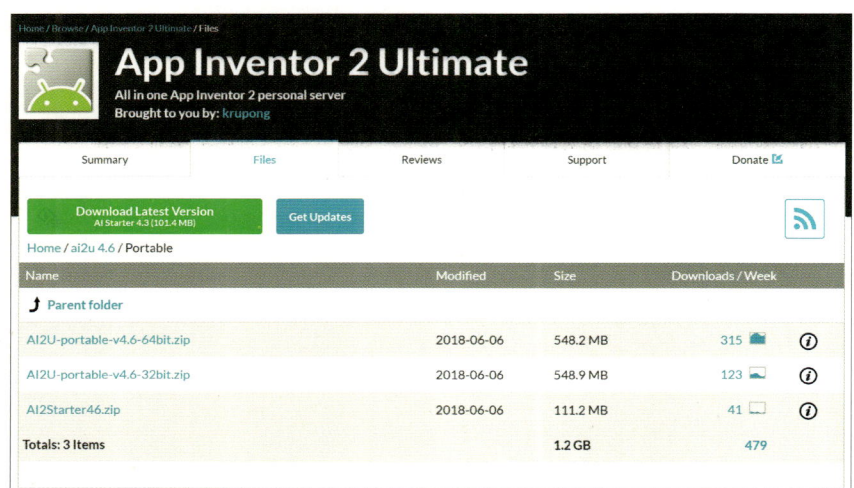

06 다운로드가 완료되면 압축을 풀고 'AI2U.exe' 파일을 실행합니다.

07 실행을 하면 아래와 같은 화면을 만날 수 있습니다. [Start Invent] 버튼을 클릭합니다.

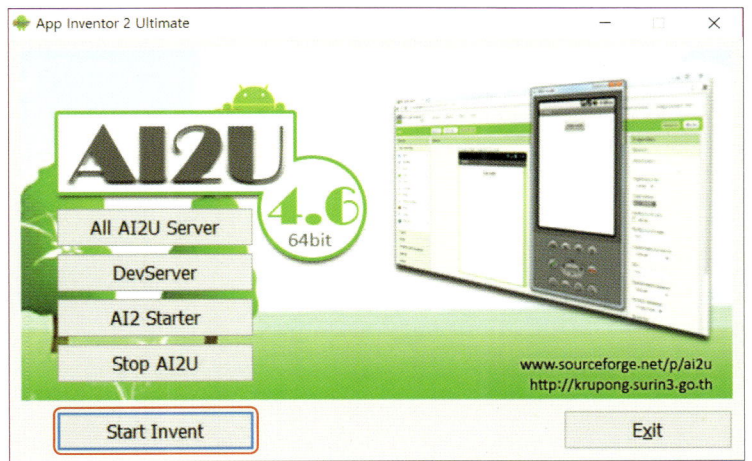

08 아래와 같은 화면이 나타나면 [Click Here~]로 시작하는 링크를 클릭합니다.

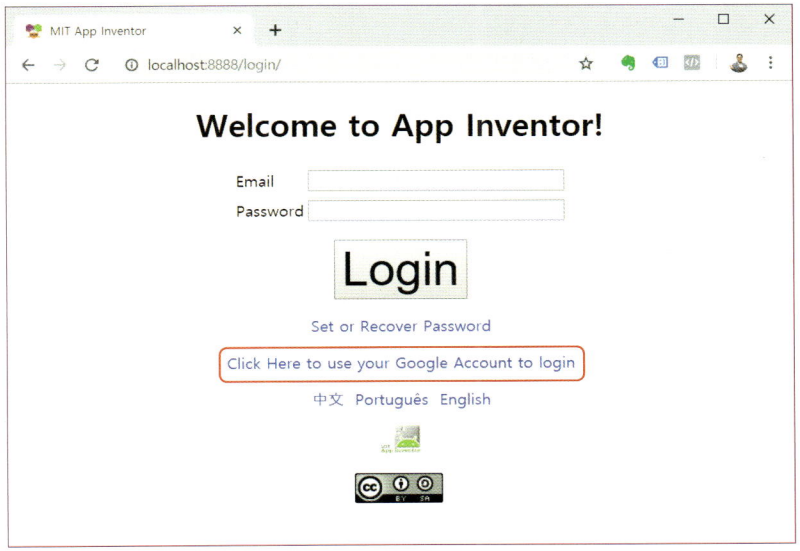

09 아래의 화면이 나타나면 [Sign in as Administrator]를 체크하고 [Log in]을 클릭합니다.

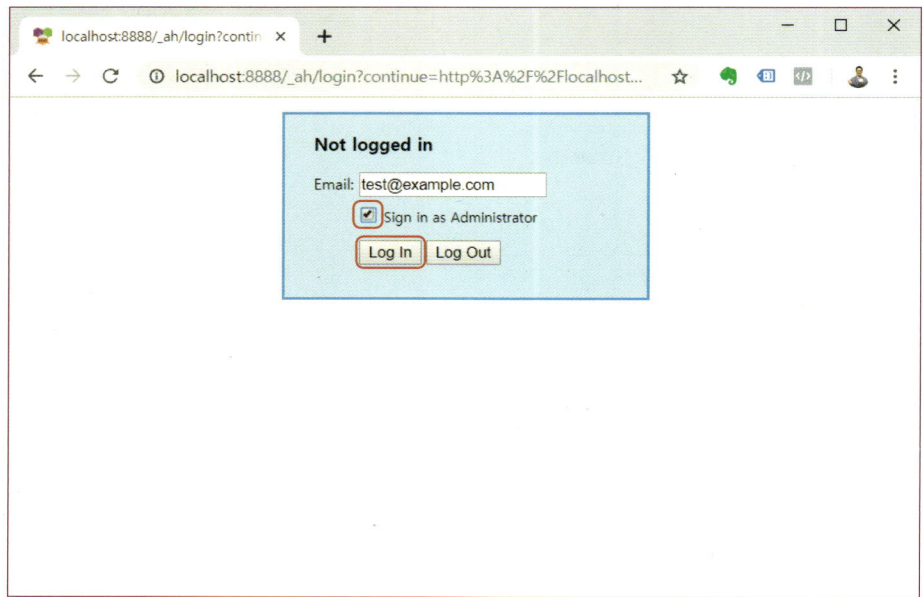

10 [I accept the terms of service]를 클릭합니다.

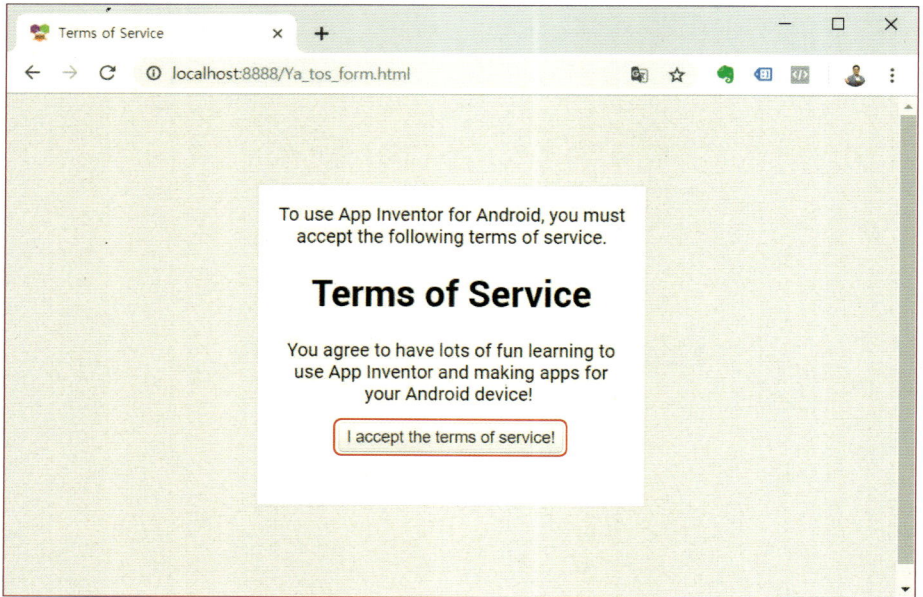

11 오프라인 버전의 앱인벤터 화면을 만날 수 있습니다. 이제 인터넷이 연결되어 있지 않아도 앱인벤터를 사용할 수 있습니다.

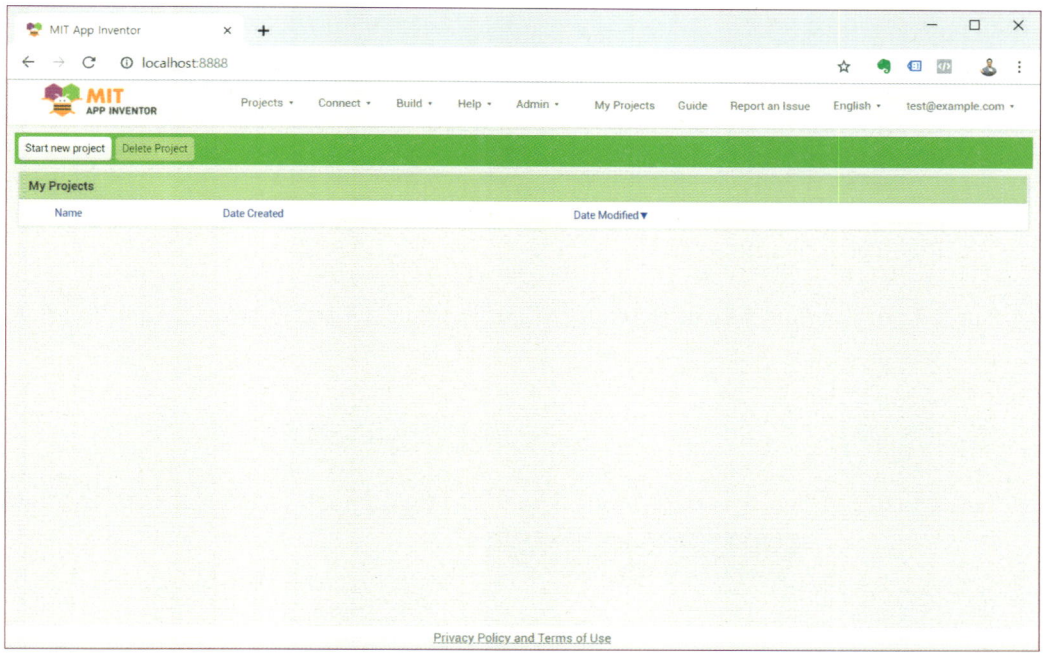

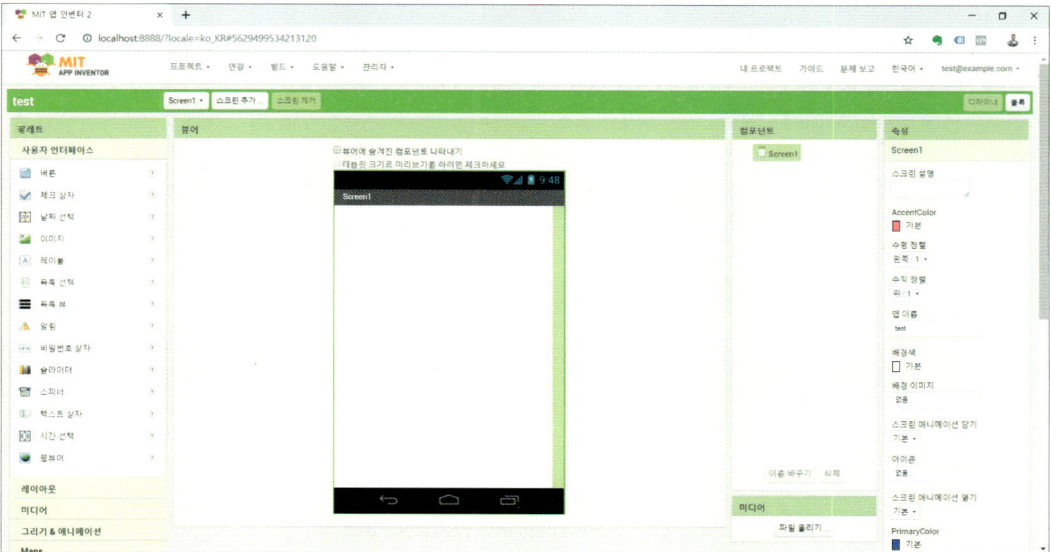

7. 앱인벤터 인터페이스 익히기

이번 절에서는 앱인벤터를 처음 사용하는 분들을 위하여 앱인벤터의 인터페이스를 간단하게 살펴보겠습니다.

1) 디자이너 화면

앱인벤터를 실행하여 프로젝트를 생성하면 맨 처음 만나는 화면입니다. 앱의 디자인을 담당하는 화면이라고 할 수 있습니다.

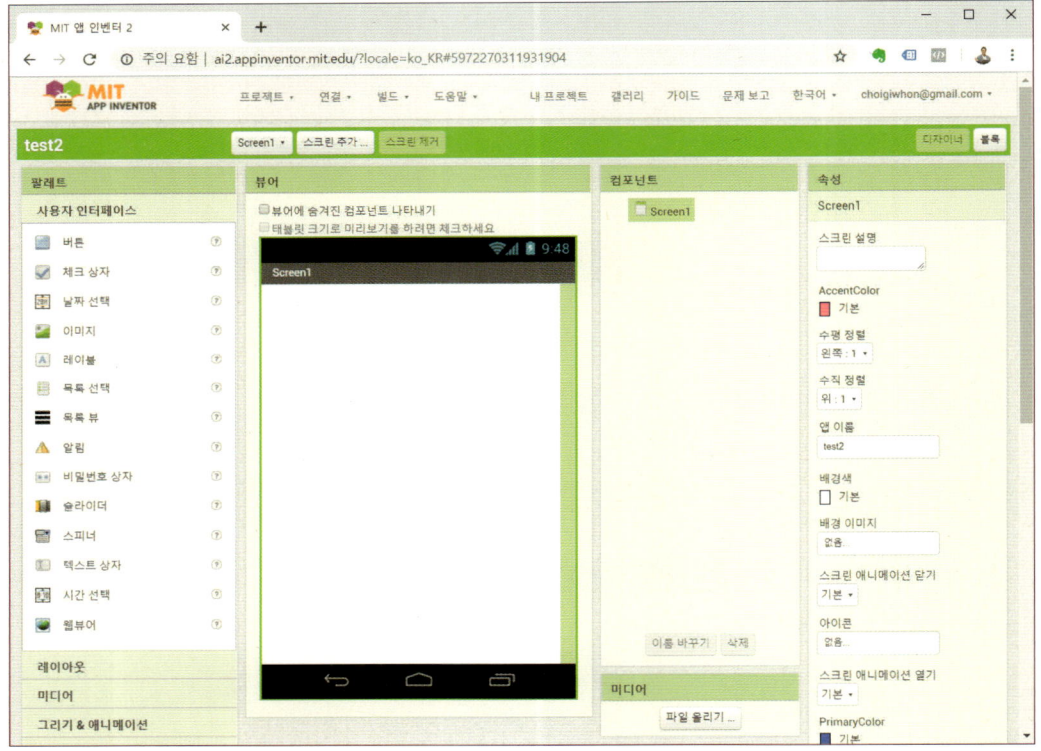

(1) 팔레트 화면

팔레트 화면은 카테고리 별로 컴포넌트를 담고 있는 그릇이라고 보면 될 것 같습니다. 사용자 인터페이스 팔레트에는 기본적인 컴포넌트인 버튼, 체크 상자, 날짜 상자, 이미지 등의 컴포넌트가 있습니다. 원하는 컴포넌트를 스크린 화면으로 드래그&드롭하면 해당 컴포넌트가 화면에 배치됩니다.

(2) 뷰어 화면

뷰어 화면은 실제 컴포넌트를 배치하는 화면입니다. 앱 화면 디자인을 하는 곳이라고 보면 됩니다. 하지만 앱인벤터에서는 앱 화면의 원하는 위치에 컴포넌트를 위치시킬 수 없습니다. 이런 점은 불편하지만 이는 레이아웃 팔레트의 컴포넌트들을 통해 충분히 극복할 수 있습니다.

(3) 컴포넌트

화면에 컴포넌트가 삽입되면 컴포넌트가 등록되는 화면입니다. 앱인벤터의 화면 디자인에서는 컴포넌트를 선택할 수 없는 경우도 종종 발생합니다. 이럴 경우 본 컴포넌트 화면에서 컴포넌트를 선택하여 속성 등을 편집하거나 컴포넌트의 이름을 변경할 수 있습니다. 초기에는 중요하지 않지만 앱 화면 구성이 복잡해질수록 이 컴포넌트 화면을 잘 활용해야 합니다.

(4) 속성 화면

화면 혹은 컴포넌트의 속성을 지정하는 곳입니다. 각 스크린 및 컴포넌트는 속성이 모두 다릅니다. 이곳에서의 설정에 따라 컴포넌트의 모양이나 화면 디자인이 달라지므로 스크린이나 컴포넌트의 각 속성을 잘 파악하여 설정하기 바랍니다.

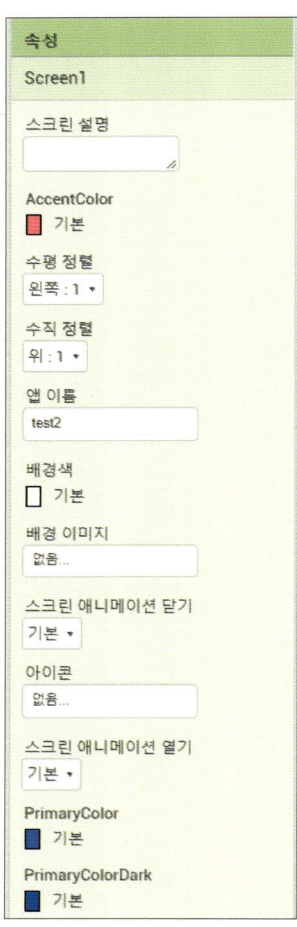

2) 블록 에디터 화면

화면에 컴포넌트 배열이나 스크린의 설정이 완료되고 나면 앱의 로직을 작성하기 위해 블록 코딩을 해야 합니다. 본 화면은 블록 코딩을 하는 화면이며 이 블록 코딩에 의해 앱이 여러 가지 동작을 할 수 있도록 합니다. 일반적인 프로그래머가 사용하는 텍스트 코딩보다는 코딩을 쉽게 할 수 있도록 해주지만 알고리즘의 적용이 필요한 복잡한 코딩 부분은 프로그래밍 기법을 배워야만 제작이 가능합니다. 이런 부분은 평소에 알고리즘 책이나 프로그래밍 책을 참고해야 할 수도 있습니다.

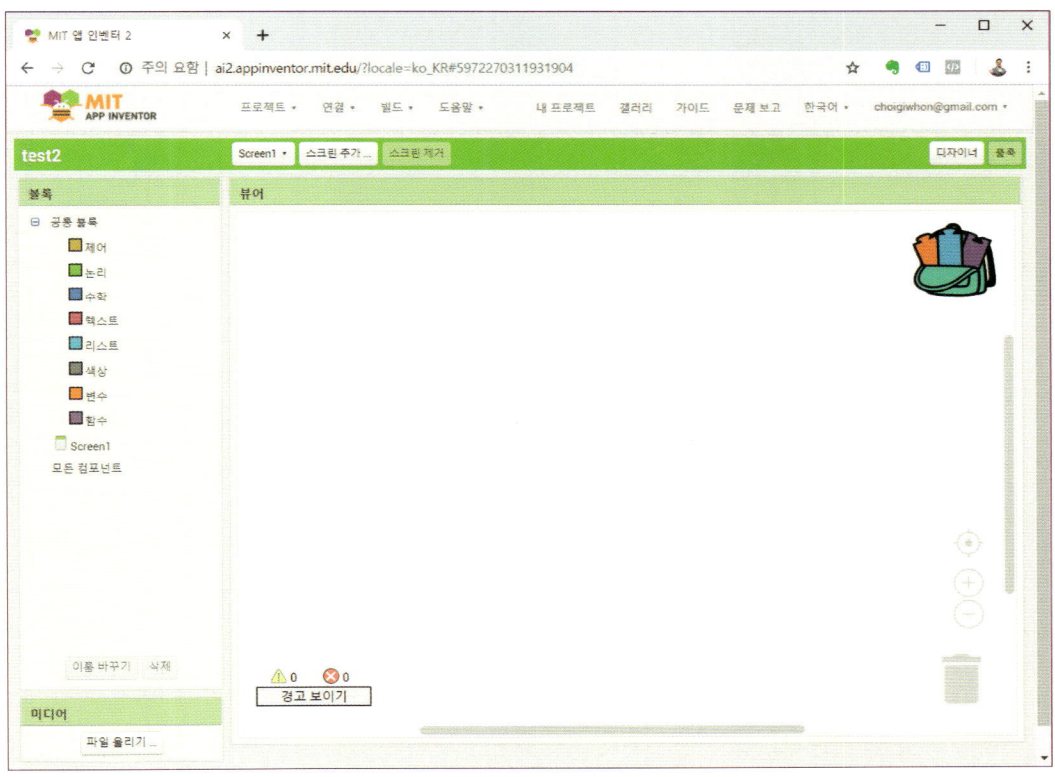

(1) 제어 블록

프로그램 내에서 조건을 체크하거나 만족하는 결과 값을 얻기 위해 반복 작업을 수행하는 구문을 제작할 때 사용하는 블록입니다.

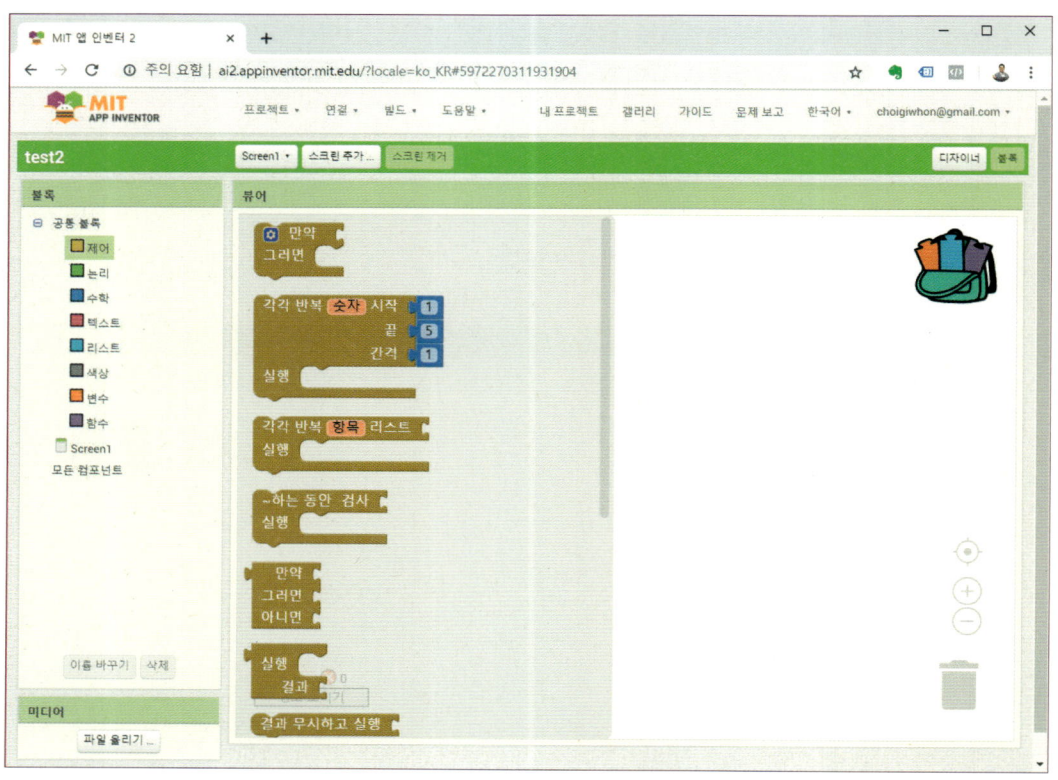

(2) 논리 블록

논리 블록은 수학 블록 혹은 참과 거짓을 판별하는 알고리즘에 많이 사용됩니다. 주로 참과 거짓의 결과 값을 반환합니다.

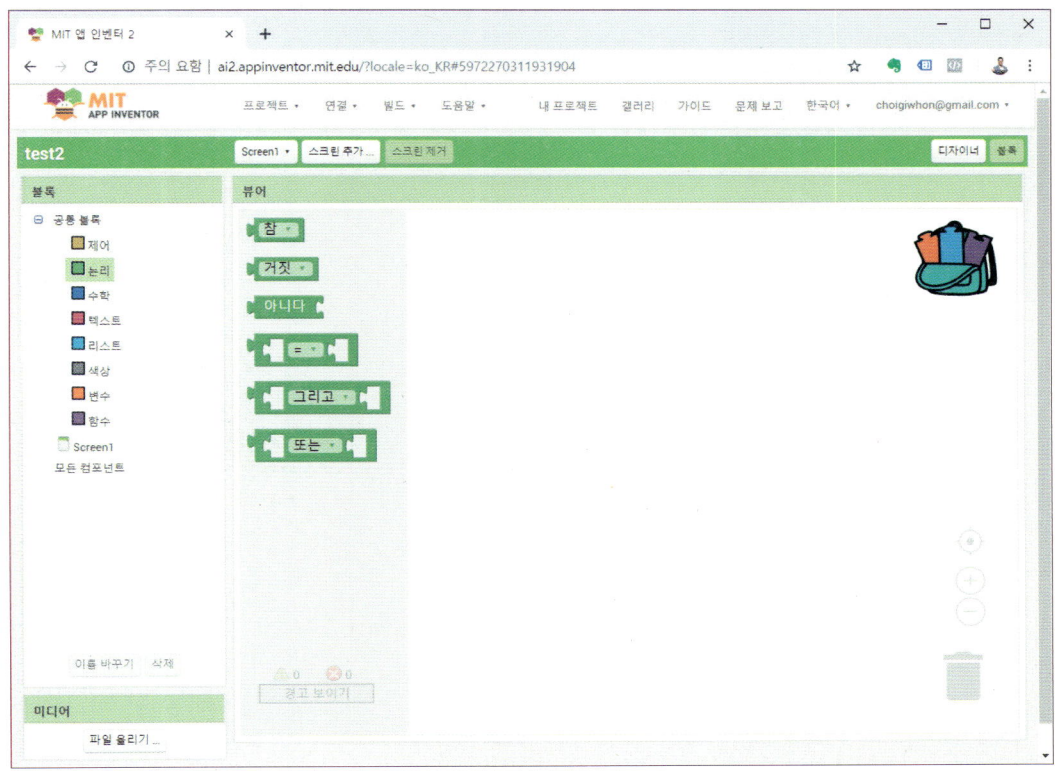

(3) 수학 블록

연산식을 작성하거나 수학적인 수식을 코딩할 때 주로 사용하는 블록입니다. 계산기 혹은 점수 계산 등의 코드 제작 시 주로 사용됩니다.

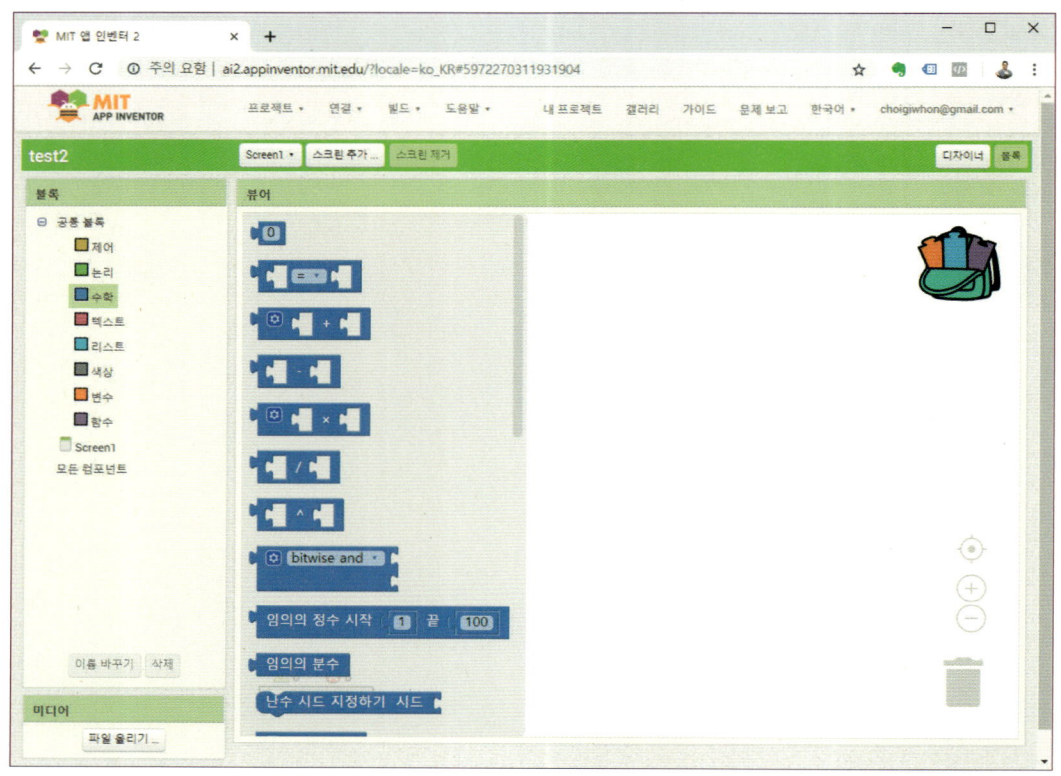

(4) 텍스트 블록

텍스트 블록을 다양한 상황에서 사용할 수 있습니다. 텍스트를 입력해야 하거나 텍스트를 비교하거나 텍스트를 합치는 경우에 많이 사용됩니다. 또한 텍스트의 길이나 텍스트가 비어 있는 경우를 판별하는 경우에도 자주 사용됩니다.

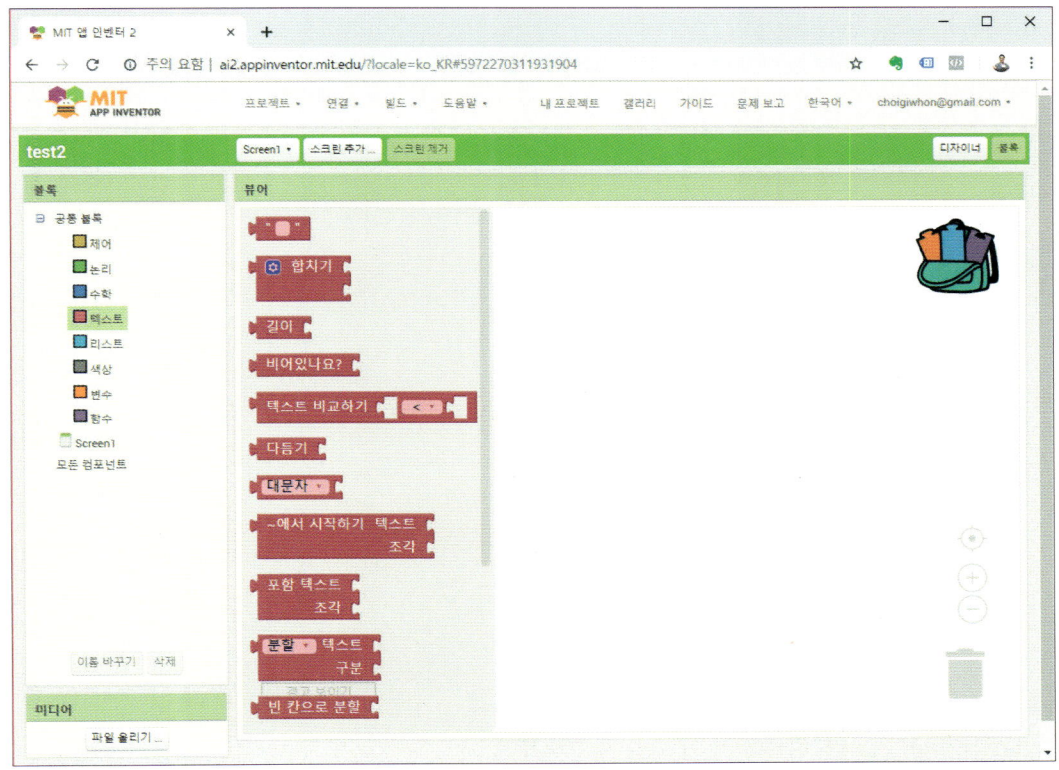

(5) 리스트 블록

리스트 블록은 리스트 형태의 블록을 만들 때 사용합니다. 예를 들어 과일 리스트를 만든다고 할 때 하나의 리스트에 사과, 배, 바나나 등을 입력하고 리스트 내에 있는 값을 활용하여 코딩할 수 있습니다.

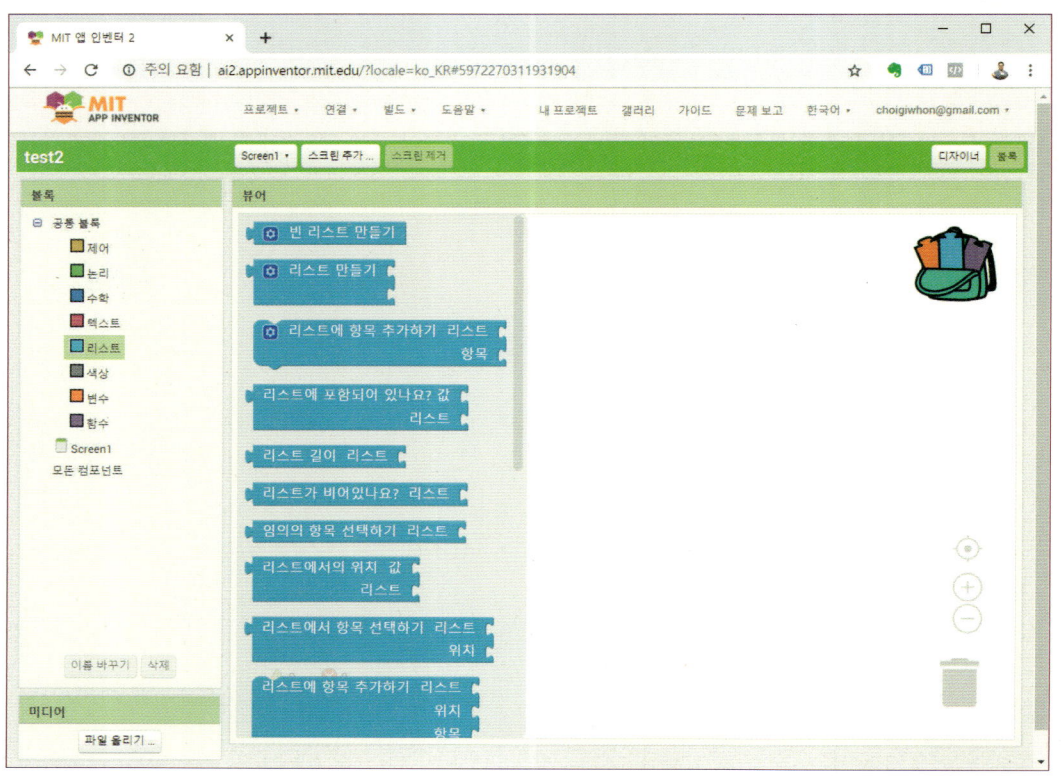

(6) 색상 블록

색상 블록은 아래 화면과 같이 특정 색상을 지정하는 경우에 사용합니다. 스크린의 색상이나 버튼 등의 색깔을 변경하고자 할 때는 아래와 같이 지정된 색상 블록을 사용할 수 있습니다.

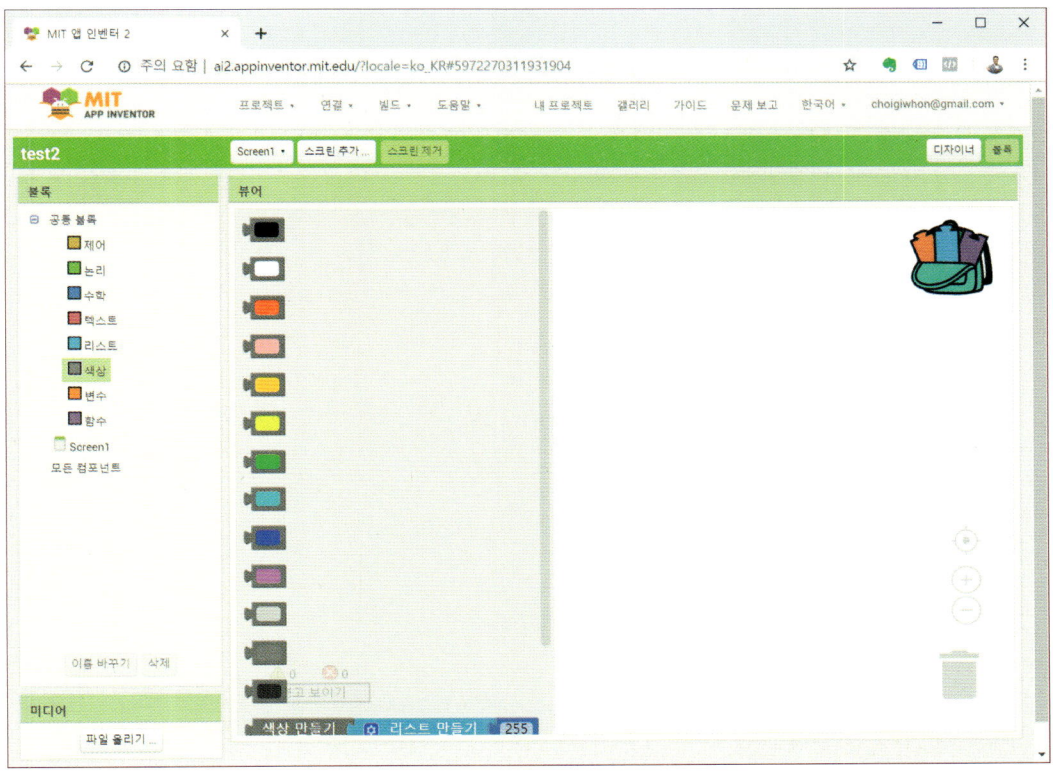

(7) 변수 블록

변수 블록은 전역 변수와 지역 변수로 나뉘어지는데 아래와 같은 코드를 통해 지정할 수 있습니다.

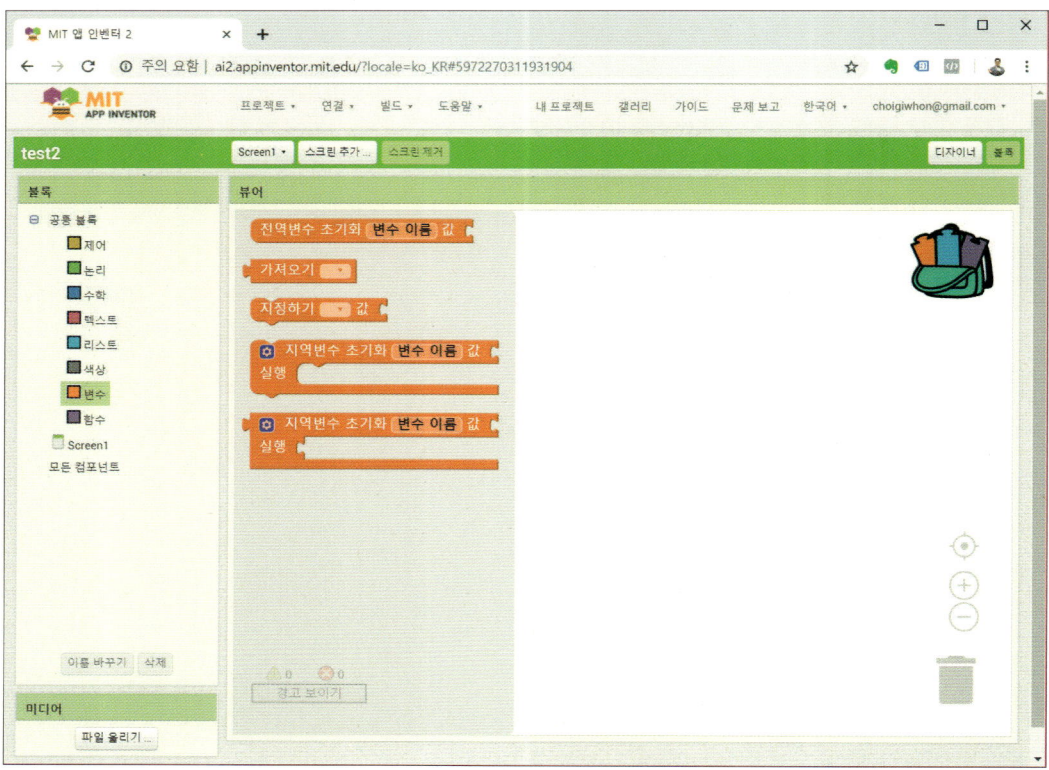

(8) 함수 블록

특정 코드들을 모아서 하나의 함수 코드 이름으로 지정해 두고 사용할 수 있는데, 이 때 함수 블록을 이용합니다.

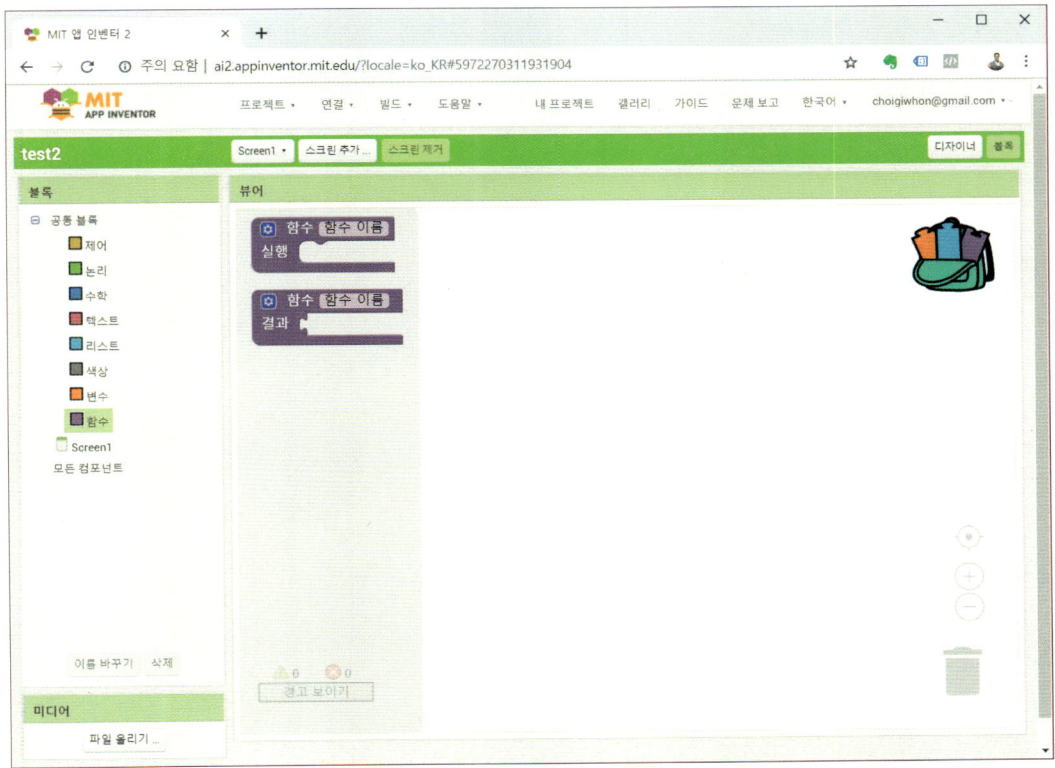

2장
기초 컴포넌트 익히기

1. 사용자 인터페이스 컴포넌트

1) 버튼 컴포넌트

버튼 컴포넌트는 버튼에 대한 클릭을 감지하는 컴포넌트입니다. Designer 또는 블록 편집기에서 변경할 수 있습니다.

아래의 예제를 따라하면서 버튼 컴포넌트의 사용법을 알아보겠습니다.

01 왼쪽 상단의 [새 프로젝트 시작하기] 버튼을 클릭합니다.

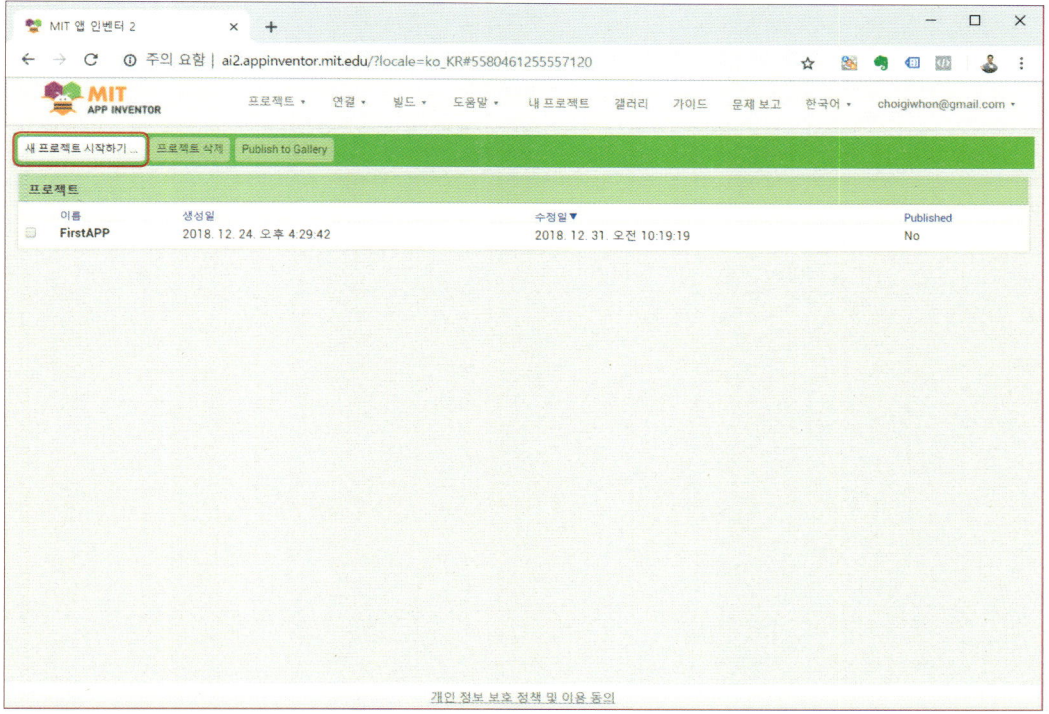

02 프로젝트 이름으로 'Button_Click'을 입력하고 [확인] 버튼을 클릭합니다.

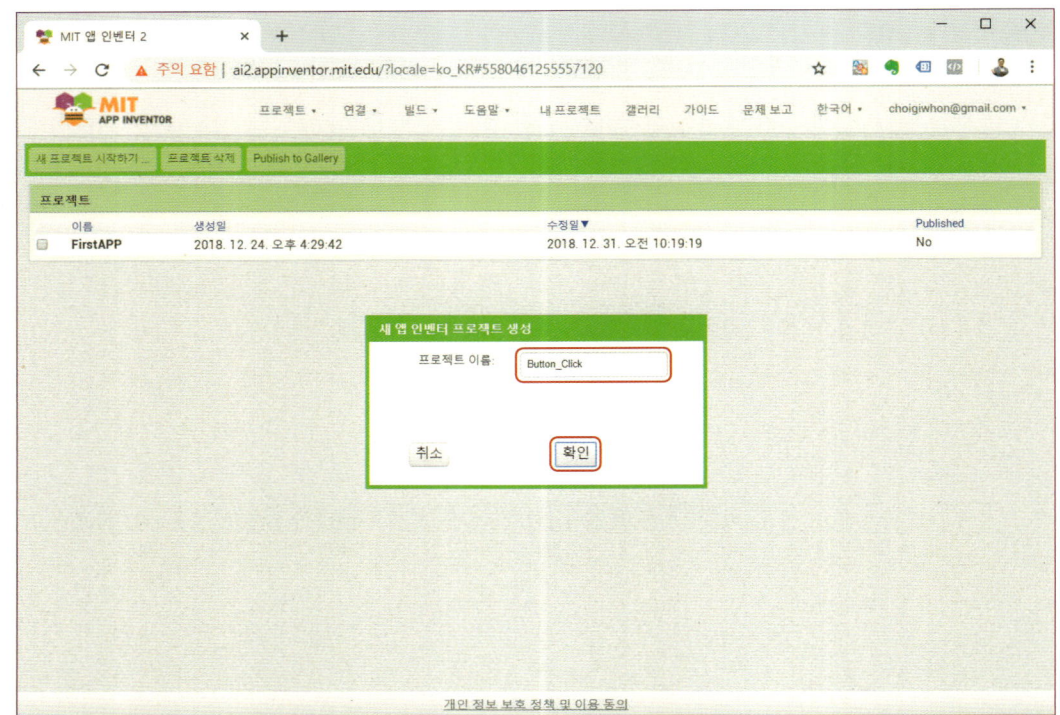

03 프로젝트가 생성되고 메인 디자인 화면이 나타납니다. 왼쪽 팔레트의 사용자 인터페이스 부분에서 버튼 컴포넌트를 Screen1 화면으로 드래그&드롭합니다. 이 때 현재 Screen1의 [속성]에서 [수평 정렬] 속성을 '중앙:3'으로, [수직 정렬] 속성을 '가운데:2'로 설정합니다.

2장 기초 컴포넌트 익히기

04 아래와 같이 버튼 컴포넌트가 배치됩니다. 버튼 컴포넌트를 클릭하면 버튼 컴포넌트의 속성을 변경할 수 있습니다. 오른쪽의 버튼 속성 화면에서 [글꼴 크기]를 '20' 포인트로 설정합니다. 제일 아래를 보면 [텍스트] 속성이 있습니다. 이 속성에 '버튼1 텍스트'라고 입력합니다.

05 이제 오른쪽 상단에 있는 [블록] 버튼을 클릭하여 블록 코딩 화면으로 이동합니다.

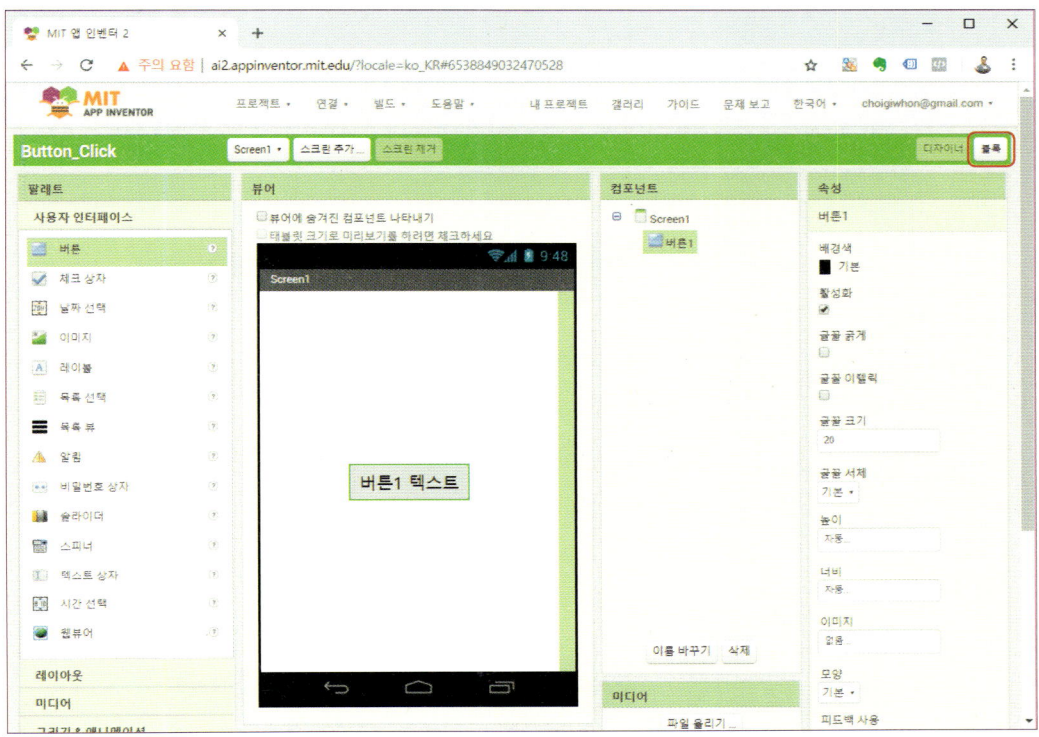

06 블록 코딩 화면의 블록 부분에서 [버튼1]을 선택하면 뷰어에서 버튼1에 대한 명령 블록들이 나타납니다. 여기서 [언제 버튼1.클릭]을 드래그&드롭하여 화면으로 가지고 옵니다.

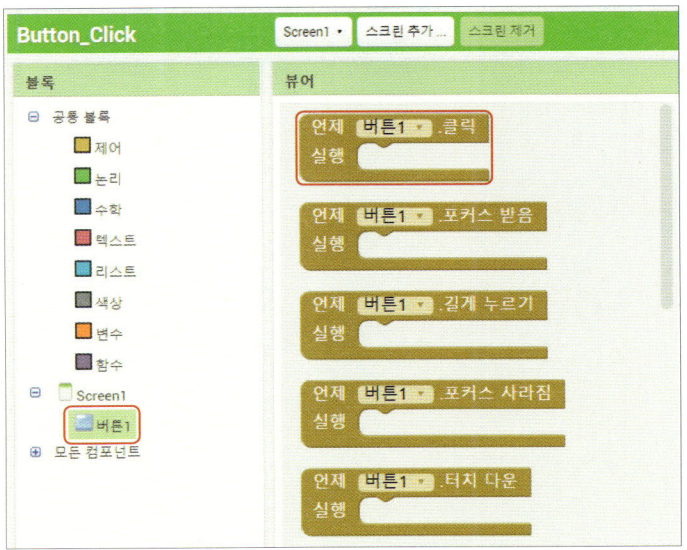

07 이어서 버튼1 컴포넌트가 선택된 상태에서 뷰어의 하단으로 내려가 보면 [지정하기 버튼1.텍스트 값]이라는 블록이 보입니다. 이 블록을 드래그&드롭하여 화면에 가져다 놓습니다.

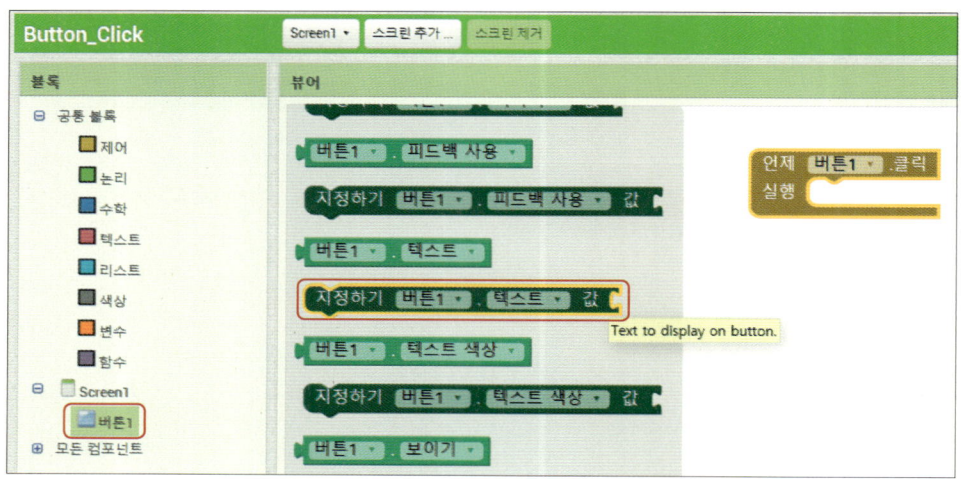

08 아래 화면과 같이 방금 가져온 [버튼1.텍스트 값] 블록을 [버튼1.클릭] 블록 안으로 가져가서 넣어줍니다. 블록과 블록이 잘 연결되었는지 확인합니다. 블록과 블록이 철컥하고 달라붙지 않으면 제대로 수행하지 않은 것이므로 다시 한번 잘 확인합니다.

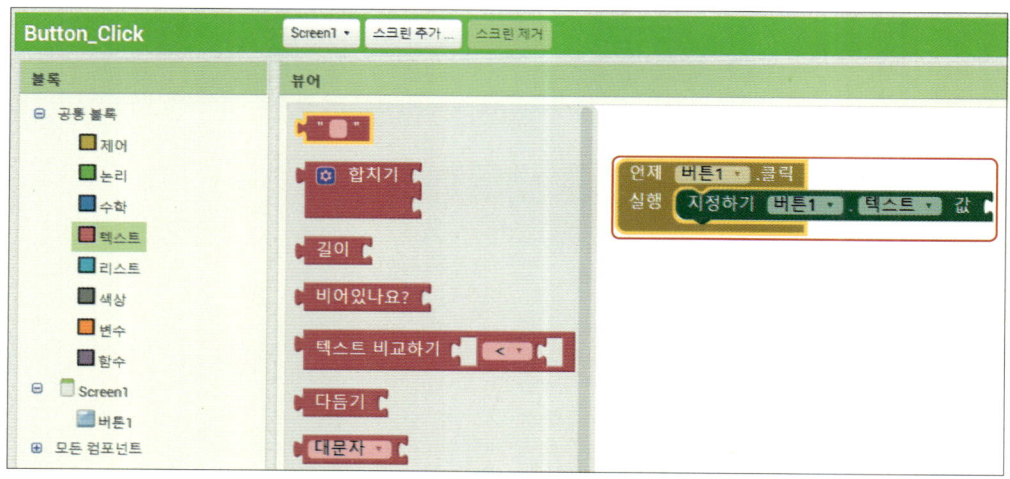

09 아래와 같이 공통 블록 부분의 [텍스트]에서 제일 상단에 있는 비어있는 텍스트를 가지고 와서
뷰어의 화면과 같이 [버튼1.텍스트 값]의 옆에 블록을 연결합니다.

[실행 화면]

AI Companion으로 앱 구동을 확인합니다. 아래와 같은 화면이 나오면 앱을 제대로 제작한 것입니다.

2) 체크박스

이번에는 체크박스 컴포넌트에 대해서 살펴보겠습니다. 체크박스는 어떤 항목을 선택할 때 사용하는 컴포넌트입니다. 기본적으로 코딩을 하지 않아도 항목을 선택할 수 있습니다. 물론 선택된 값을 다른 컴포넌트의 입력 값으로 제공한다면 별도의 코딩이 필요할 것입니다.

아래의 예제를 따라해 보겠습니다.

01 프로젝트를 신규로 생성합니다. 프로젝트 이름은 'Checkbox_Click'으로 하고, [확인] 버튼을 클릭합니다.

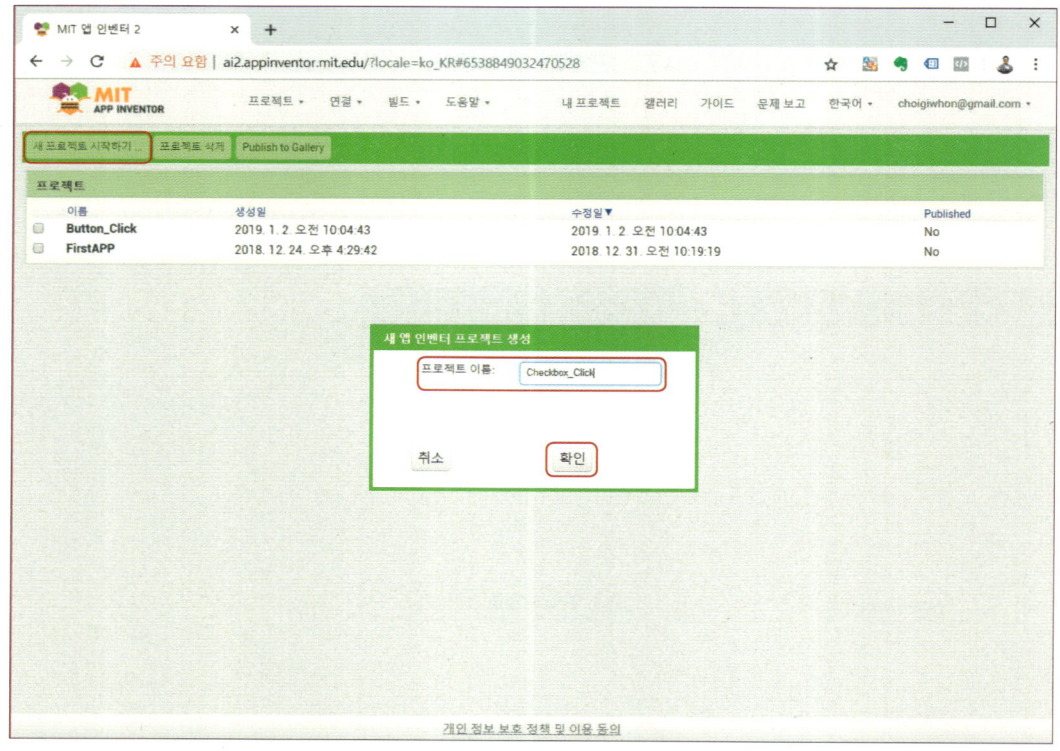

02 사용자 인터페이스에서 체크상자 컴포넌트 2개를 화면에 배치합니다. 버튼 컴포넌트에서 수행했던 것과 같이 Scree1의 [수평 정렬] 속성을 '중앙:3', [수직 정렬] 속성을 '가운데:2'로 설정합니다.

03 체크상자 컴포넌트를 클릭하여 [속성]의 [텍스트] 부분에 '콜라', '사이다'와 같이 입력합니다. [글꼴 크기]도 '20'으로 설정합니다.

[실행 화면]

여기까지만 하면 체크박스 전체 선택이 가능합니다. 그러나 체크박스를 라디오 버튼처럼 만들려면 어떻게 해야할까요?

04 블록 코딩 화면으로 이동한 후 [체크상자1.변경] 블록을 뷰어 화면으로 드래그&드롭합니다.

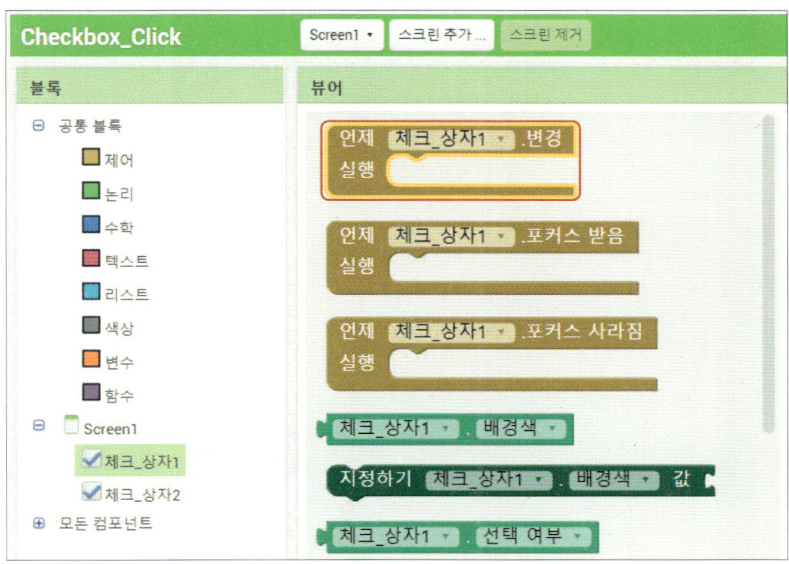

2장 기초 컴포넌트 익히기

05 이번에는 공통 블록의 제어 블록에서 [만약~그러면] 블록을 뷰어로 드래그&드롭합니다. 그리고 [만약~그러면] 블록을 [체크상자1.변경] 블록에 넣습니다.

06 아래와 같은 블록으로 구성됩니다. 이제 다시 공통 블록의 논리 블록으로 이동하여 [그리고]에 해당하는 블록을 뷰어 화면으로 드래그&드롭합니다.

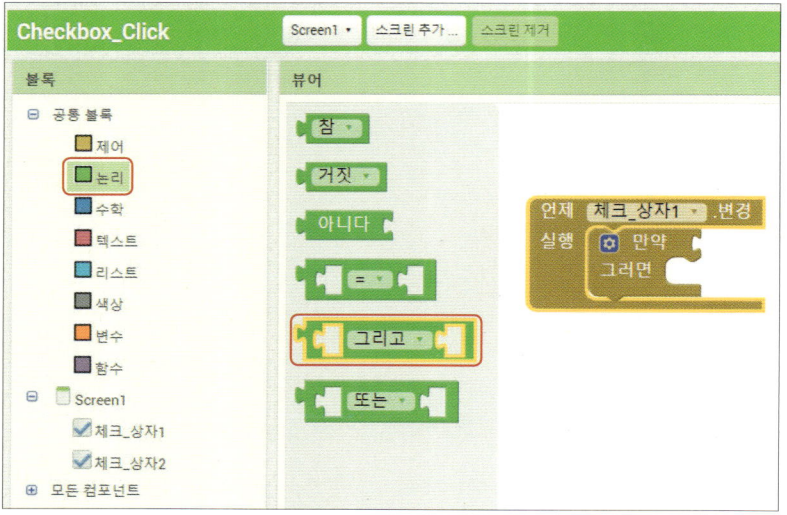

07 [그리고] 블록을 [만약~그러면] 블록 안에 아래와 같이 연결합니다. 이번에는 체크상자 컴포넌트를 클릭하여 [체크_상자1.선택여부] 블록을 뷰어로 드래그&드롭합니다.

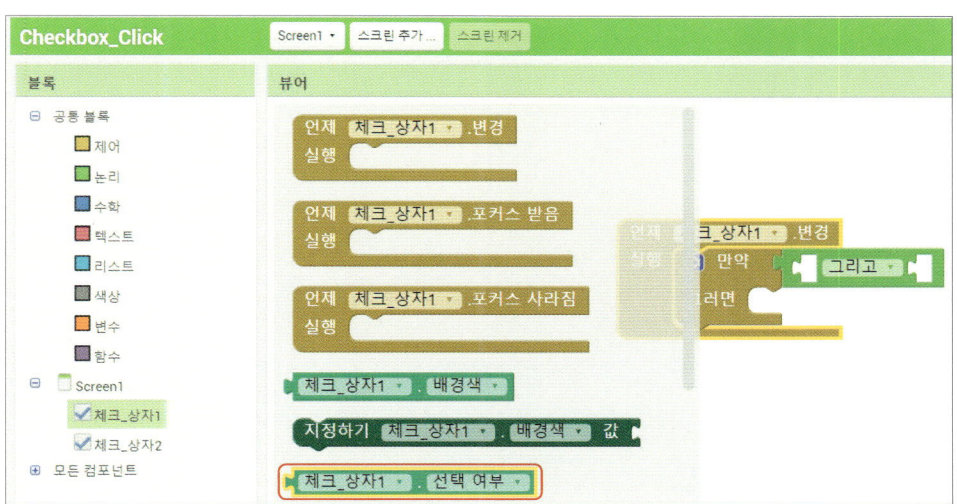

08 아래와 같이 [체크_상자2.선택여부]도 [그리고] 블록 안에 넣어줍니다.

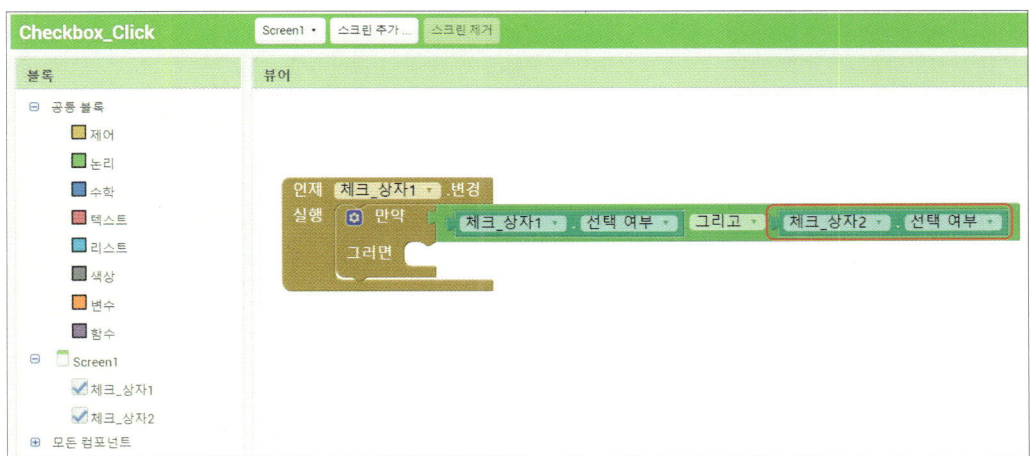

2장 기초 컴포넌트 익히기

09 이번에는 체크_상자2 컴포넌트를 클릭하여 [체크_상자2.선택여부 값] 블록을 드래그&드롭합니다. 이 후 [만약~그러면] 블록의 [그러면 블록] 안에 [체크_상자2.선택여부] 블록을 넣습니다.

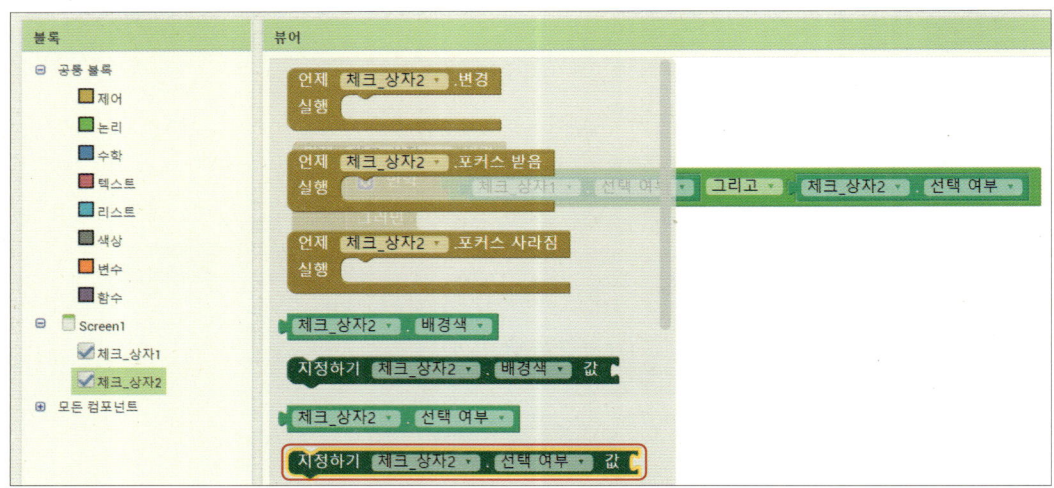

10 공통 블록의 논리 항목에서 [거짓] 블록을 [체크_상자2.선택여부 값] 블록에 넣습니다.

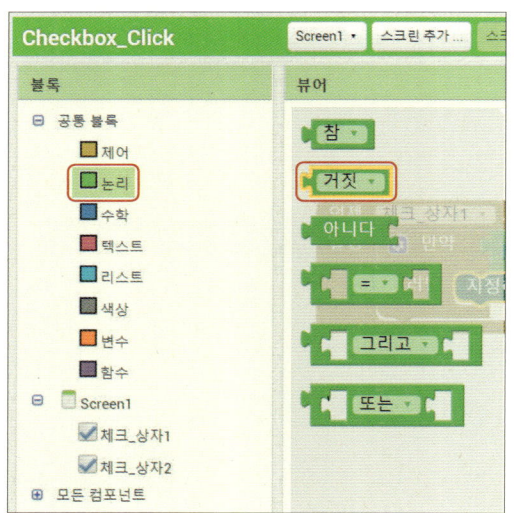

11 아래와 같은 화면이 나오면 됩니다. 체크상자1이 선택되었을 때 선택상자2는 체크가 되지 않도록 하는 블록입니다. 결국 체크상자 1개만 선택하게 하는 코드를 작성한 것입니다. 체크상자1에 대한 블록 코딩을 완성했으니 이번에는 체크상자2에 대한 부분도 동일하게 작성해야 합니다. 체크상자2의 블록 코딩은 위의 과정을 그대로 다시 따라해도 되지만 아래와 같이 동일한 로직일 경우 블록을 통째로 복제해서 컴포넌트의 번호만 바꾸면 됩니다. 전체 블록이 선택된 상태에서 [복제하기]를 클릭합니다. 전체 블록을 선택해야 하므로 [언제 체크상자1.변경] 부분 위에서 마우스 오른쪽 버튼을 클릭하면 [복제하기]가 나타납니다. [복제하기]를 선택합니다.

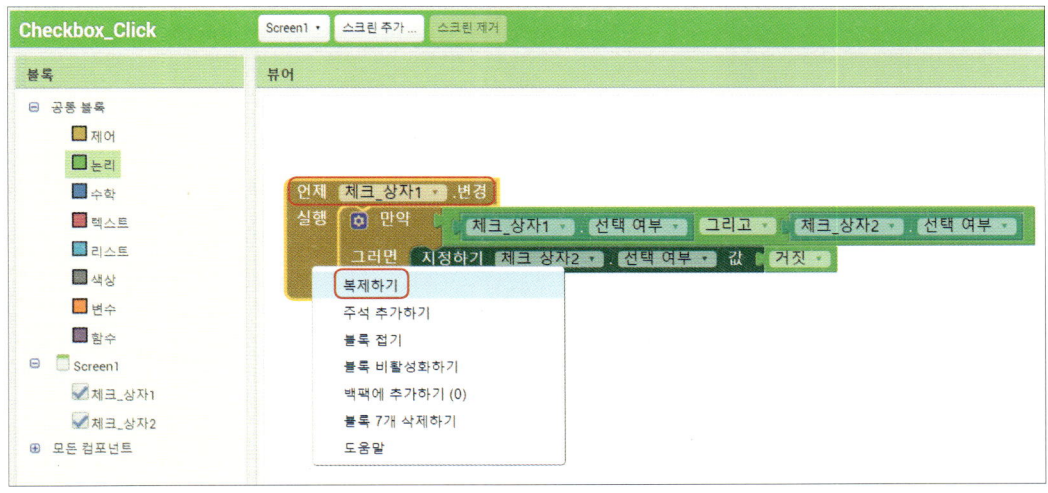

12 전체 블록이 복제되었습니다. 아래와 같이 [체크_상자2]의 블록 코드를 완성하면 됩니다.

[실행 화면]

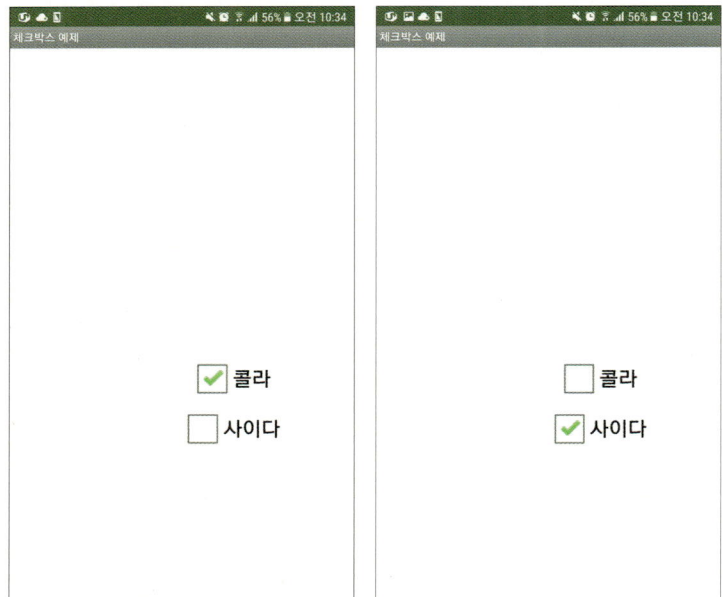

콜라를 선택하면 사이다를 선택할 수 없고 사이다를 선택하면 콜라를 선택할 수 없습니다. 당연히 콜라, 사이다를 동시에 선택할 수 없는 결과를 볼 수 있습니다.

3) Datepicker & Timepicker

이번 컴포넌트는 날짜와 시간을 선택할 수 있는 컴포넌트입니다.

아래 예제를 따라하기 바랍니다.

01 프로젝트 이름을 'datepicker_timepicker'로 하고 [OK]를 클릭합니다.

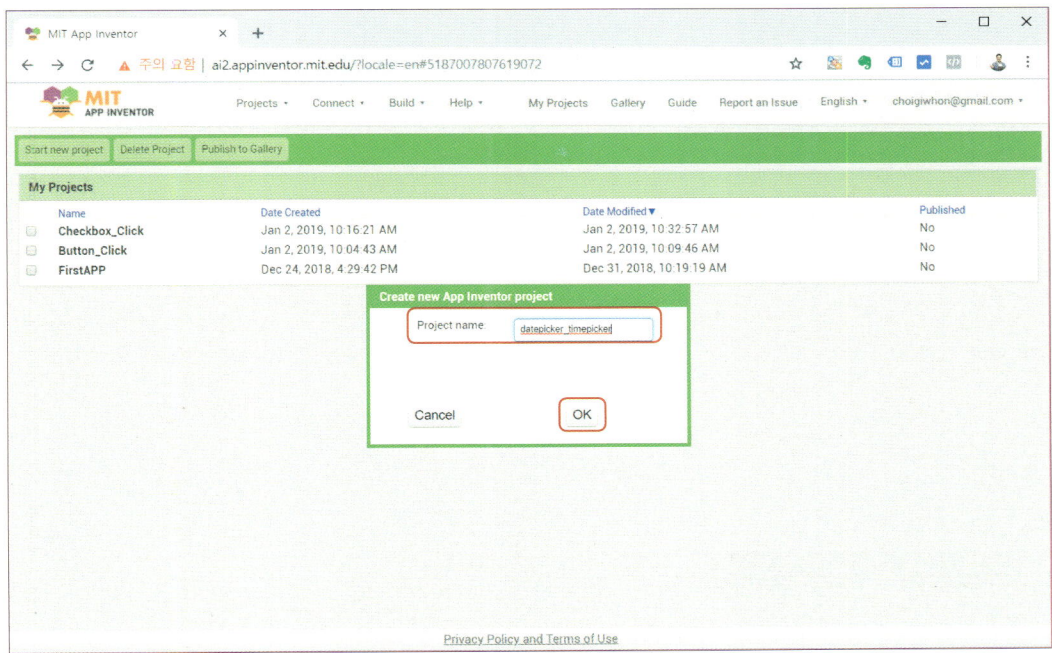

02 사용자 인터페이스 팔레트에서 [날짜 선택] 컴포넌트를 화면으로 가져옵니다.

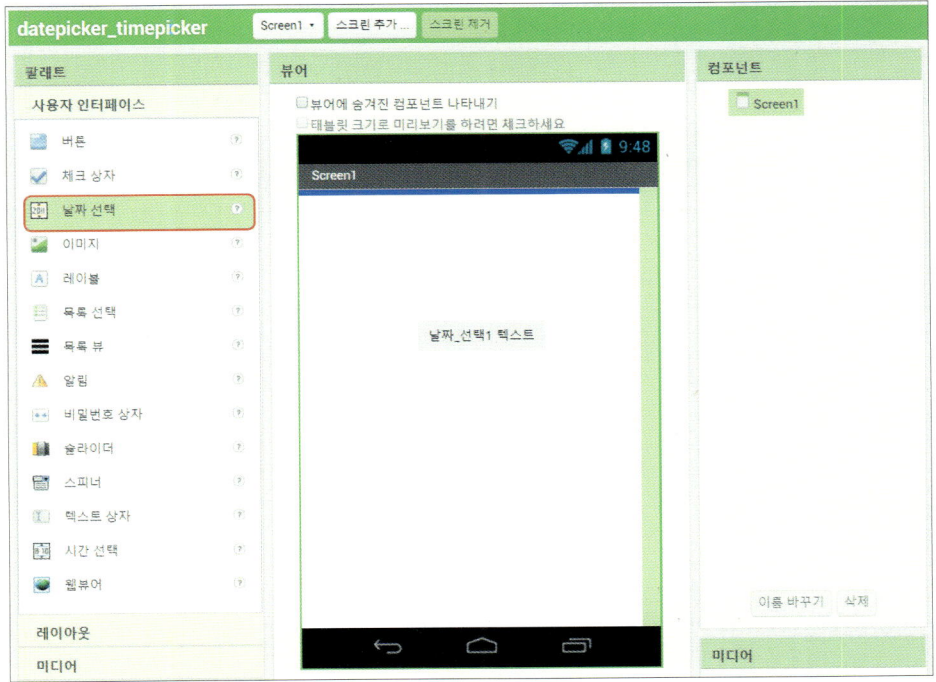

2장 기초 컴포넌트 익히기

03 [날짜 선택] 컴포넌트의 [텍스트] 속성에 '날짜선택'을 입력합니다.

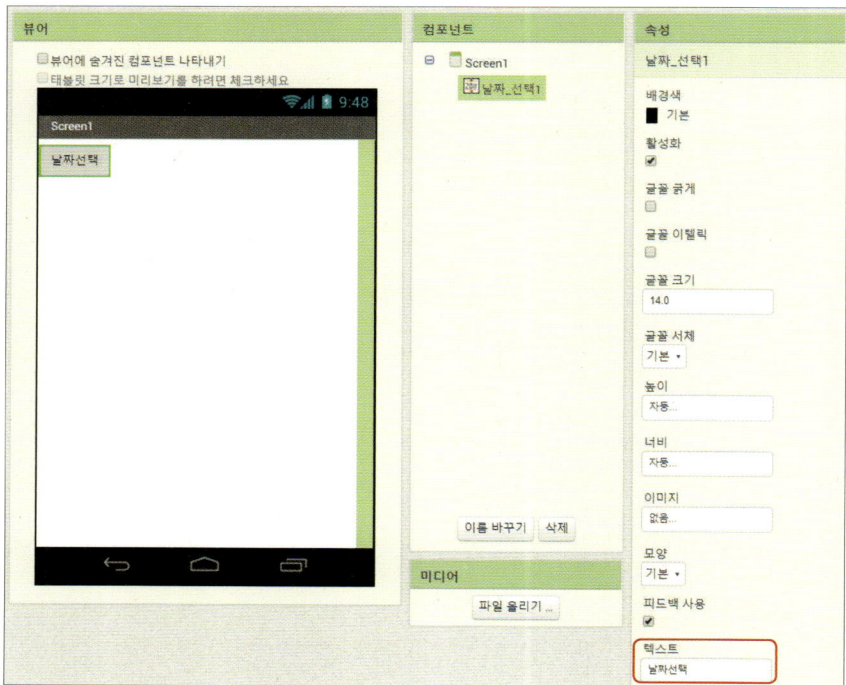

04 이번에는 [시간 선택] 컴포넌트를 화면으로 가져옵니다.

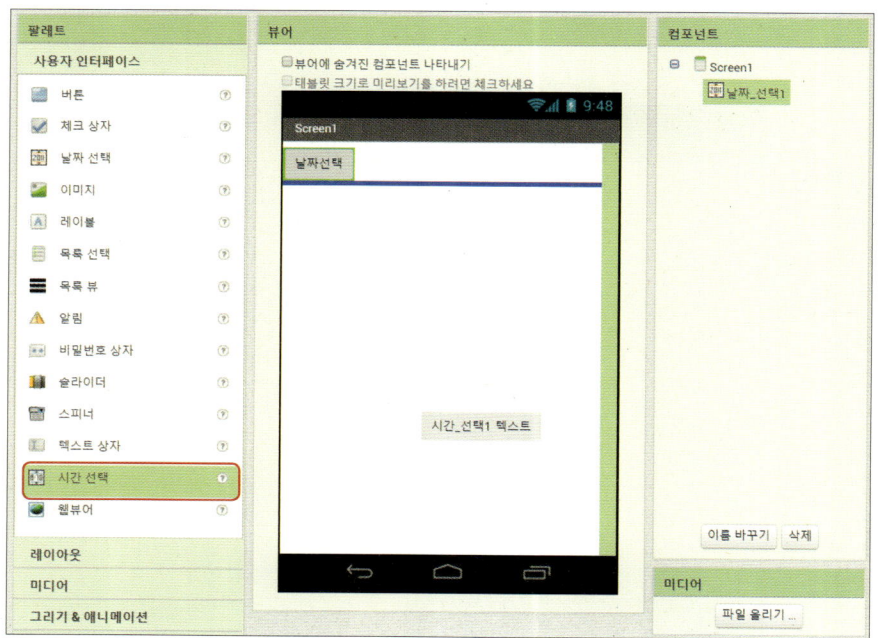

05 마찬가지로 시간 선택 컴포넌트의 [텍스트] 속성에 '시간선택'을 입력합니다.

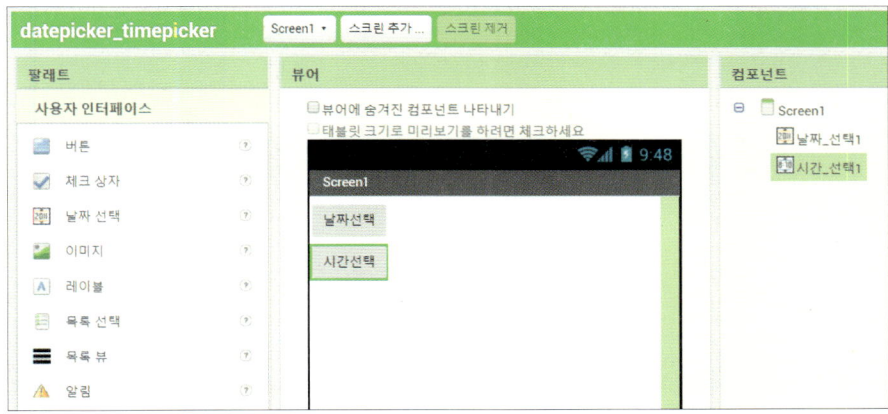

이렇게 한 다음 AI Companion으로 앱을 실행합니다.

[실행 화면]

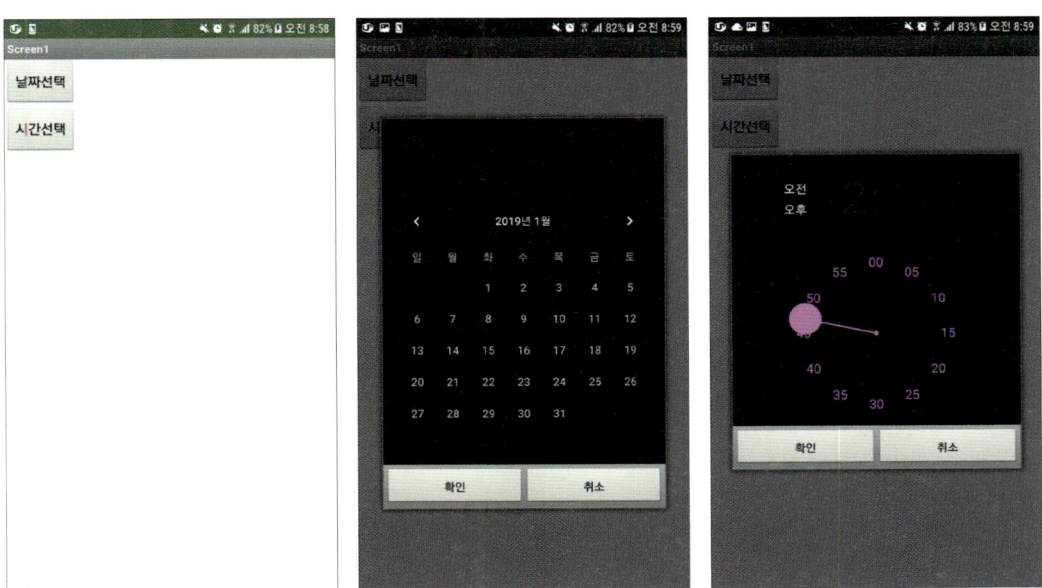

[날짜선택]을 클릭하면 달력 화면이 나오고, [시간선택]을 클릭하면 시간을 선택하는 화면이 출력됩니다.

하지만 이 상태에서는 아무것도 할 수 없으니 각 컴포넌트별로 블록 코딩을 진행해 보겠습니다.

(1) 날짜선택 블록 코딩

01 블록 화면으로 이동한 다음 [날짜_선택1] 컴포넌트를 선택합니다. 블록에서 [날짜선택1.날짜 선택 후] 블록을 뷰어 화면으로 가지고 옵니다(드래그&드롭).

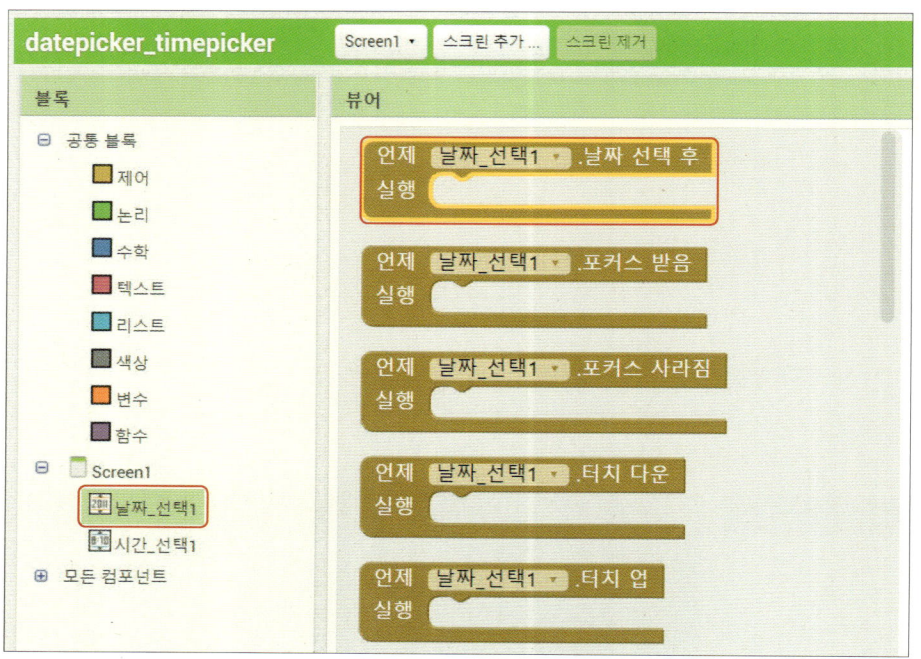

02 이번에는 Screen1을 클릭하여 [Screen1.제목 값] 블록을 가져옵니다. 이 블록을 방금 가져왔던 [날짜선택1.날짜 선택 후] 블록 안에 넣습니다.

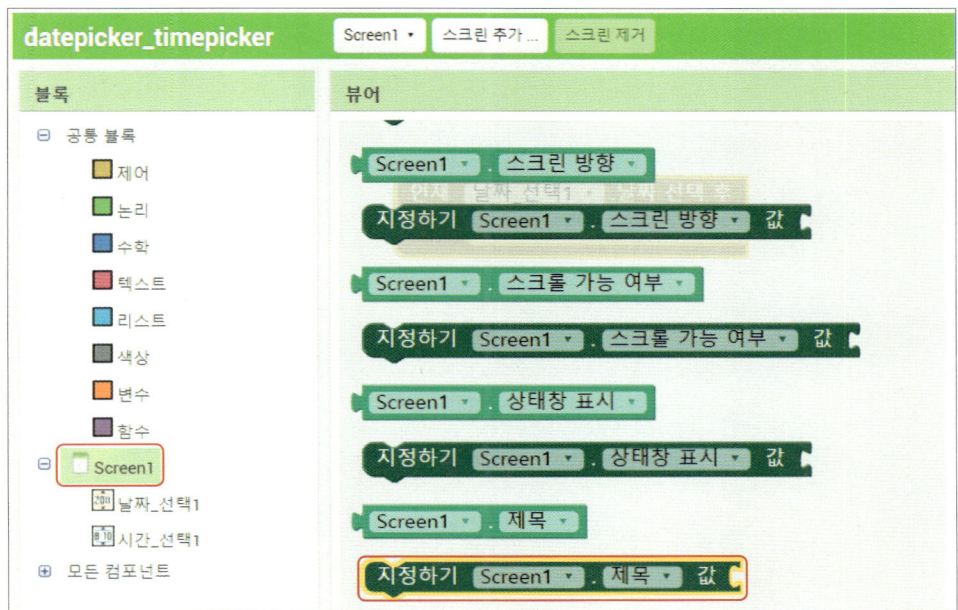

03 이제 값을 넣어주어야겠죠? 다시 [날짜_선택1] 컴포넌트를 선택한 후 [날짜_선택1.년] 블록을 가져와서 [Screen1.제목 값] 블록에 붙입니다.

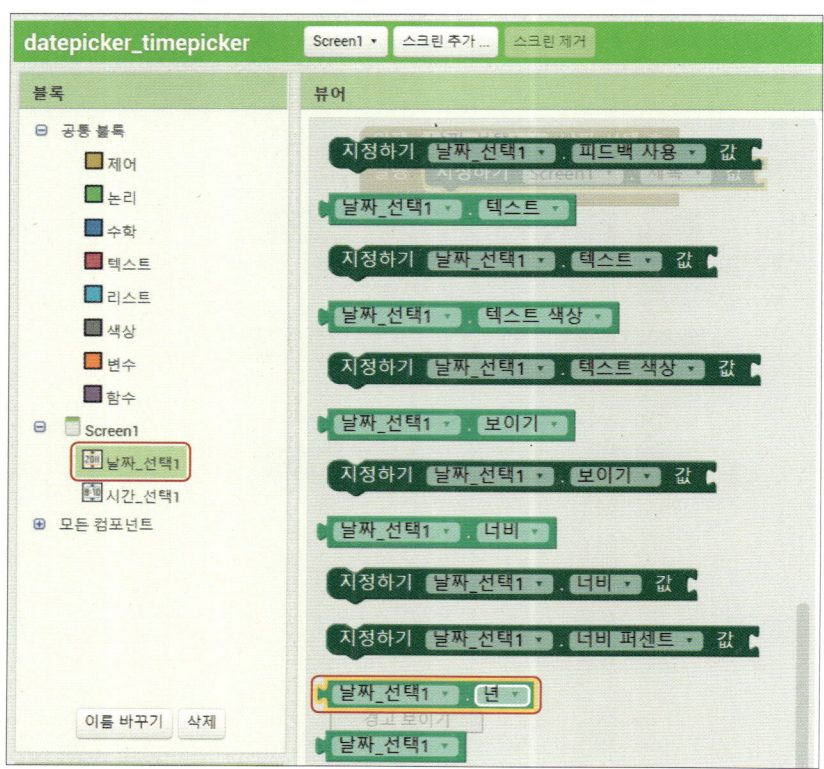

04 아래와 같이 블록이 완성되면 됩니다.

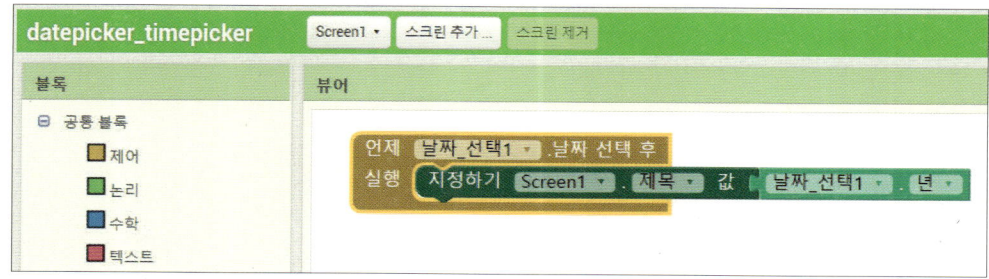

[실행 화면]

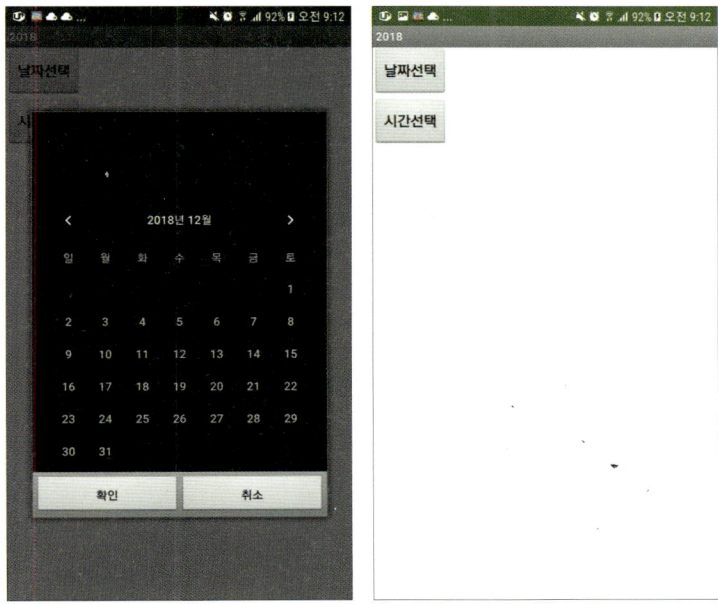

화면에서 날짜를 선택하면 해당 년도를 읽어들여 Screen1의 제목 부분에 출력합니다. 상단 제목에 '2018'이라고 출력된 것을 볼 수 있습니다.

(2) 시간 선택 블록 코딩

시간 선택 블록 코딩 부분도 날짜 선택과 크게 다르지 않습니다.

아래 예제를 따라해 보겠습니다.

01 [시간_선택1] 컴포넌트를 선택한 후 [시간_선택1.시간 설정 후] 블록을 뷰어 화면으로 가져옵니다.

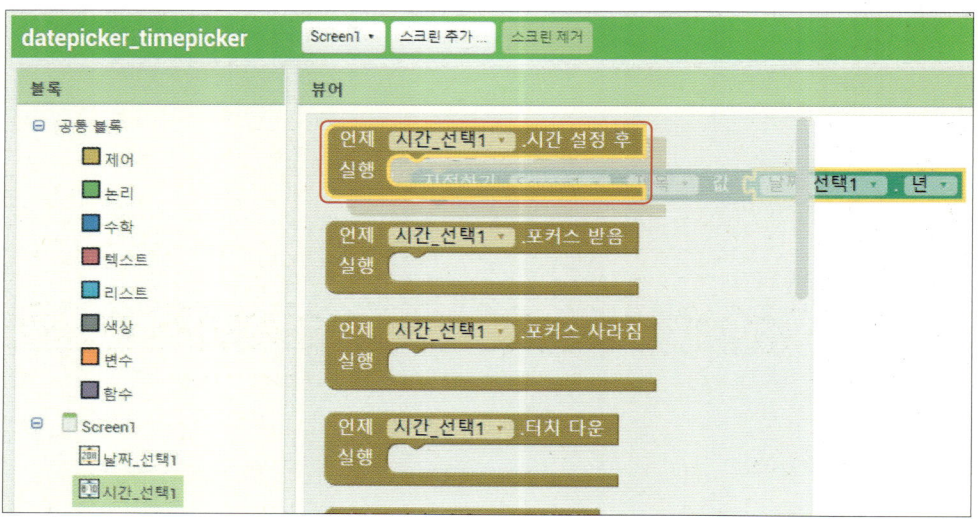

02 [Screen1.제목 값] 블록을 뷰어 화면으로 가져와서 [시간_선택.시간 설정 후] 블록에 넣습니다.

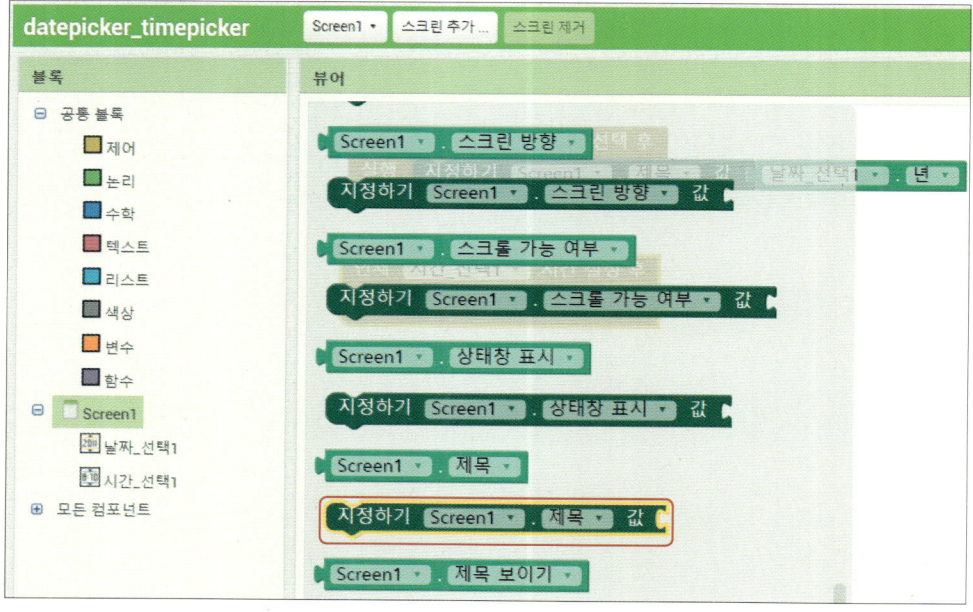

03 마지막으로 값을 넣어야겠죠? 값 부분에는 아래와 같이 [시간_선택1] 컴포넌트의 [시간_선택1.시간] 블록을 연결합니다.

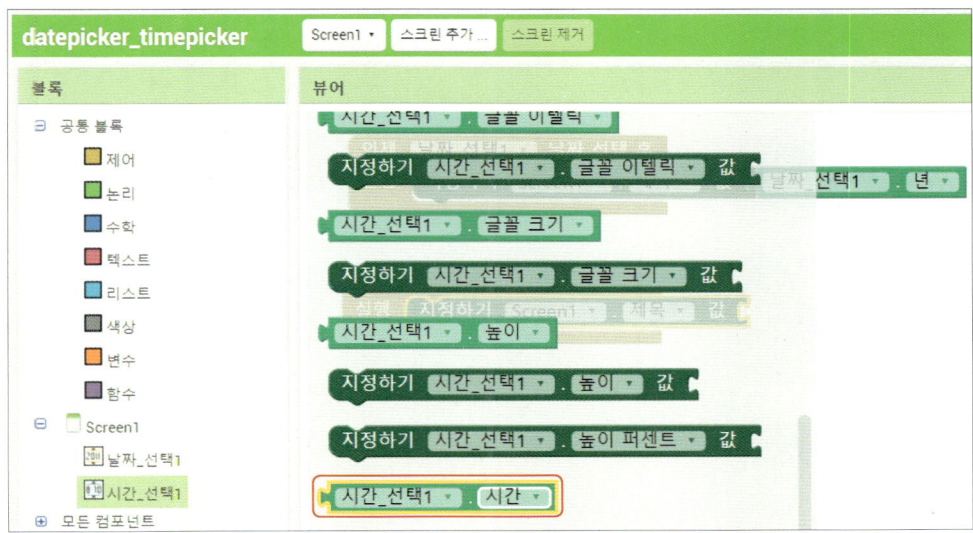

04 아래와 같이 블록 코딩을 완성하면 됩니다.

[실행 화면]

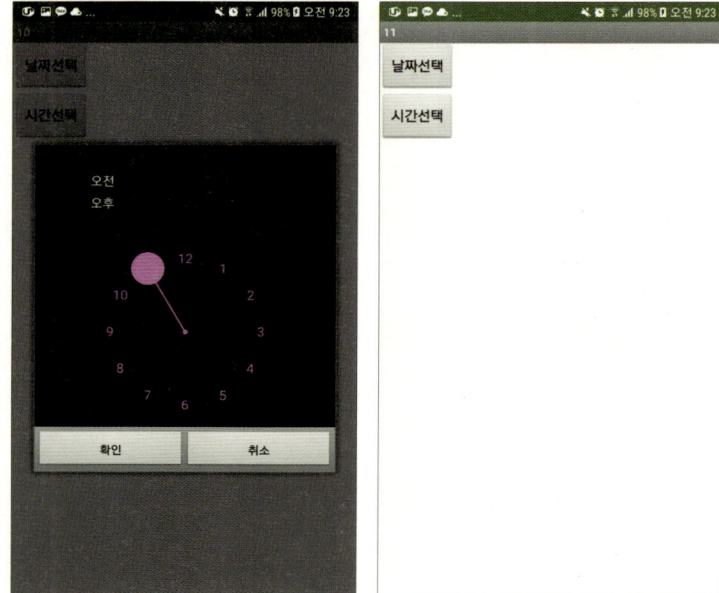

[시간선택]을 클릭하여 시간을 선택하면 스크린의 제목 부분에 시간이 표시됩니다.

4) 이미지 컴포넌트

이번에는 이미지 컴포넌트를 다루어 보겠습니다.

이미지 컴포넌트는 다양한 활용도가 있으니 잘 습득해 두도록 합시다.

01 'Image'라는 이름으로 프로젝트를 생성합니다.

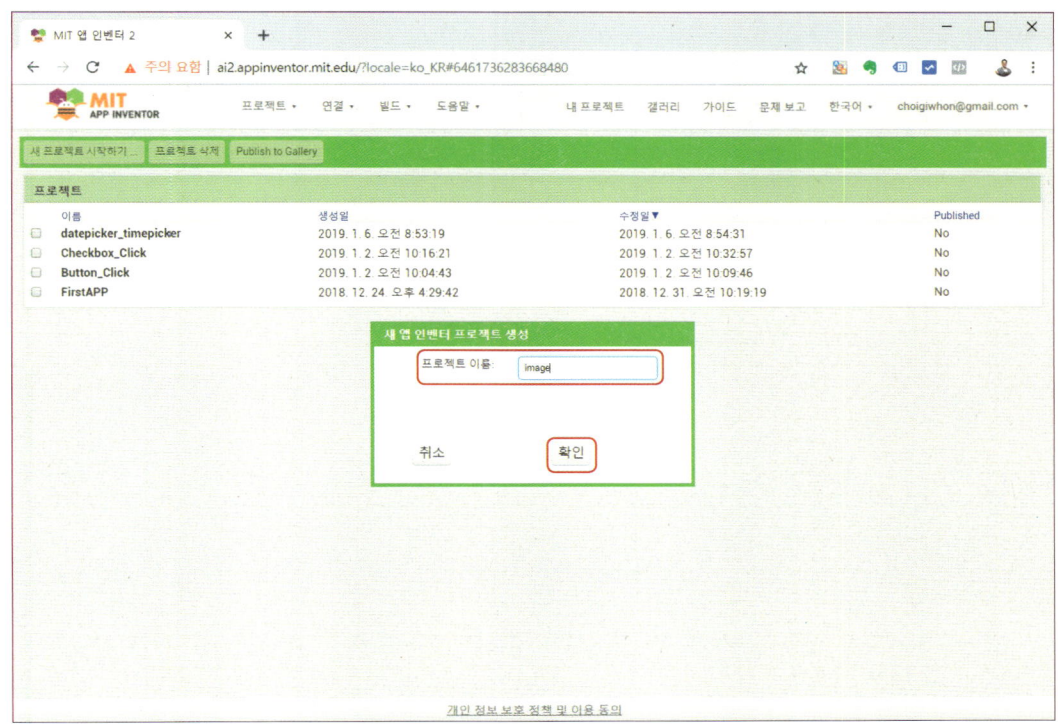

02 사용자 인터페이스 팔레트에서 [이미지] 컴포넌트를 선택하여 화면으로 가져옵니다.

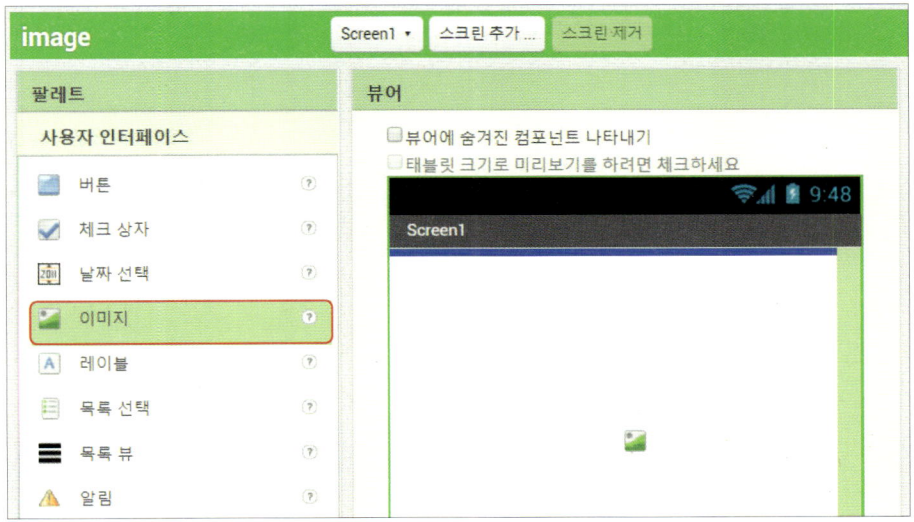

03 이미지의 속성에서 [사진] 속성을 클릭합니다.

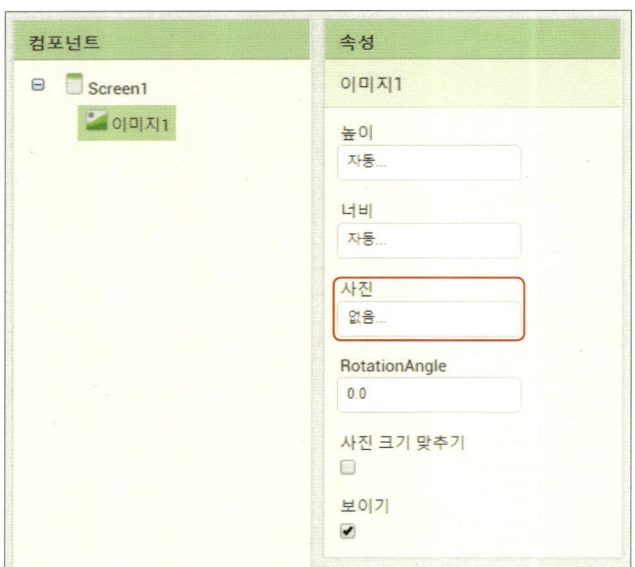

04 사진 속성을 클릭하면 아래와 같이 이미지를 업로드하는 화면이 나타납니다. [파일 올리기]를 선택하여 여러분의 PC에서 적당한 이미지를 하나 업로드합니다.

05 이번에는 버튼 컴포넌트 2개를 이미지 컴포넌트 아래에 배치합니다. 버튼1의 [텍스트] 속성에는 '이미지 사이즈 크게'로 입력하고 버튼2의 [텍스트] 속성에는 '이미지 사이즈 작게'로 입력합니다.

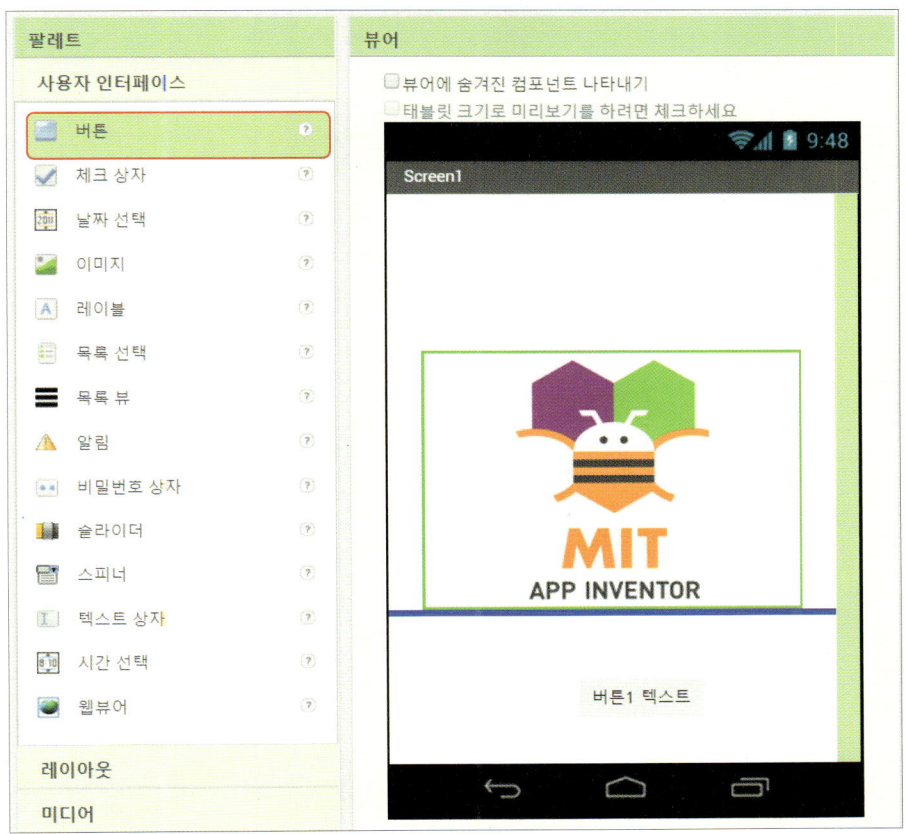

06 아래와 같은 화면 디자인이 되면 디자인 작업은 끝입니다.

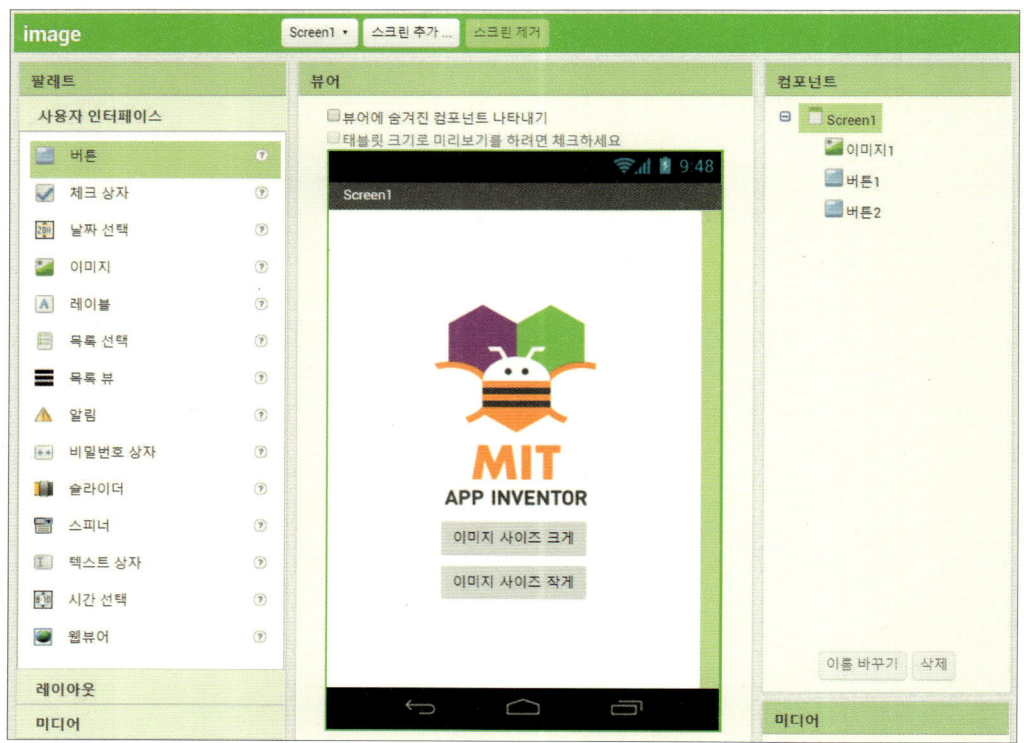

07 이제 블록 코딩 부분을 따라해 보겠습니다. 블록 코딩 부분으로 이동하여 버튼1 컴포넌트를 클릭한 후 [버튼1.클릭] 블록을 뷰어로 가져옵니다.

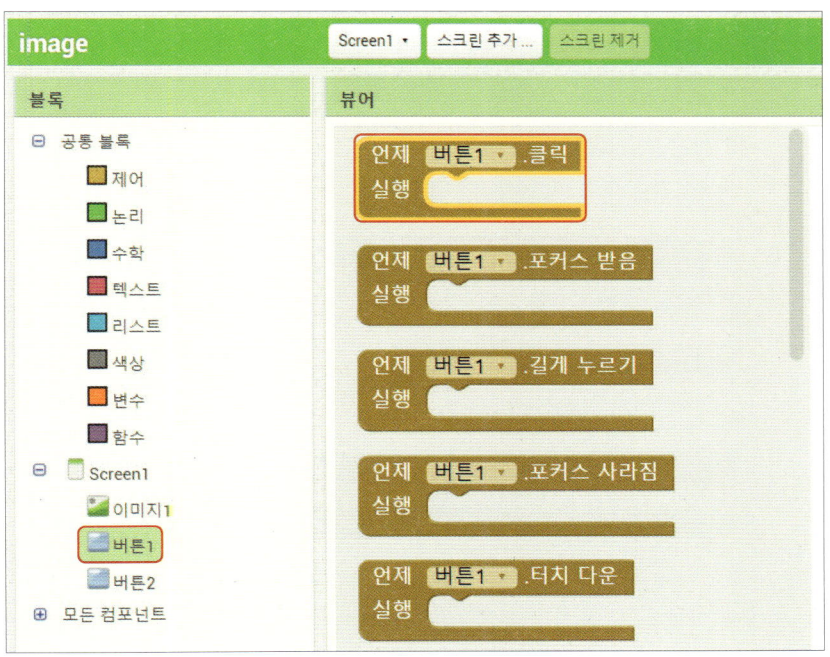

08 이번에는 [이미지1.높이 값] 블록을 가져와서 [버튼1.클릭] 블록 안에 넣습니다.

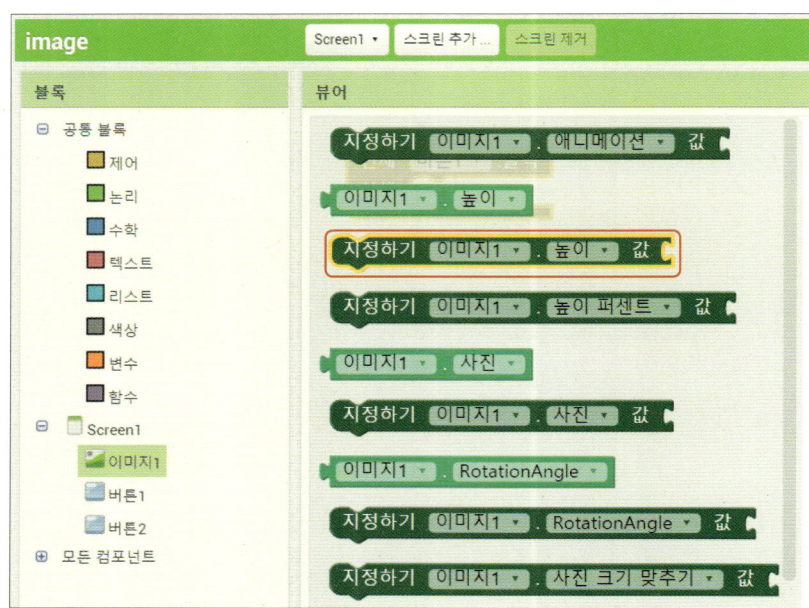

09 공통 블록의 수학 블록에서 아래와 같이 + 기호가 있는 블록을 가져와서 [이미지1.높이 값]의 블록에 연결합니다.

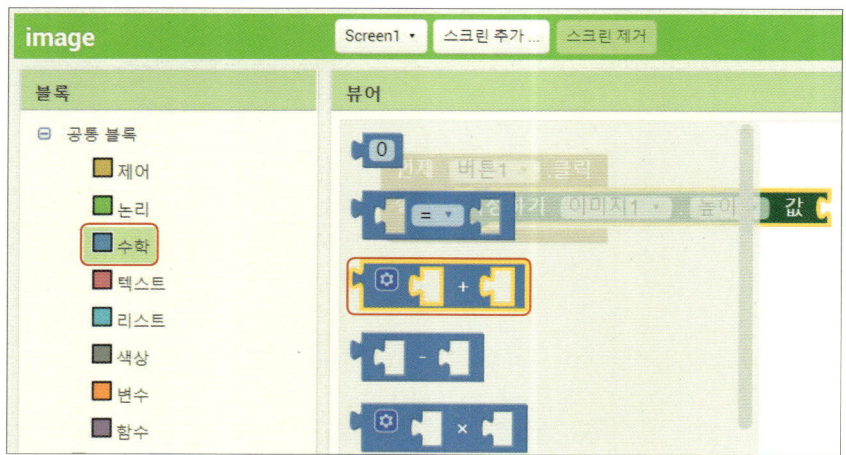

10 이미지 컴포넌트를 클릭한 다음 아래의 블록에서 [이미지1.높이] 블록을 + 기호 블록의 첫 번째 항목에 넣습니다.

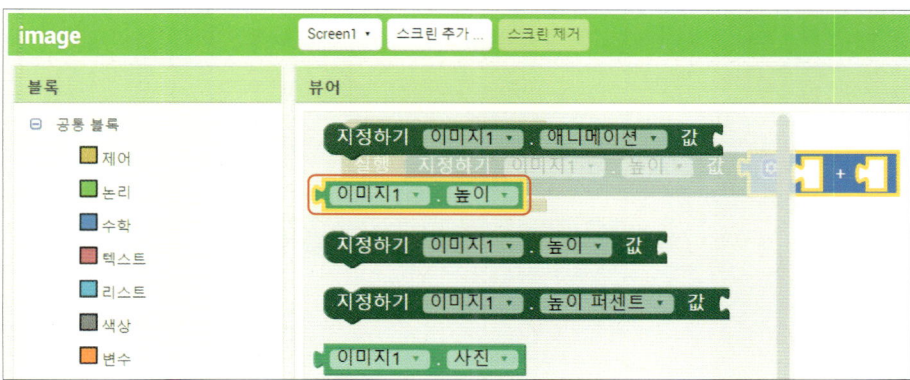

11 수학 블록에서 0이라고 되어 있는 블록을 가져와서 + 블록의 뒷 부분에 넣습니다. 그리고 값에 10이라고 입력합니다.

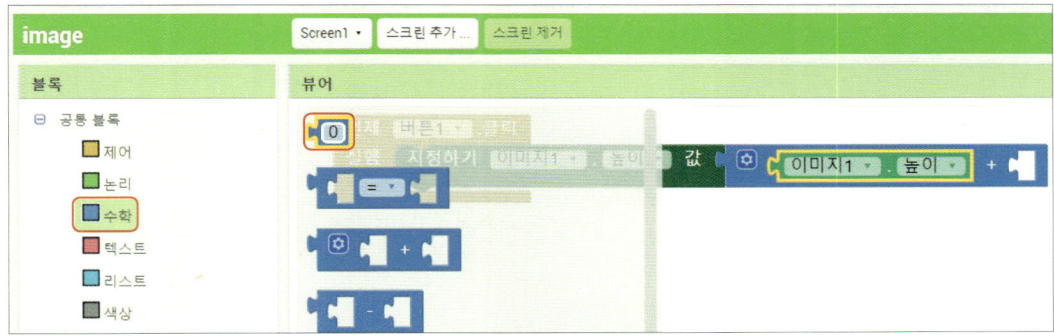

12 아래와 같은 블록 코딩이 완성됩니다.

[버튼1]은 이미지 사이즈를 크게 해주는 명령인데 이미지의 높이를 10만큼 크게 해주는 명령입니다. 하지만 높이만 커지면 안되겠죠? 넓이도 동일하게 10만큼 크게 만들어 주겠습니다.

13 방금 만들었던 블록을 복제합니다.

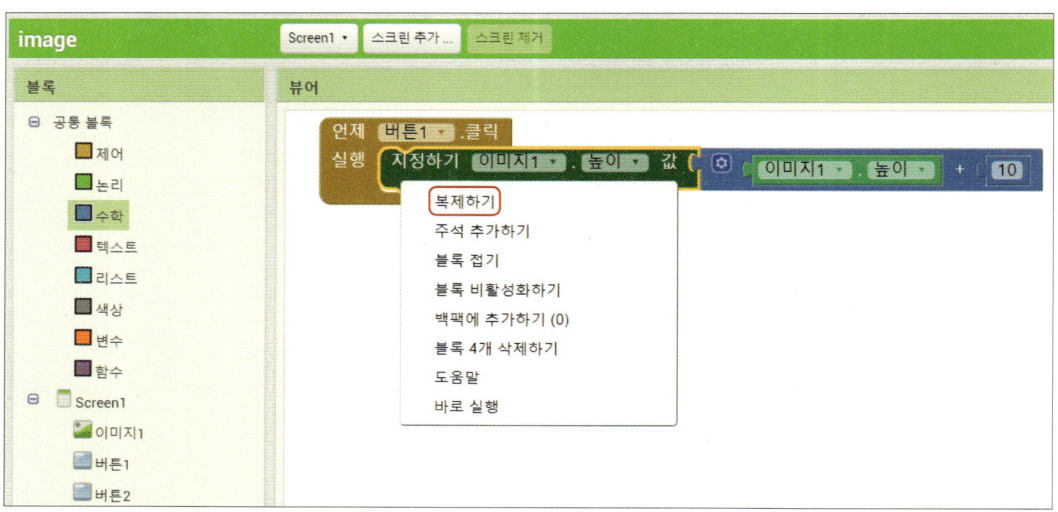

14 아래와 같이 블록을 복제한 다음 아래 블록의 [이미지1.높이] 부분에서 [높이]를 클릭하면 선택할 수 있는 값이 나타납니다. 여기에서 높이를 너비로 바꿉니다.

15 뒷 부분의 블록도 마찬가지로 높이를 너비로 변경합니다.

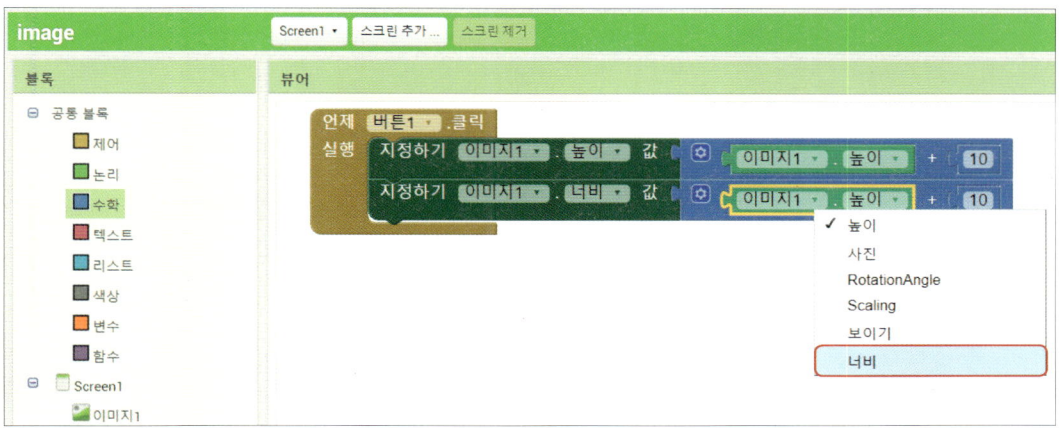

16 [버튼2]는 무엇이었죠? [버튼2]에는 이미지의 사이즈를 작게 해주는 블록을 넣어주면 됩니다. 이 블록은 같은 로직이 반복되므로 위의 [버튼1] 전체 로직의 블록을 복제하여 사용하겠습니다.

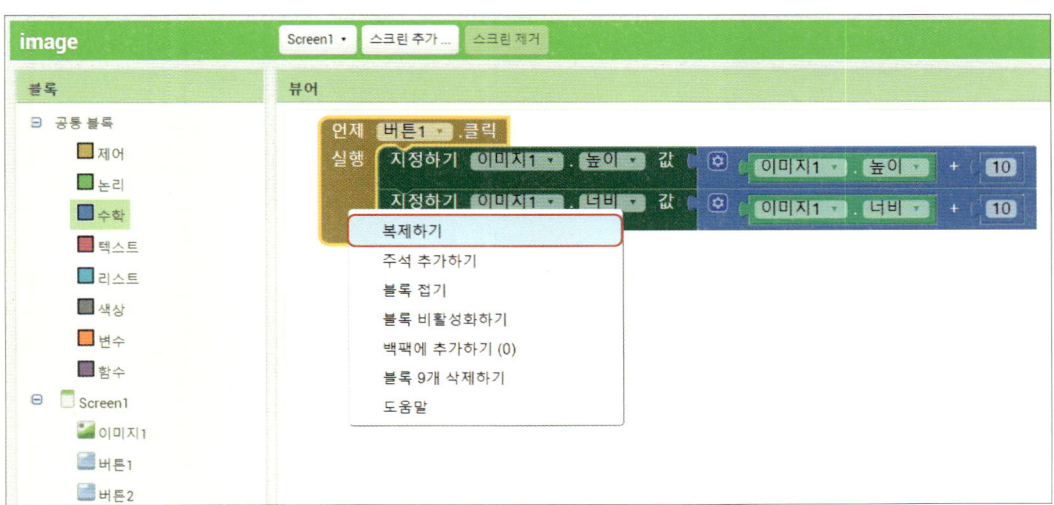

17 [버튼2]가 클릭되면 이미지의 사이즈가 줄어야 하므로 아래와 같이 [수학] 블록에서 '-'가 있는 블록을 선택합니다.

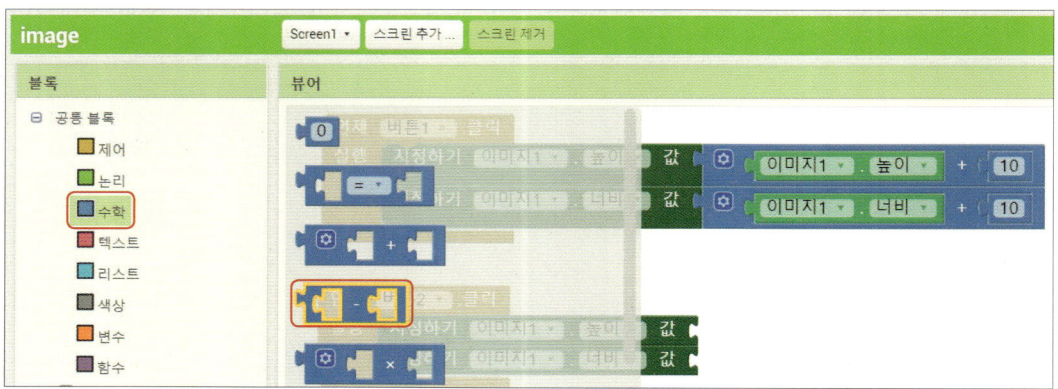

18 아래와 같이 코딩하면 됩니다.

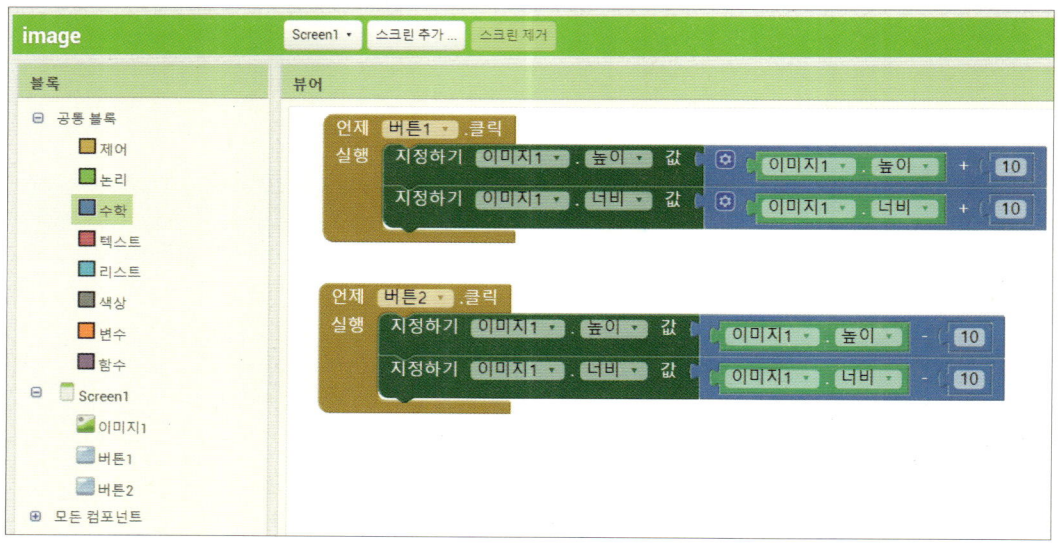

[실행 화면]

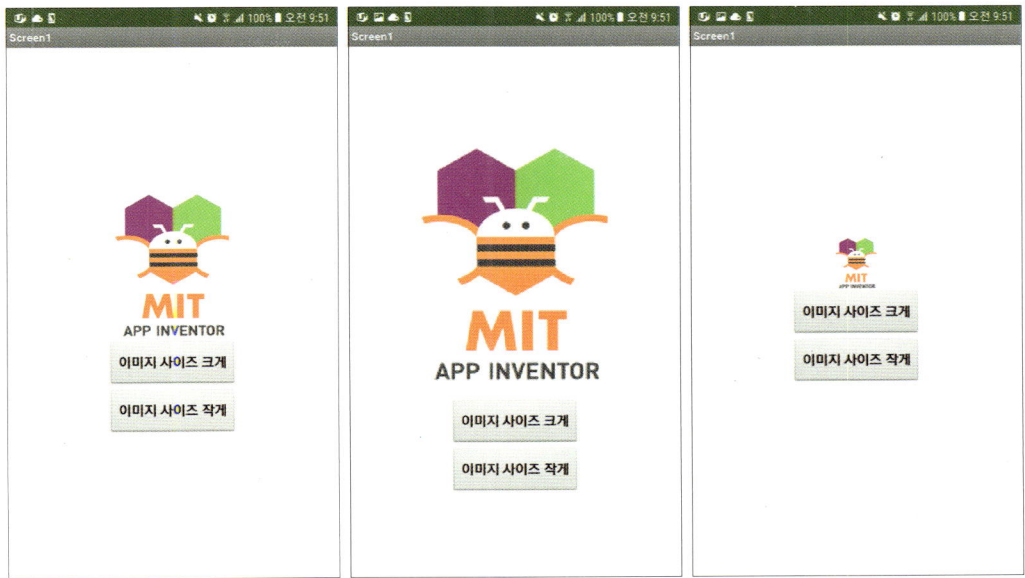

5) Listpicker 활용하기

Listpicker는 여러 개의 항목 중에서 하나의 항목을 선택할 때 사용하는 컴포넌트입니다.

실제 예제를 통해 살펴보겠습니다.

01 프로젝트를 생성하고 이름을 'listpicker'로 설정합니다.

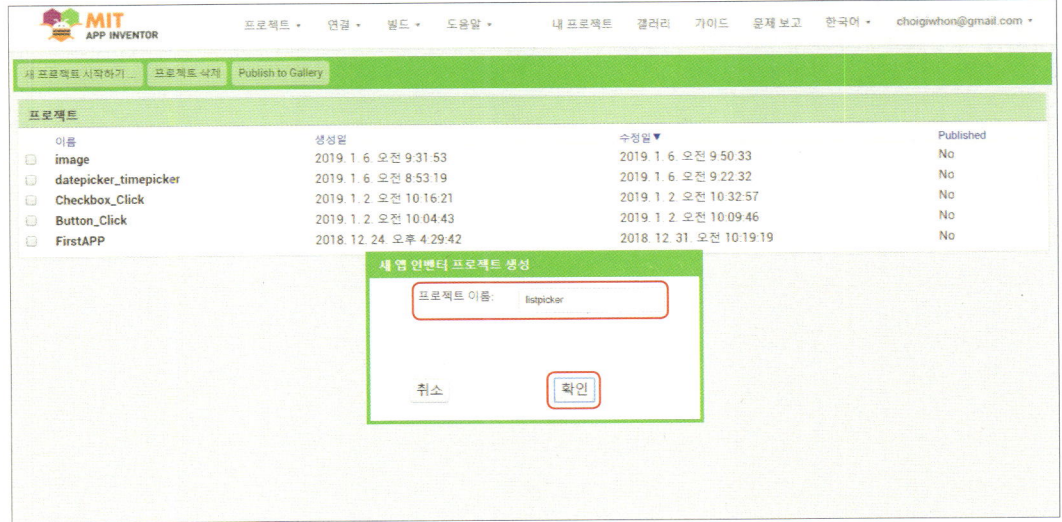

02 Screen1의 속성을 아래 화면과 같이 설정합니다.

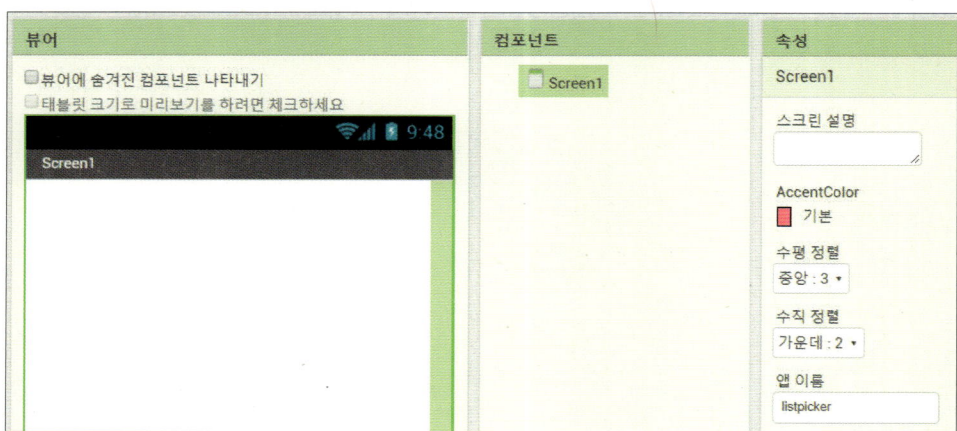

03 Screen1의 [텍스트] 속성에 'List Picker 활용하기'라고 입력합니다.

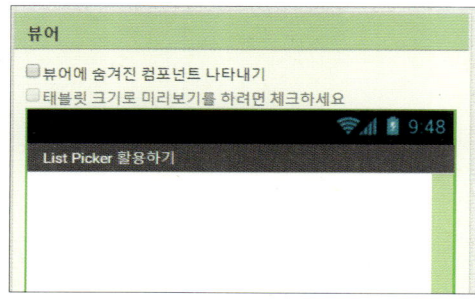

04 사용자 인터페이스 팔레트에서 [목록 선택] 컴포넌트를 화면으로 가져옵니다.

05 [글꼴 크기] 속성에 '20', [텍스트] 속성에 '목록선택 색상 변경'을 입력합니다.

06 [목록 문자열]에 '빨강, 파랑, 노랑'이라고 입력합니다.

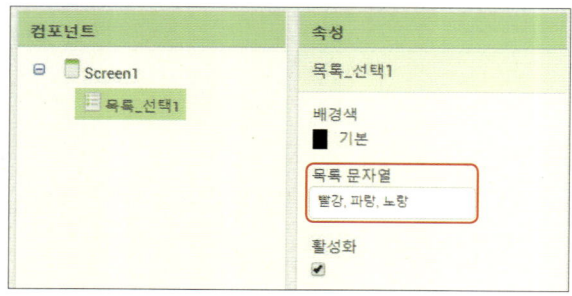

[실행 화면]

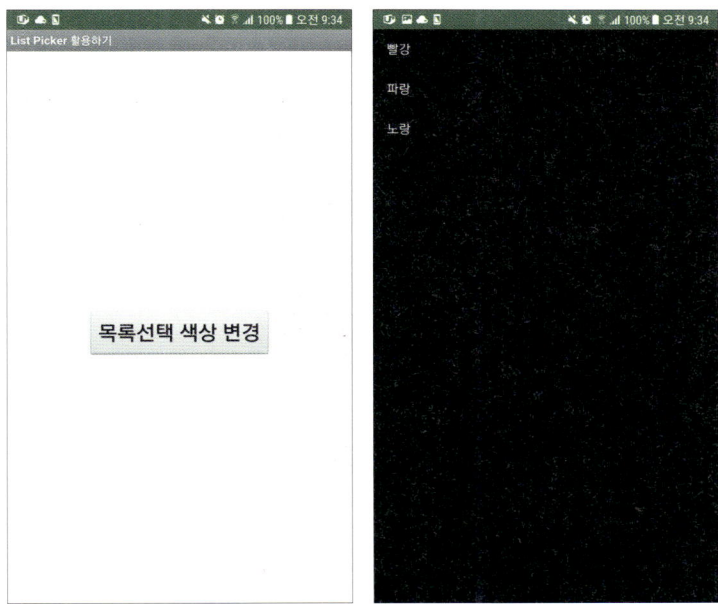

AI Companion으로 실행하면 위와 같이 목록 형태로 항목을 나열하는 화면이 나타납니다. 이제 각 항목을 선택하면 스크린의 화면 색상이 선택한 항목의 색상으로 변경되는 코드를 작성하겠습니다.

07 블록 코딩 화면으로 이동한 후 [목록_선택1] 컴포넌트를 선택하고, [목록_선택1.선택 후] 블록을 뷰어 화면으로 가져옵니다.

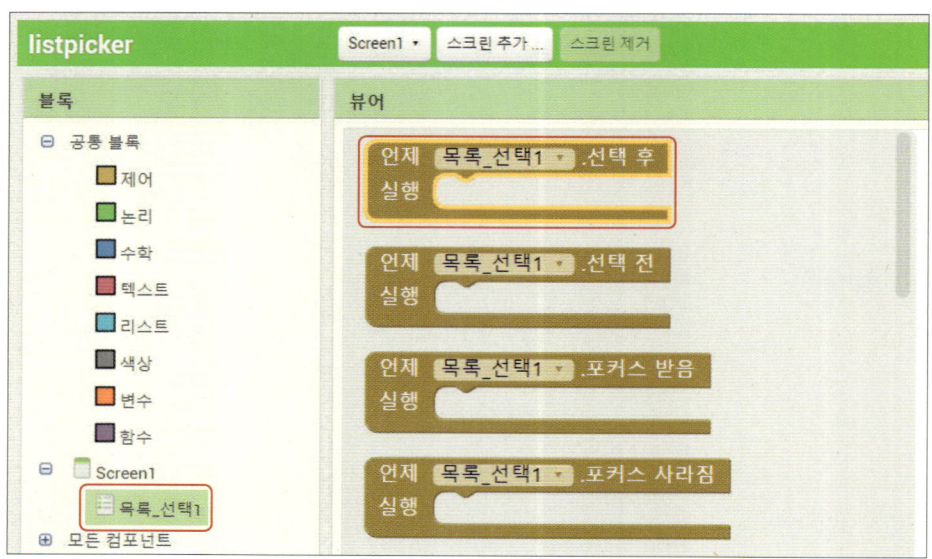

08 이번에는 공통 블록의 [제어] 부분에서 [만약~그러면] 블록을 가져와서 [목록_선택1.선택 후] 블록 안에 넣습니다.

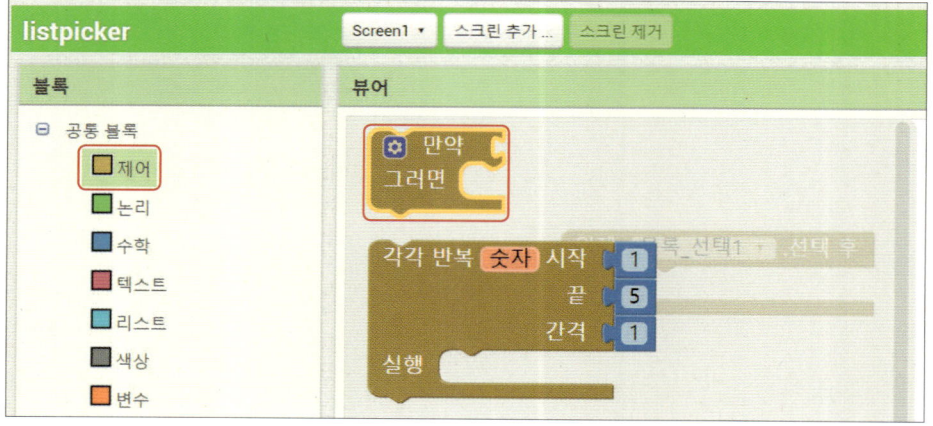

09 논리 블록에서 아래와 같이 [=] 블록을 가져온 다음 [만약~그리고]에서 [만약] 부분에 넣어줍니다. "만약 리스트에서 빨강이 선택되었다면 스크린 색깔을 빨강으로 바꾸어주어라"라고 코딩할 예정입니다.

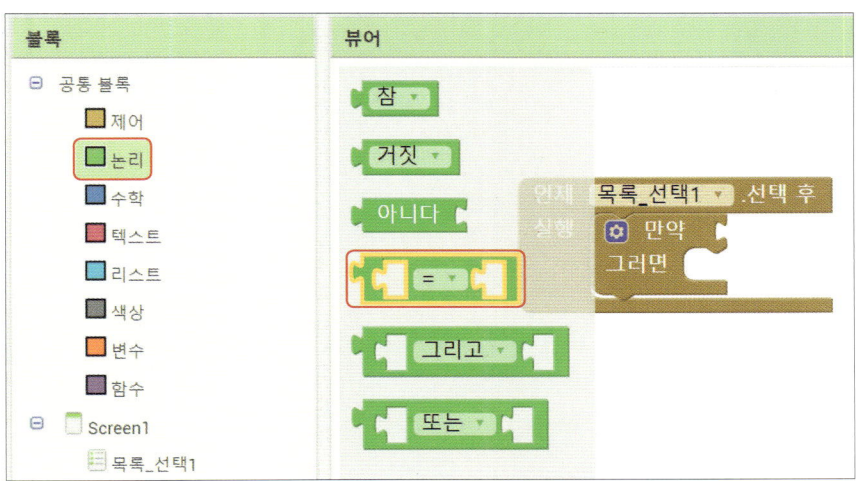

10 이번에는 [목록_선택1] 컴포넌트를 선택한 한 후 [목록_선택1.선택된 항목] 블록을 가져와서 = 블록의 앞부분에 넣습니다.

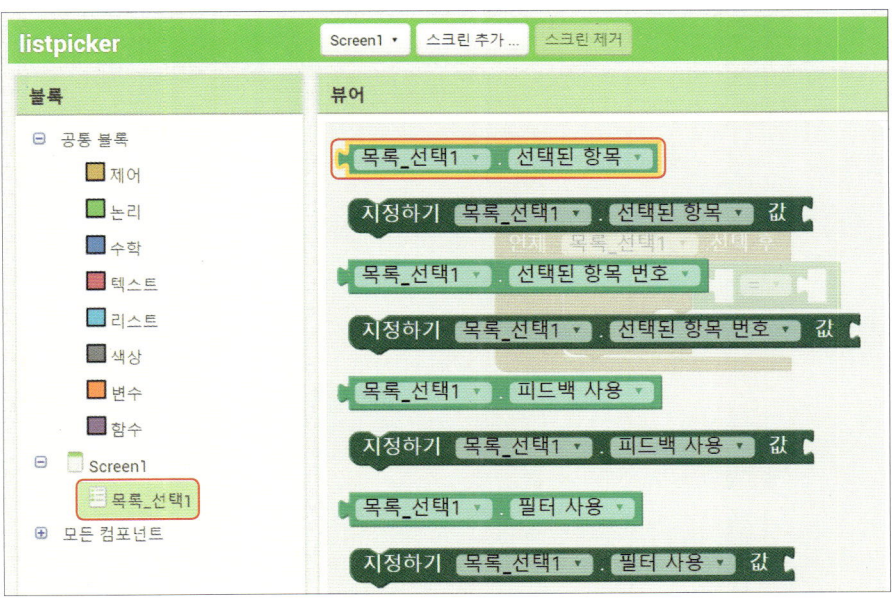

11 그리고 텍스트 블록에서 비어 있는 텍스트 블록을 가지고 온 다음 아래와 같이 '빨강'이라고 입력합니다.

12 [그러면]에 해당하는 코드를 완성해야겠죠? Screen1을 선택한 다음 [Screen1.배경색 값] 블록을 가져와서 [그러면] 부분에 넣습니다.

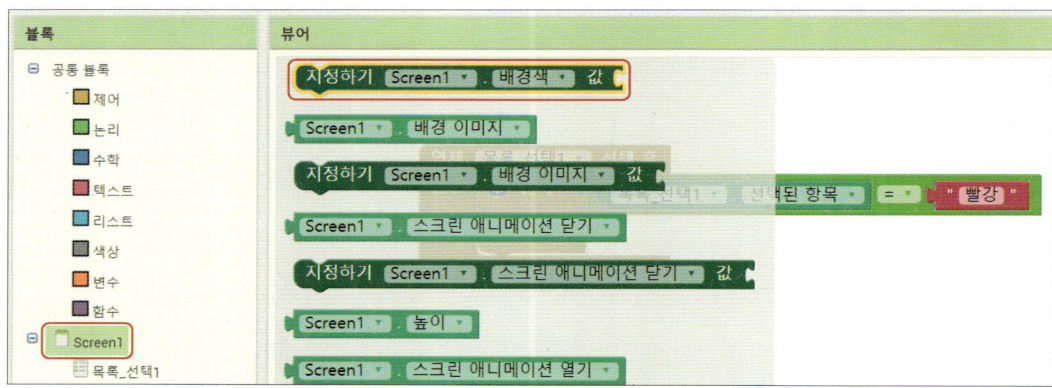

13 스크린의 배경색을 빨강색으로 만들기 위해 공통 블록의 [색상] 블록에서 빨강색을 선택하여 [Screen1.배경색 값] 블록 부분에 넣습니다.

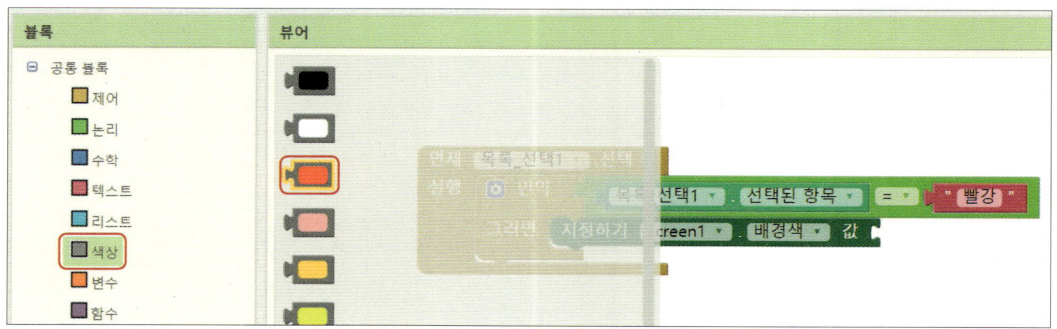

14 빨강색이 선택되었을 때의 코드는 완성되었습니다. 이제 파랑과 노랑이 선택되었을 때의 코드를 작성하면 됩니다. 이럴 때는 아래와 같이 [만약~그러면] 블록의 톱니바퀴 부분을 선택하여 [아니고~만약] 블록을 오른쪽의 [만약]이 있는 부분으로 드래그&드롭하면 됩니다. 파랑을 선택했을 때와 노랑을 선택했을 때의 코드를 같이 만들어줘야 하므로 [아니고~만약]을 두 개 옮겨야겠죠?

15 아래 화면과 같이 [아니고~라면]이 2번 추가되면 됩니다.

16 코드 자체는 비슷하므로 [복제하기]를 사용하여 코드를 복제합니다.

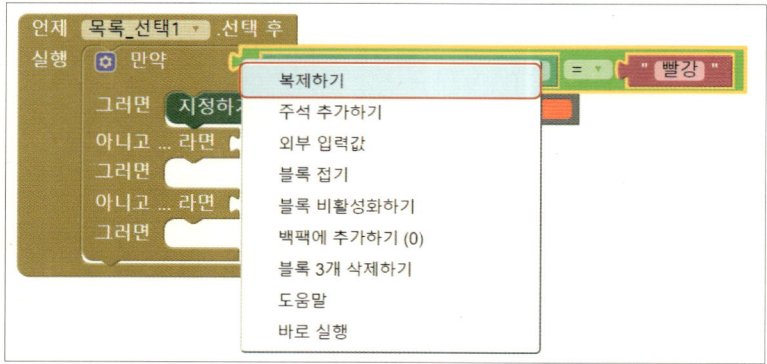

17 아래 부분의 코드도 복제합니다.

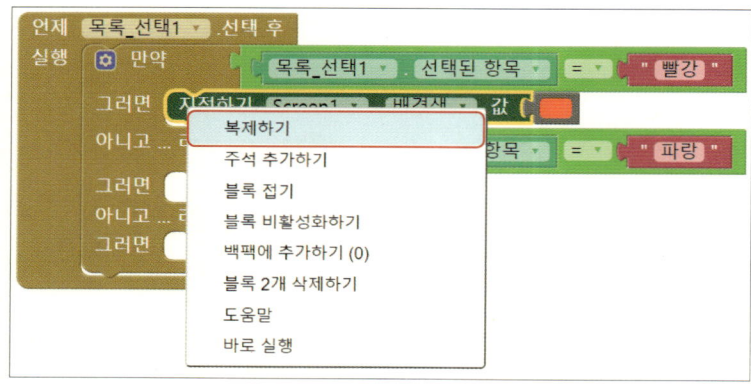

18 완성된 블록 코드 부분입니다.

[최종 실행 화면]

이상으로, 사용자 인터페이스 팔레트에 나오는 몇 가지 컴포넌트를 다루어 보았습니다. 이 책이 앱 인벤터 자체 컴포넌트를 많이 다루는 교재는 아니기 때문에 모든 컴포넌트 별로 예제를 다루지는 않겠습니다.

이외에도 앱인벤터에는 수 많은 컴포넌트가 제공됩니다. 그 외 다루지 않은 슬라이더, 스피너, 텍스트 상자, 센서, 미디어, MAP, 저장소 등의 컴포넌트는 MIT 앱인벤터 사이트에서 제공하는 무료 교재를 통해 충분히 학습할 수 있을 것입니다. 이 책은 어디까지나 앱인벤터라는 도구 자체를 알려드리는 교재가 아니라 앱인벤터라는 도구를 활용해서 실용적인 앱을 출시하고 이를 통해 수익을 창출하는 방법을 알려주는 책이므로 컴포넌트 자체에 대한 설명은 여기까지 하도록 하겠습니다.

나머지 컴포넌트에 대한 학습은 개인적으로 진행하는 것으로 남겨두고, 다음 장에서는 구글 플레이에 실제로 출시할 때 활용할 수 있는 앱 제작 기술을 살펴보겠습니다.

1. Material Design이란?

머태리얼 디자인을 아주 간단하게 말하면 '플랫폼이나 디바이스의 크기에 관계없이 동일한 경험을 제공하는 디자인'이라고 말할 수 있습니다. 이것은 안드로이드나 애플 측 모두에게 적용되는 부분입니다. 우리가 앱을 만든다는 것에 있어 공통된 부분이 있기 마련인데요. 만약 어느 정도의 기준 없이 마구잡이로 개발된다면 앱을 사용하는 유저들이 얼마나 불편할까요? 그래서 안드로이드 OS를 만드는 구글과 아이폰을 만든 애플에서는 앱에 대한 제작 기준을 두고 있습니다. 그중에서도 우리는 안드로이드 앱을 제작하기 때문에 구글의 앱 제작 기준을 따라야 하는데요. 이런 제작 기준을 머태리얼 디자인이라고 생각하면 될 것 같습니다.

예를 들어, 버튼의 모양이나 사이드 바 혹은 리스트 뷰 등의 기본적인 화면 컴포넌트에 대한 디자인이 바로 그것이죠. 앱의 전반적인 디자인이 딱 보면 '아, 이건 안드로이드 앱 스타일이군', '이건 아이폰 스타일이군'하고 생각하게 되는 바로 그 화면 스타일이 바로 우리가 얘기하는 사용자 기반의 UX/UI라고 불리는 것들입니다.

사실 거창하게 표현하기 위해서 머태리얼 디자인이라고 말했지만 이 책에서는 앱인벤터로 앱스러운 형태의 앱을 만들기 위한 기초 중에서도 가장 기초적인 화면 디자인에 대해 알아보겠습니다.

평소에 앱을 사용하는 사용자 입장에서 벗어나서 이제 앱 개발자라는 입장에서 생각해 봅시다. 앱이라는 형태를 갖추기 위해 가장 필요한 요소들이 무엇일까요? 저는 다음과 같은 것이라고 생각합니다.

1. 스플래시 화면
2. 메인 화면
3. 기타 추가 화면
4. 종료 알림 메시지 (옵션)
5. 푸시 메시지 (옵션)

위의 5가지 정도가 일반적인 앱이 갖춰야 할 요소라고 생각되는데요.

먼저 스플래시 화면에 대해 살펴볼까요. 앱을 작동시키면 브랜딩 화면이 나타나면서 2-3초 뒤에 메인 화면으로 전환되죠? 그때 잠깐 나타나는 브랜딩 화면을 스플래시 화면이라고 합니다. 교육용 앱이 아닌 이상 스플래시 화면은 필수로 제작해야 하는 화면이라고 보면 됩니다.

메인 화면은 앱의 메뉴를 선택하거나 다른 화면으로 전환하기 위해 필요한 메인 메뉴 화면이라고 보시면 됩니다. 그 외 메인 메뉴를 클릭했을 때 다른 화면으로 전환되었을 때 사용하는 기타 화면이 있을 것이구요. 앱을 종료하기 위해 뒤로가기 버튼을 누르면 나타나는 메시지를 종료 메시지라고 합니다. 이것도 앱 디자인에서 상당히 중요한 요소입니다.

마지막으로, 푸시 메시지가 있는데요. 푸시 메시지는 앱을 이미 설치하여 사용 중인 경우에 앱의 업데이트 정보나 기타 유용한 정보가 내 스마트폰에 메시지 형태로 나타나는 것입니다. 이러한 최소한의 기능들이 내 앱에 구현되어 있어야 합니다.

하지만 일반적인 앱인벤터 교재에는 이러한 부분이 빠져 있습니다. 교육용 교재이다보니 상용 앱을 출시하기 위한 내용은 빠져 있습니다. 아주 간단하게 구현할 수 있지만 이런 부분은 앱스러운 앱을 만들기 위해서 아주 중요한 부분이며, 다음 장에서 구현할 수익 창출을 위한 광고 출력에 있어서도 중요한 역할을 하는 요소이므로 이번 장에서 다루는 테크닉을 반드시 익혀주시기 바랍니다.

2. 스플래시 화면 구현하기

상용 앱에서 가장 많이 보는 것이 있죠? 앱이 실행될 때 제일 처음에 잠깐 나왔다가 2-3초 뒤에 사라지는 화면을 본 적이 있죠? 이것을 바로 스플래시 화면 혹은 브랜드 화면이라고 합니다. 별거 아닌 것 같지만 이 스플래시 화면은 아주 중요한 역할을 합니다. 맨 처음부터 메인 화면이 등장하는 앱도 있지만 이렇게 스플래시 화면을 사용하면 얻게 되는 2가지 장점이 있습니다.

첫 번째는, '이 앱이 어떤 앱이고 우리 앱은 이런 거야'라고 홍보할 수 있는 중요한 역할을 하는 것이죠. 바로 우리 앱을 소개하고 앱의 브랜드를 사용자에게 각인시키는 역할을 수행합니다.

두 번째는, 스플래시 화면이 종료되고 나면 전면 광고가 나올 수 있다는 것인데요. 스플래시 화면 없이 메인 화면이 바로 나오는 앱은 이런 전면 광고를 붙일 수 없습니다. 이것은 다음 4장에서 다룰 앱 수익과 직결되는 문제이기 때문에 스플래시 화면이 상당히 중요하다고 할 수 있습니다.

그렇다면 우리는 당연히 스플래시 화면을 만들어야겠죠? 스플래시 화면을 만드는 방법은 아주 간단합니다. 하나씩 따라해 볼까요?

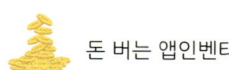

01 새 프로젝트를 시작합니다. 또는 앞에서 만든 FirstAPP을 계속 활용해도 됩니다.

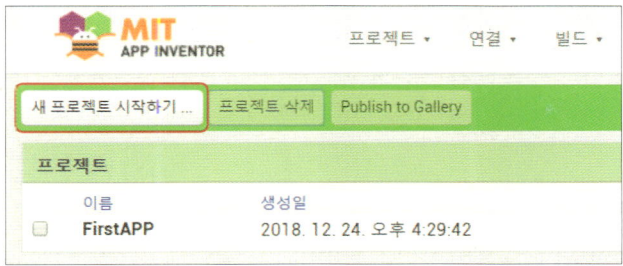

02 프로젝트 이름을 'Splash_Example'로 정하고 [확인] 버튼을 클릭합니다.

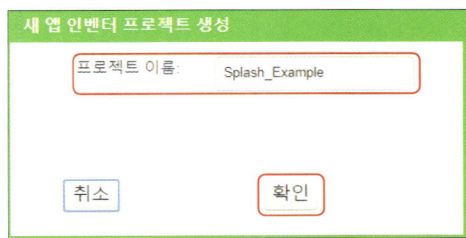

03 'Splash_Example' 프로젝트가 생성됩니다.

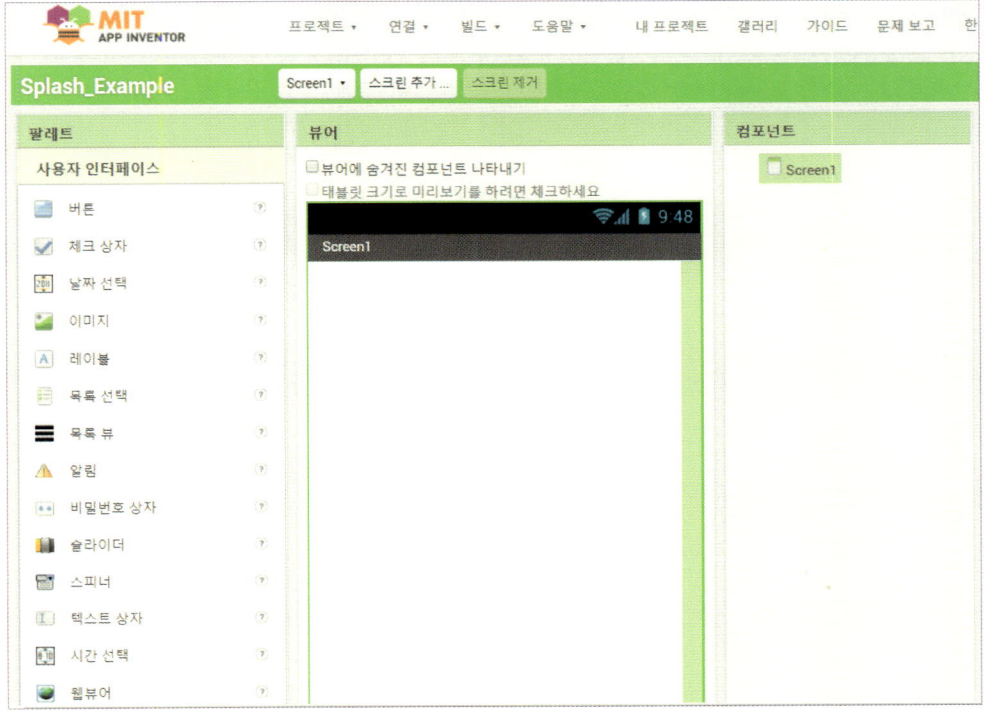

04 Screen1 화면을 마우스로 클릭한 다음 오른쪽 속성에서 제일 하단 부분을 보면 아래와 같이 [제목 보이기]라는 속성이 있습니다. 이 속성의 체크를 해제합니다.

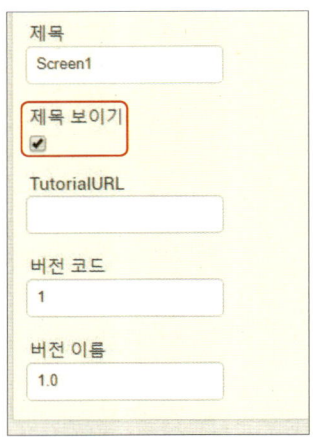

05 [제목 보이기] 속성을 해제한 결과입니다.

06 이렇게 설정하면 화면상에 있던 Screen1이라는 제목이 없어진 것을 볼 수 있습니다.

07 이 상태에서 [사용자 인터페이스] → [레이블] 컴포넌트를 화면으로 드래그&드롭합니다. 이후 레이블 [텍스트] 속성에 '스플래시 화면'이라고 입력합니다.

08 이제 새로운 스크린을 추가합니다. 스플래시 화면 다음에 메인 화면이 나타나야겠죠? 그래서 메인 화면이 되는 스크린을 추가할 예정입니다. 아래 화면에서 [스크린 추가]를 클릭합니다.

09 새 스크린 이름을 지정하는 화면이 나옵니다. 여기서는 'Main'이라는 이름으로 스크린을 생성하겠습니다.

3장 앱인벤터 UI 제작 테크닉

10 Main 스크린이 만들어졌습니다. 아래와 같이 Screen1이라고 되어 있던 부분을 클릭하면 Screen1 화면과 Main 화면 2개가 존재하는 것을 볼 수 있습니다. 두 화면 중에서 Main 화면으로 이동합니다.

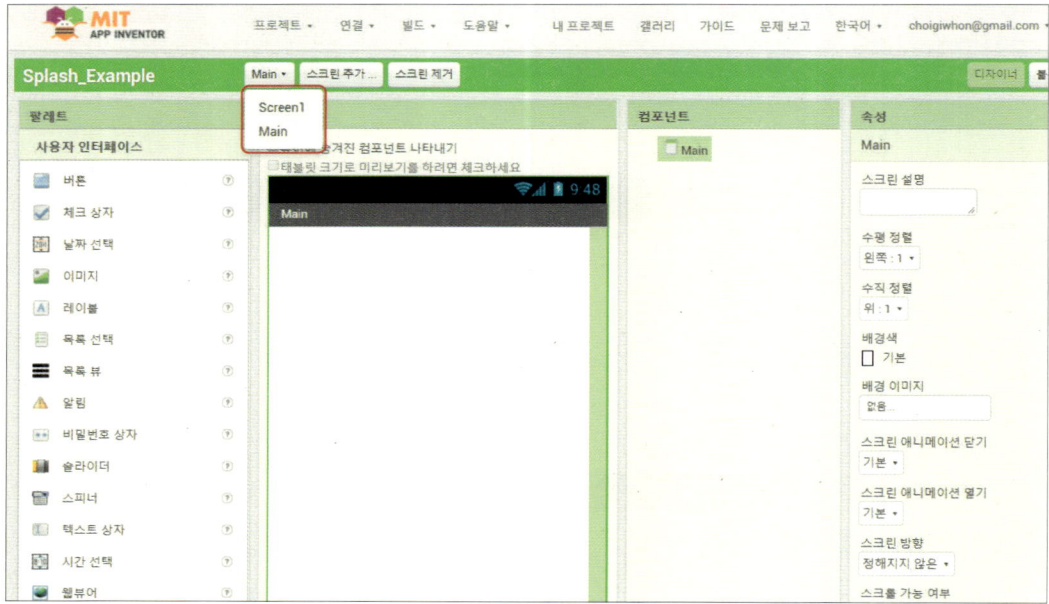

11 클릭하면 이제는 Main 화면에서 앱 화면을 구성할 수 있습니다. 레이블 컴포넌트를 화면으로 드래그&드롭합니다.

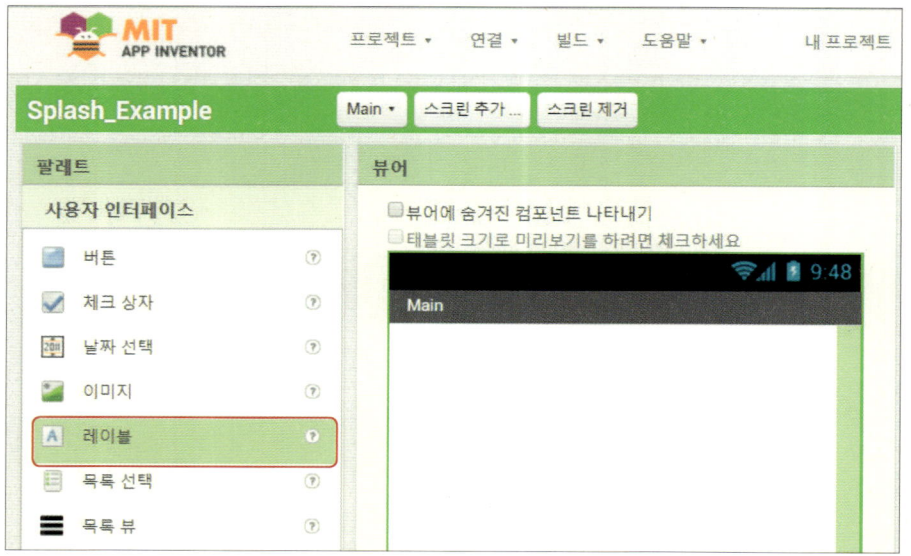

12 레이블의 [텍스트] 속성에 '메인화면 입니다'라고 입력합니다.

13 다시 Screen1 화면을 선택하여 Screen1 화면에서 작업합니다.

14 센서 팔레트로 이동합니다. [센서] → [시계] 컴포넌트를 화면으로 드래그&드롭합니다.

15 시계 컴포넌트는 보이지 않는 컴포넌트이므로 화면 디자인 아래쪽에 배치됩니다.

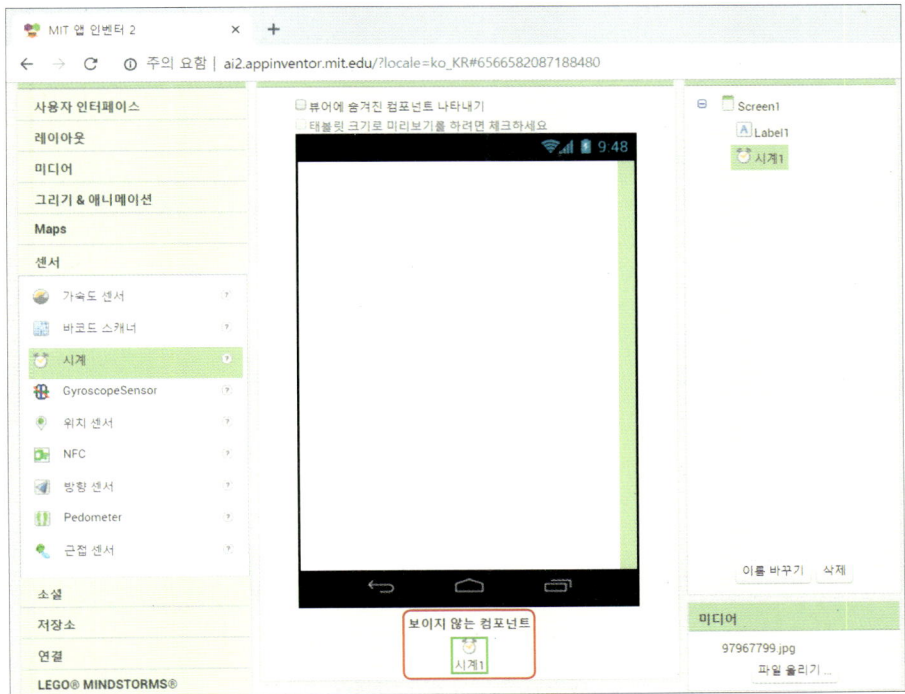

16 시계 컴포넌트의 속성 부분에서 [타이머 항상 작동] 부분에 체크가 되어 있습니다. 이 체크를 해제합니다.

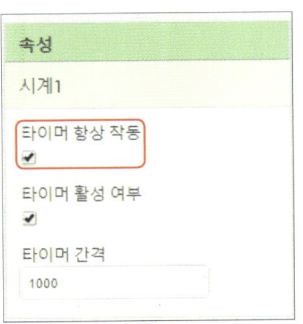

17 [타이머 항상 작동]의 체크가 해제된 것을 볼 수 있습니다. 그리고 [타이머 간격] 속성의 값을 '3000'으로 변경합니다. 1000 단위가 1초라고 보면 됩니다. 3000으로 설정했기 때문에 3초로 설정했다고 보면 됩니다.

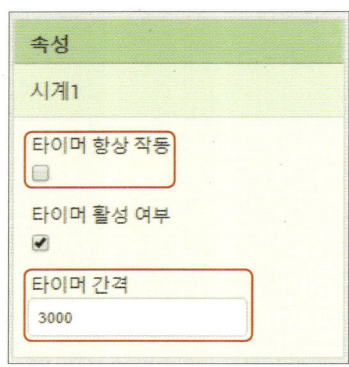

18 화면에 대한 디자인은 완료되었습니다. 이제부터는 블록 코딩을 통해 앱을 완성하겠습니다. 속성 부분의 위쪽을 보면 [블록]이라고 되어 있는 부분이 있습니다. [블록]을 클릭합니다.

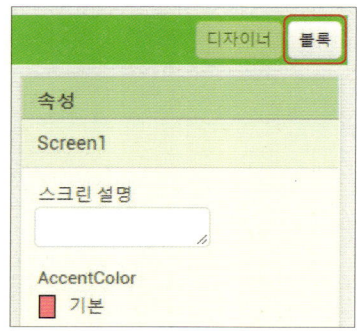

19 블록을 클릭하면 다음과 같이 블록 코딩을 하는 화면이 나타납니다. 아래 부분의 [시계1] 컴포넌트를 클릭하면 화면과 같이 블록이 나타납니다. 여기서 [언제 시계1.타이머]를 선택하고, 드래그&드롭하여 화면에 배치합니다.

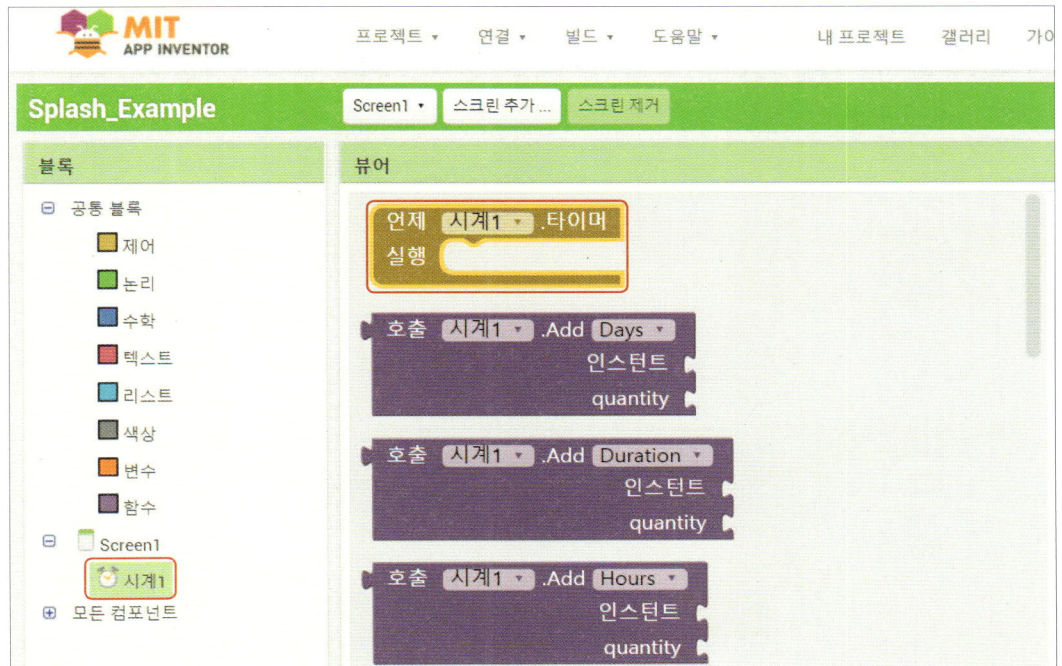

20 이번에는 [제어] 블록을 선택하여 밑으로 스크롤하다 보면 [다른 스크린 열기 스크린 이름]이라는 블록이 있습니다. 이 블록을 드래그&드롭합니다.

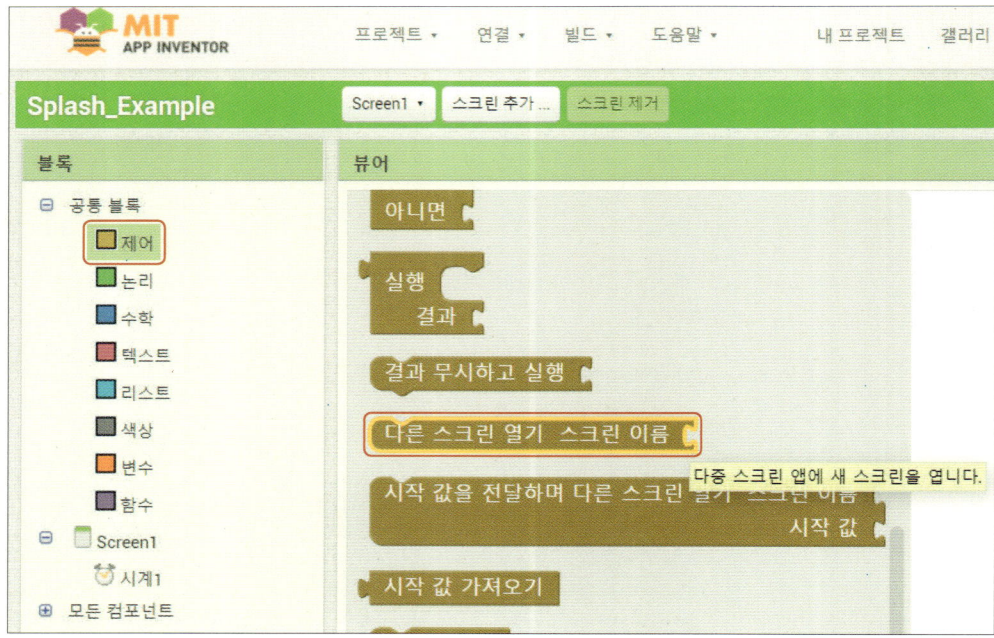

21 이번에는 텍스트 블록 부분에서 제일 윗 부분에 있는 비어 있는 블록 부분을 드래그&드롭해서 가져옵니다.

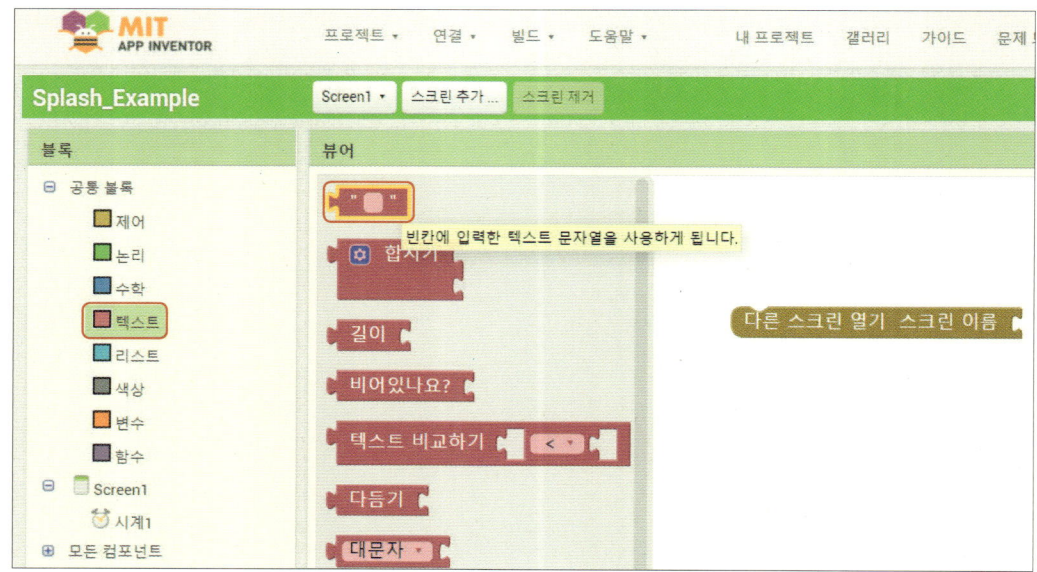

22 이제 각 블록을 맞춰 줍니다. 우리가 원하는 것은 시계가 동작한 후(3초)에 다른 스크린을 여는데, 그 스크린이 바로 'Main'이라는 스크린이 되게 하는 것입니다. 그렇게 하려면 아래와 같이 블록을 조합하면 되겠죠?

자, 여기까지 화면의 디자인과 블록 코딩 부분이 완료되었습니다. 앱을 완성했으니 이제 결과를 직접 테스트해 보아야겠죠?

23 [연결] → [AI컴패니언]을 선택합니다.

24 [AI컴패니언] 앱을 통해 여러분의 스마트폰에서 앱을 실행해 보기 바랍니다. 다음과 같이 앱이 실행되고 3초 후에 메인 화면으로 이동할 것입니다.

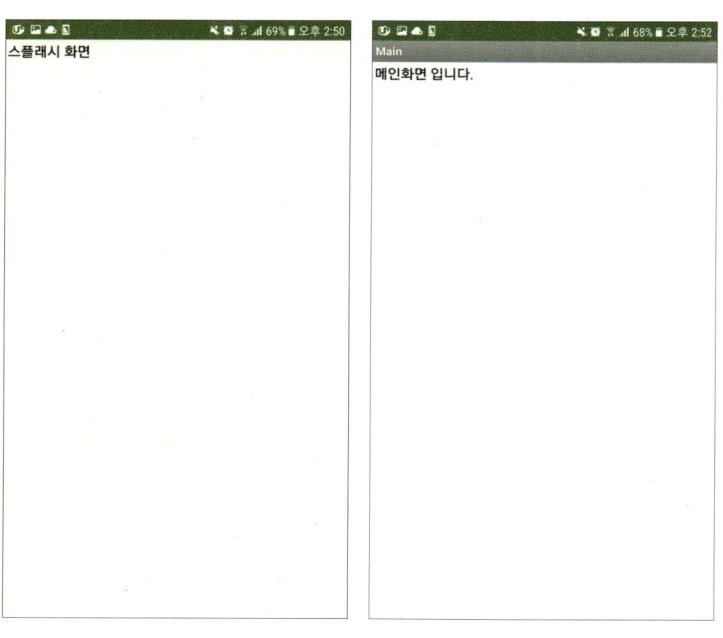

3. 메인 메뉴 구현하기

앞서 스플래시 화면을 만들어 보았습니다. 스플래시 화면이 지나가고 나면 어떤 화면이 나올까요? 네, 맞습니다. 메인 화면이 나오겠죠. 그런데 앱인벤터로 어떻게 하면 그럴싸한 메인 화면을 만들 수 있을까를 고민하는 분들이 많습니다. 시중의 앱인벤터 책에서는 메인 화면을 구성하는 방법에 대해 알려주지 않기 때문이죠.

이번 절에서 배울 메인 화면 만들기만 잘 따라오신다면 앞으로 앱인벤터로 앱을 만들면서 화면을 자유자재로 디자인하는 방법을 습득할 수 있습니다. 본 절의 메인 화면 디자인을 계속 사용하셔도 되지만 여러분들의 창의적인 아이디어를 더해서 다양한 메인 화면을 만들어 보기 바랍니다.

01 앞에서 만들었던 'Splash_Example' 예제에 이어서 계속해서 만들어보겠습니다. 메인 화면을 만들 것이기에 반드시 Main 스크린에서 작업을 해야 합니다. 만약 Screen1 화면에서 작업하면 Main 화면에서 아래의 절차를 또 다시 수행해야 하는 번거로움이 생기기 때문에 반드시 본인이 지금 현재 작업하고 있는 화면이 Main 화면인지 확인하기 바랍니다.

02 먼저, Main 스크린의 속성에서 [수평 정렬]을 '중앙:3'으로 설정합니다. (기존 Main 화면에 있던 레이블은 삭제하기 바랍니다.)

3장 앱인벤터 UI 제작 테크닉

03 레이블을 드래그&드롭하여 화면에 놓습니다. 그리고 [텍스트] 속성에서 텍스트를 제거합니다.

04 레이블의 [높이] 속성을 '15' pixel로 지정합니다.

05 레이아웃 팔레트로 이동합니다.

06 레이아웃 팔레트에서 [수직배치] 컴포넌트를 드래그&드롭하여 레이블 컴포넌트 아래에 위치시킵니다.

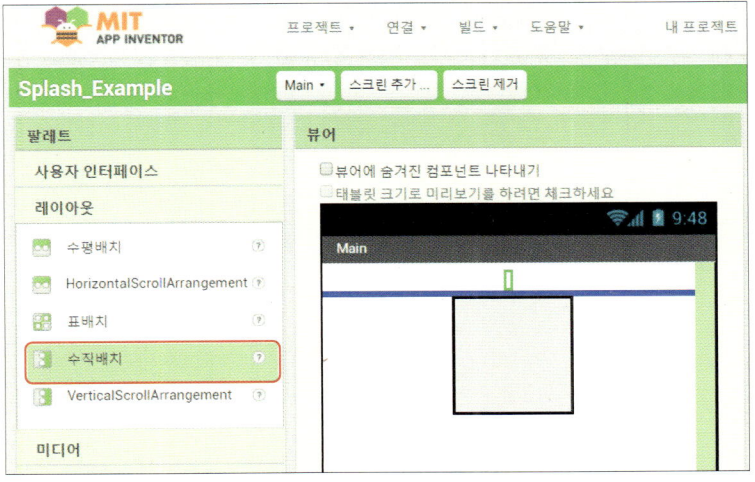

07 아래와 같이 배치되었을 것입니다. [수직배치1] 컴포넌트를 선택한 다음 [수평 정렬] 속성은 '왼쪽:1'을 선택하고 [수직 정렬] 속성에서는 '위:1'을 지정합니다.

08 다음으로 [높이], [너비]의 속성 모두를 '부모에 맞추기'로 설정합니다.

09 이제 [수평배치] 컴포넌트를 현재 만들어진 수직배치 컴포넌트 안쪽으로 드래그&드롭합니다.

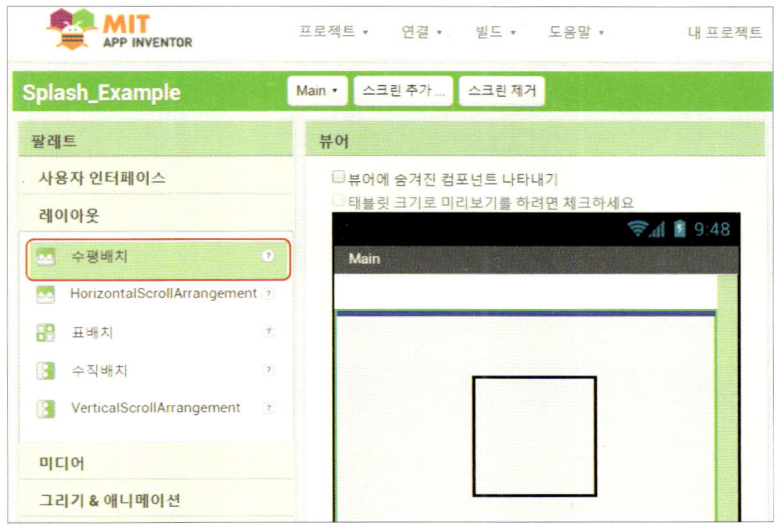

10 아래와 같은 화면이 되면 정상적으로 배치된 것입니다.

11 [버튼] 컴포넌트를 방금 작업한 수평배치 컴포넌트 안쪽에 드래그&드롭합니다. 이런 방식으로 "버튼 - 이미지 - 버튼"을 차례로 나열하기 바랍니다.

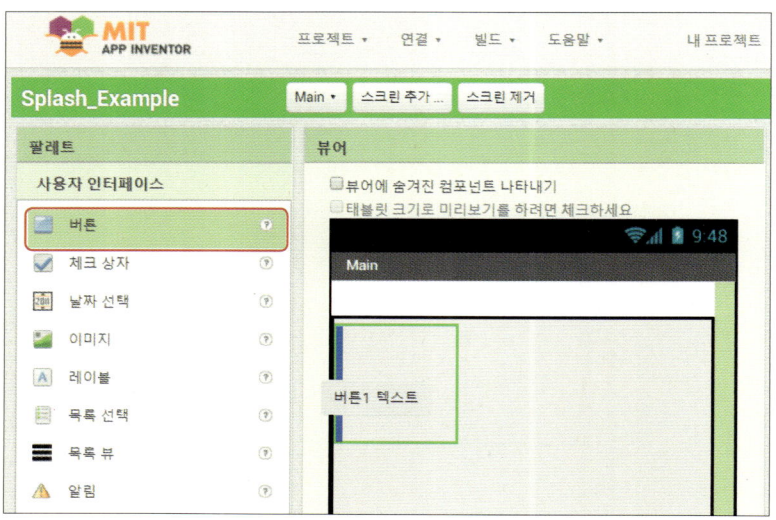

12 아래와 같은 화면이 나오면 됩니다. 아래 화면과 다르면 삭제하고 다시 만들면 됩니다.

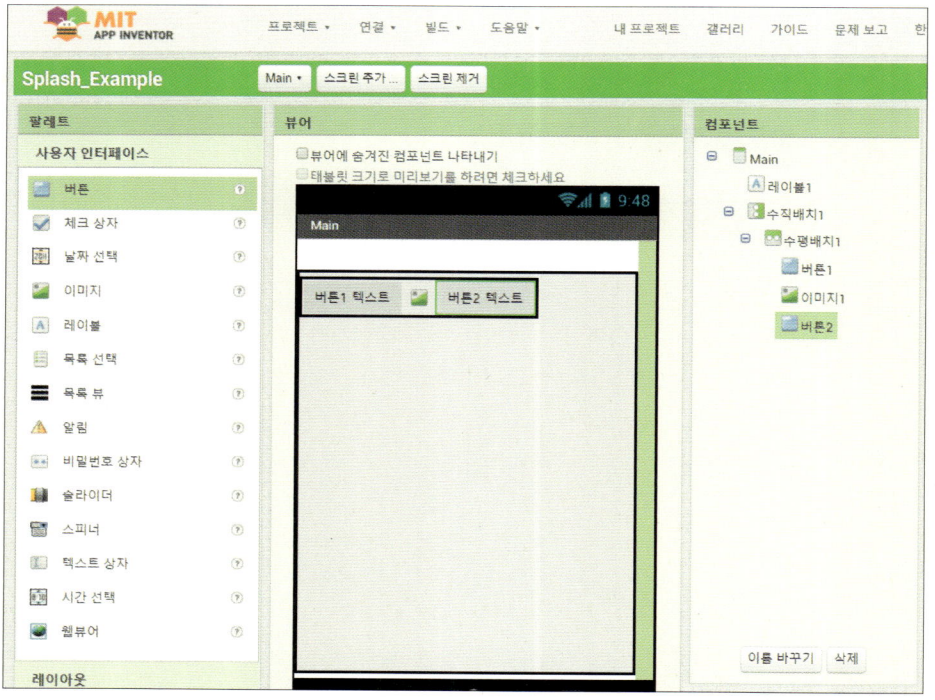

13 이제 버튼에 입력되어 있던 텍스트들을 삭제합니다. 버튼1, 버튼2의 속성에서 [텍스트] 부분의 텍스트를 삭제합니다.

14 버튼1의 속성에서 [높이]를 '200'pixel, [너비]를 '45'%로 설정합니다.

15 마찬가지로 버튼2의 속성에서 [높이]를 '200' pixel, [너비]를 '45' %로 설정합니다. 가운데 이미지는 [높이] 속성에서 '5' %를 주면 됩니다.

16 버튼1의 속성에서 이미지를 선택하면 아래와 같이 이미지를 등록할 수 있는 화면이 나타납니다. [파일 올리기]를 클릭합니다.

17 아래 화면이 나타나면 [파일선택]을 클릭하여 내 PC에서 이미지를 찾아서 등록합니다.

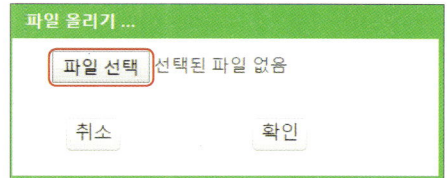

18 버튼1 안에 이미지가 등록된 것을 볼 수 있습니다.

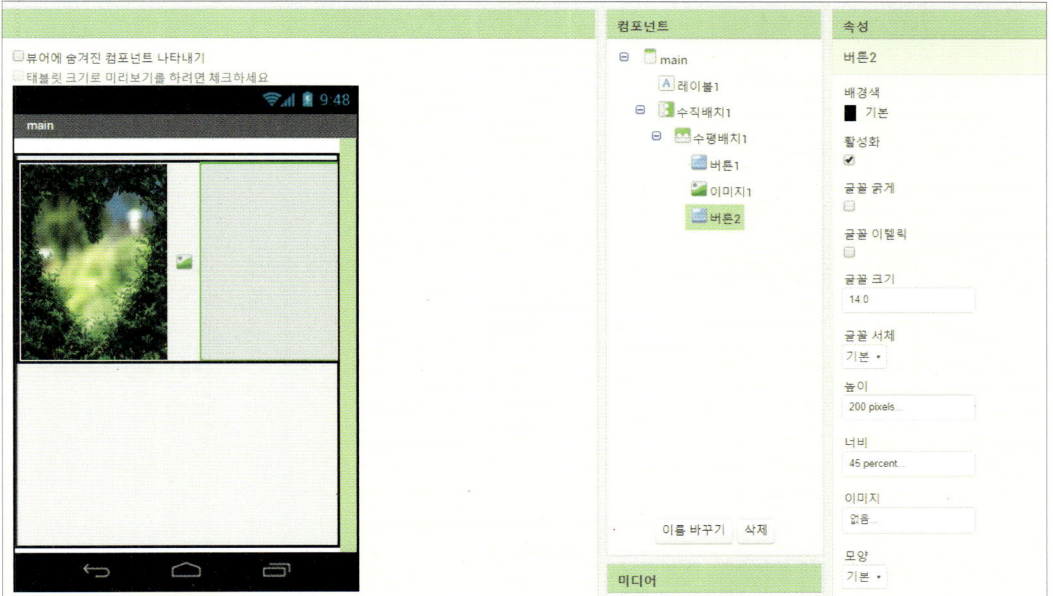

19 같은 작업을 버튼2에서도 진행합니다. 아래와 같이 2개의 버튼에 이미지가 들어갔습니다.

대충 감이 오시나요? 이런 구조를 아래로 계속해서 쌓아나가면 메인 화면이 완성됩니다. 메뉴와 메뉴의 사이는 빈 이미지 컴포넌트를 통해 간격을 조절하고 아래로는 수평배치 컴포넌트를 통해서 계속해서 메뉴를 만들어 나가면 됩니다. 이제 1단 메뉴가 완성되었으니, 2단에 대한 작업까지 계속 진행해 보겠습니다.

20 방금 만든 1단 메뉴 아래로 이미지 컴포넌트를 가져옵니다. 빈 이미지를 이렇게 넣는 이유는 1단 메뉴와 아래에 이어질 2단 메뉴가 바로 붙지 않도록 공간을 띄우기 위해서입니다. 이미지를 사용하지 않고 레이블을 사용하여 공간을 띄울 수도 있습니다.

21 아래와 같은 화면이 될 것입니다. 이미지의 속성에서 [높이]를 '10' pixel로 설정합니다.

22 이제 9번부터 19번까지의 절차를 반복합니다. 이 때 화면 편집을 위해 main 스크린의 [스크롤 가능 여부] 속성을 체크하는 것이 좋습니다.

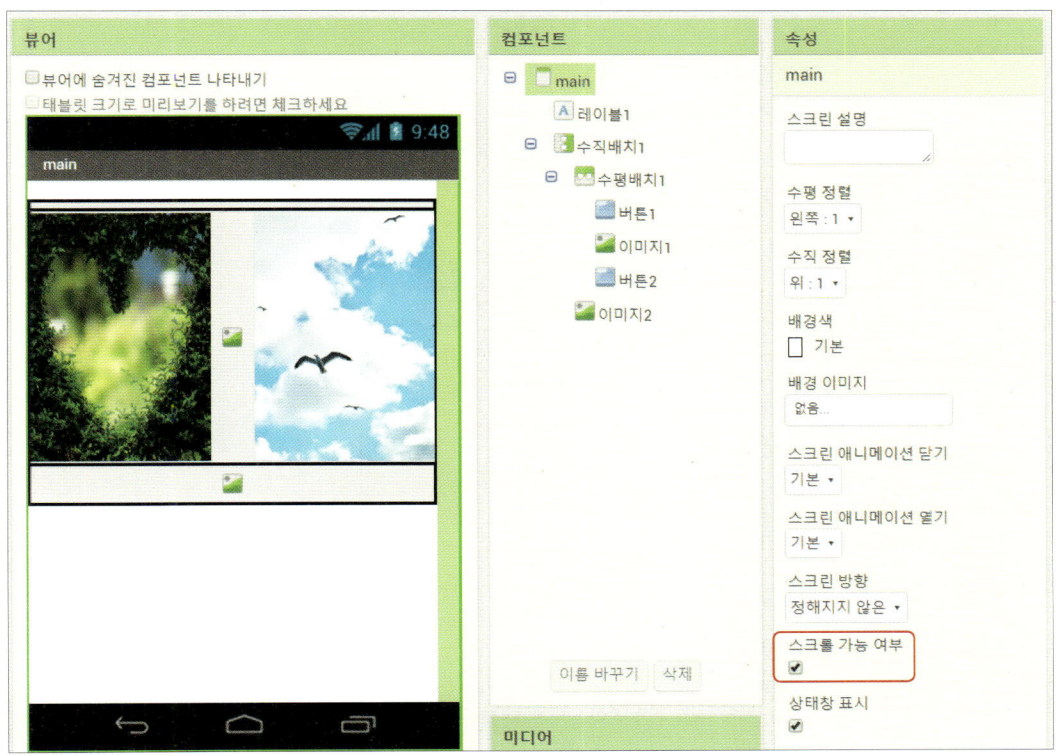

23 두 번째 메뉴까지 작업한 화면입니다.

24 화면 편집이 다 끝나면 [스크롤 가능 여부] 체크를 해제합니다.

25 AI Companion을 통해 방금 전까지 만들었던 화면을 확인합니다.

[실행 화면]

4. 스크린을 COPY하는 방법

앱인벤터에서는 기본적으로 스크린을 추가할 수는 있지만 스크린을 COPY할 수는 없습니다. 하지만 하나의 앱에서 메뉴 화면이 몇 개 더 필요한 경우 그 때마다 위의 과정을 반복해야 한다면 시간적인 소모가 너무나 클 것입니다. 이런 경우에 스크린을 COPY하는 방법이 있습니다. 아래의 절차를 따라해 봅시다.

01 [프로젝트] → [선택된 프로젝트를 내 컴퓨터로 내보내기]를 선택합니다.

02 화면 아래 부분을 보면 aia 파일이 내 PC로 다운로드된 것을 확인할 수 있습니다.

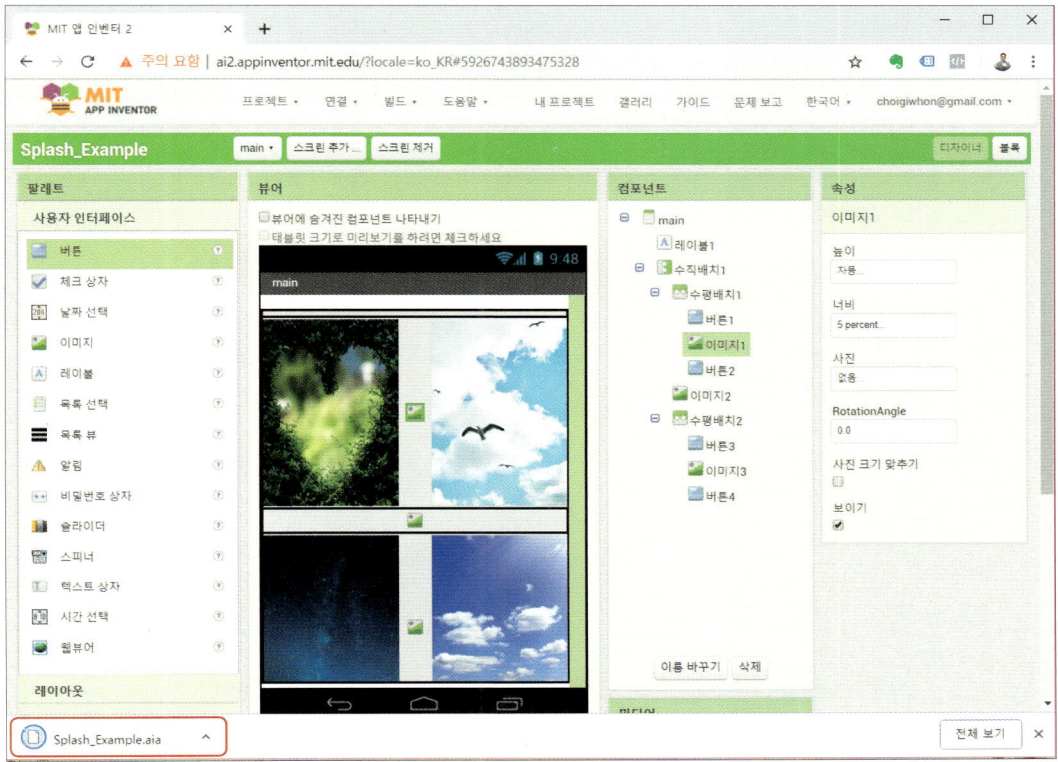

03 Splash_Example.aia 파일을 별도의 폴더에 저장합니다.

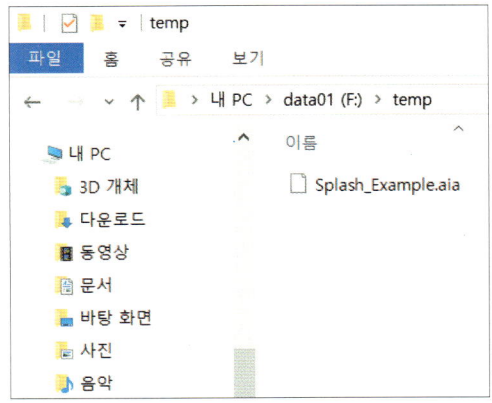

04 aia 파일을 복사하고, 복사한 파일의 이름을 'Splash_Example.zip'으로 변경합니다.

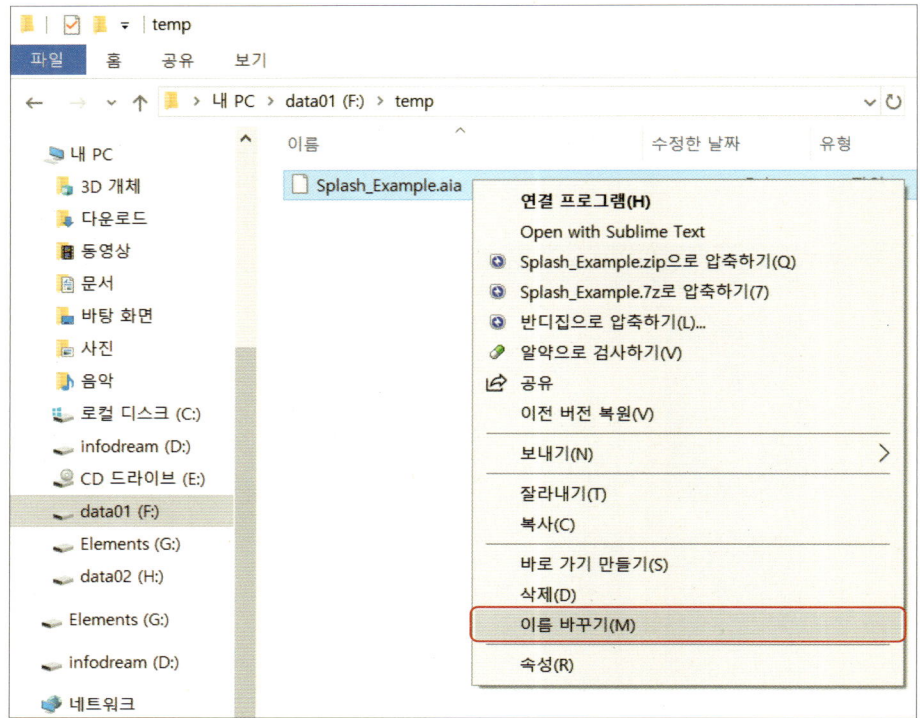

05 Splash_Example.zip의 압축을 해제합니다.

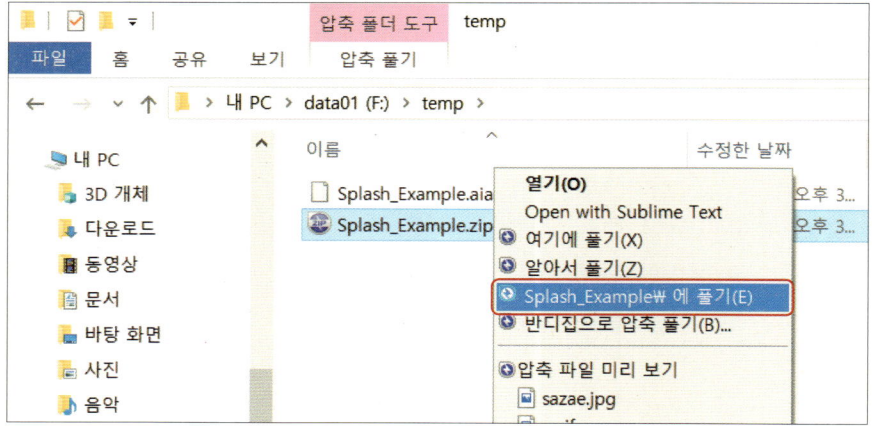

06 압축을 해제하면 'Splash_Example' 폴더가 만들어집니다. 이렇듯 앱인벤터의 aia 소스를 zip 파일로 변경하고, 압축을 풀면 내부의 소스를 볼 수 있습니다.

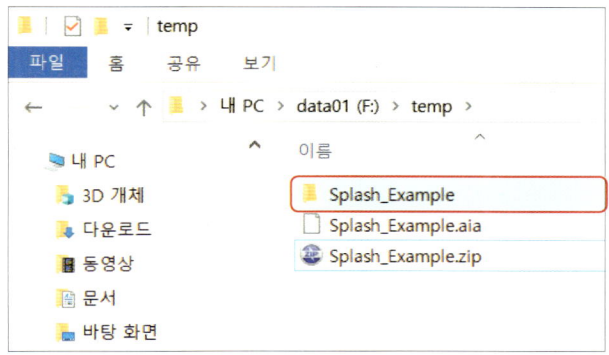

07 Splash_Example 폴더를 더블클릭하면 내부 소스를 볼 수 있습니다. src 폴더로 이동합니다.

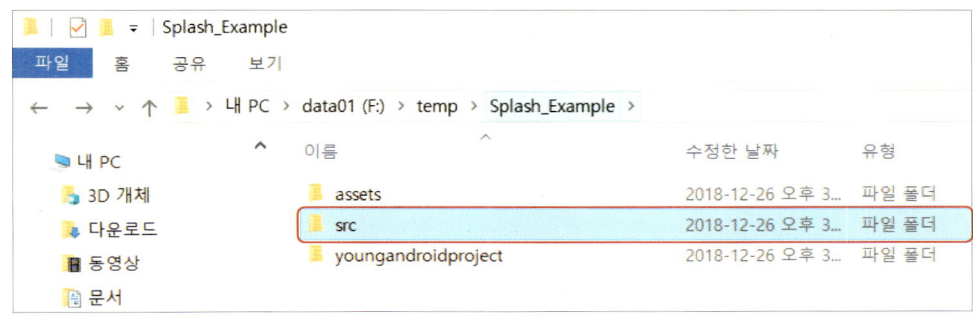

08 src 폴더로 이동하면 아래와 같이 하나의 이름에 두개의 파일(*.bky, *.scm)이 존재하는 것을 볼 수 있습니다.

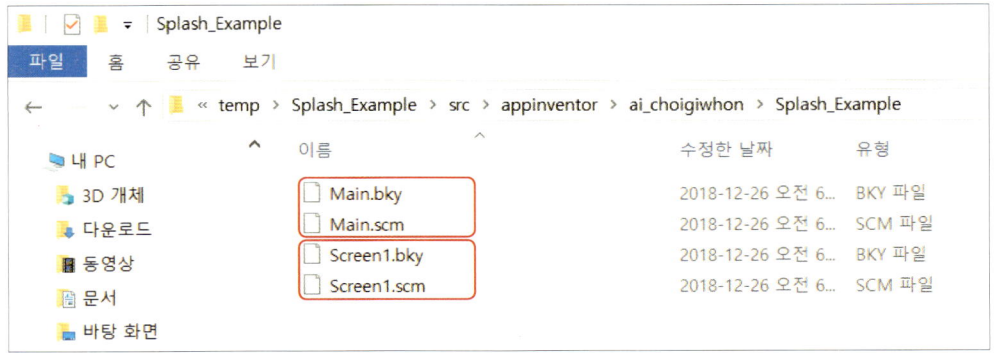

09 Main 화면의 COPY 버전인 Main_copy 화면을 생성해 보겠습니다. 여기서 기존의 Main.bky 파일과 Main.scm 파일을 복사하면 앱인벤터에서도 복사된 스크린이 나타납니다. Main.bky 파일과 Main.scm 파일을 복사하고 파일 이름을 Main_copy.bky와 Main_copy.scm으로 변경합니다.

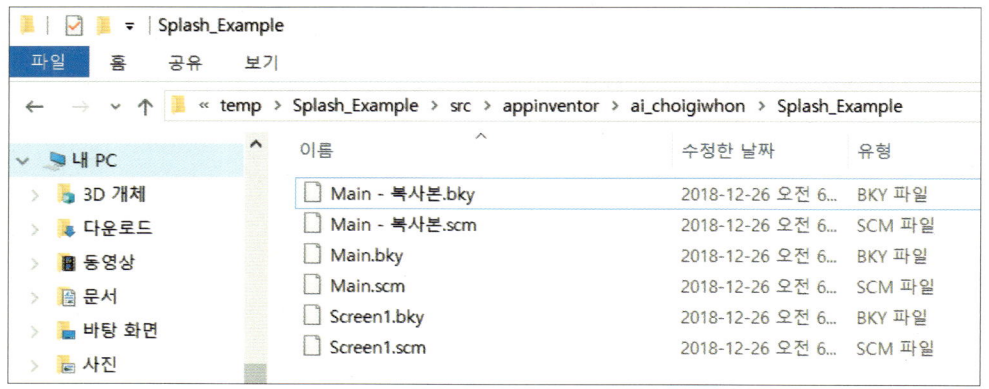

10 아래 화면과 같이 되어야 합니다.

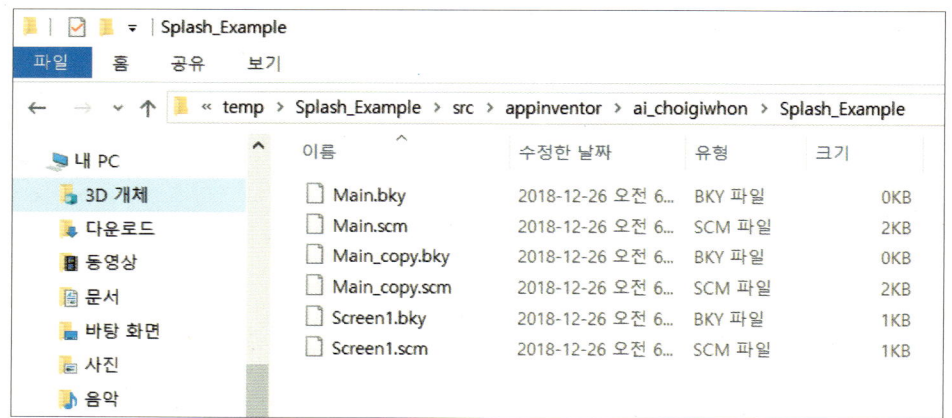

11 이제 Main_copy.scm 파일을 메모장에서 편집합니다.

```
#|$JSON{"authURL":
["ai2.appinventor.mit.edu"],"YaVersion":"173","Source":"Form","Properties":
{"$Name":"Main","$Type":"Form","$Version":"24","AlignHorizontal":"3","AppName":"Sp
lash_Example","Title":"Main","Uuid":"0","$Components":
[{"$Name":"\ub808\uc774\ube141","$Type":"Label","$Version":"4","Height":"15"
,"Uuid":"1081980428"},
{"$Name":"\uc218\uc9c1\ubc30\uce581","$Type":"VerticalArrangement","$Ver
sion":"3","AlignHorizontal":"3","AlignVertical":"2","Height":"-2","Width":"-2","Uuid":"-
2047890372","$Components":
[{"$Name":"\uc218\ud3c9\ubc30\uce581","$Type":"HorizontalArrangement","$
Version":"3","AlignHorizontal":"3","AlignVertical":"2","Uuid":"-
1916354227","$Components":
[{"$Name":"\ubc84\ud2bc1","$Type":"Button","$Version":"6","Height":"200","Widt
h":"-1045","Image":"serif.png","Uuid":"1017549747"},
{"$Name":"\uc774\ubbf8\uc9c01","$Type":"Image","$Version":"3","Width":"-
1004","Uuid":"-560376242"},
{"$Name":"\ubc84\ud2bc2","$Type":"Button","$Version":"6","Height":"200","Width"
:"-1045","Image":"sazae.jpg","Uuid":"-1372870949"}]},
{"$Name":"\uc774\ubbf8\uc9c02","$Type":"Image","$Version":"3","Height":"16","
Uuid":"1326911504"},
{"$Name":"\uc218\ud3c9\ubc30\uce582","$Type":"HorizontalArrangement","$V
ersion":"3","AlignHorizontal":"3","AlignVertical":"2","Uuid":"2000590470","$Component
s":
[{"$Name":"\ubc84\ud2bc3","$Type":"Button","$Version":"6","Height":"200","Widt
h":"-1045","Image":"tai-hinh-nen-conan-dep-nhat-4.png","Uuid":"-41281585"},
{"$Name":"\uc774\ubbf8\uc9c03","$Type":"Image","$Version":"3","Width":"-
1004","Uuid":"-979540095"},
{"$Name":"\ubc84\ud2bc4","$Type":"Button","$Version":"6","Height":"200","Width"
:"-1045","Image":"slamdunk.jpg","Uuid":"-5228247"}]},
{"$Name":"\uc774\ubbf8\uc9c04","$Type":"Image","$Version":"3","Height":"16","
Uuid":"1363012240"}]}]}}|#
```

12 [편집] → [바꾸기]를 선택하여 [찾을 내용]에는 'Main'이라고 입력하고 [바꿀 내용]에는 'Main_copy'라고 입력합니다. 그 후 [모두 바꾸기]를 클릭합니다.

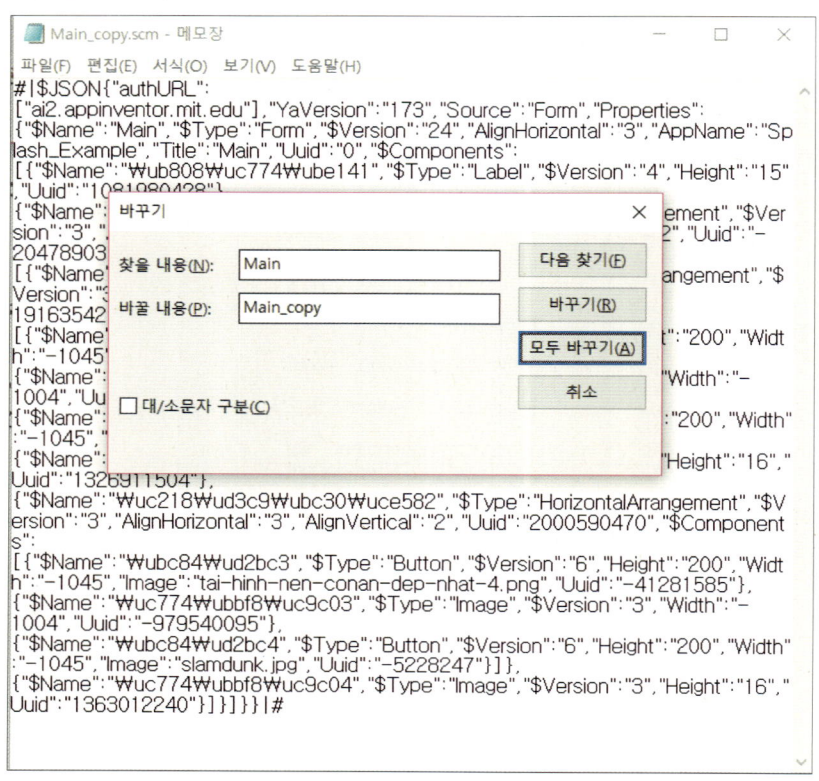

13 모두 바꾸기가 성공했으면 파일을 저장합니다.

```
Main_copy.scm - 메모장
파일(F)  편집(E)  서식(O)  보기(V)  도움말(H)
#|$JSON{"authURL":
["ai2.appinventor.mit.edu"],"YaVersion":"173","Source":"Form","Properties":
{"$Name":"Main_copy","$Type":"Form","$Version":"24","AlignHorizontal":"3","AppNam
e":"Splash_Example","Title":"Main_copy","Uuid":"0","$Components":
[{"$Name":"\ub808\uc774\ube141","$Type":"Label","$Version":"4","Height":"15"
,"Uuid":"1081980428"},
{"$Name":"\uc218\uc9c1\ubc30\uce581","$Type":"VerticalArrangement","$Ver
sion":"3","AlignHorizontal":"3","AlignVertical":"2","Height":"-2","Width":"-2","Uuid":"-
2047890372","$Components":
[{"$Name":"\uc218\ud3c9\ubc30\uce581","$Type":"HorizontalArrangement","$
Version":"3","AlignHorizontal":"3","AlignVertical":"2","Uuid":"-
1916354227","$Components":
[{"$Name":"\ubc84\ud2bc1","$Type":"Button","$Version":"6","Height":"200","Widt
h":"-1045","Image":"serif.png","Uuid":"1017549747"},
{"$Name":"\uc774\ubbf8\uc9c01","$Type":"Image","$Version":"3","Width":"-
1004","Uuid":"-560376242"},
{"$Name":"\ubc84\ud2bc2","$Type":"Button","$Version":"6","Height":"200","Width"
:"-1045","Image":"sazae.jpg","Uuid":"-1372870949"}]},
{"$Name":"\uc774\ubbf8\uc9c02","$Type":"Image","$Version":"3","Height":"16",
"Uuid":"1326911504"},
{"$Name":"\uc218\ud3c9\ubc30\uce582","$Type":"HorizontalArrangement","$V
ersion":"3","AlignHorizontal":"3","AlignVertical":"2","Uuid":"2000590470","$Component
s":
[{"$Name":"\ubc84\ud2bc3","$Type":"Button","$Version":"6","Height":"200","Widt
h":"-1045","Image":"tai-hinh-nen-conan-dep-nhat-4.png","Uuid":"-41281585"},
{"$Name":"\uc774\ubbf8\uc9c03","$Type":"Image","$Version":"3","Width":"-
1004","Uuid":"-979540095"},
{"$Name":"\ubc84\ud2bc4","$Type":"Button","$Version":"6","Height":"200","Width"
:"-1045","Image":"slamdunk.jpg","Uuid":"-5228247"}]},
{"$Name":"\uc774\ubbf8\uc9c04","$Type":"Image","$Version":"3","Height":"16",
"Uuid":"1363012240"}]}]}}|#
```

14 기존 Splash_Exmaple.zip 파일을 삭제합니다. 이렇게 하는 이유는 Splash_Example 폴더에는 추가된 스크린이 있는데 이를 zip으로 압축한 다음 다시 aia 파일로 변경해야 하기 때문에 기존에 원본 압축 파일인 Splash_Exmaple.zip은 필요 없기 때문입니다.

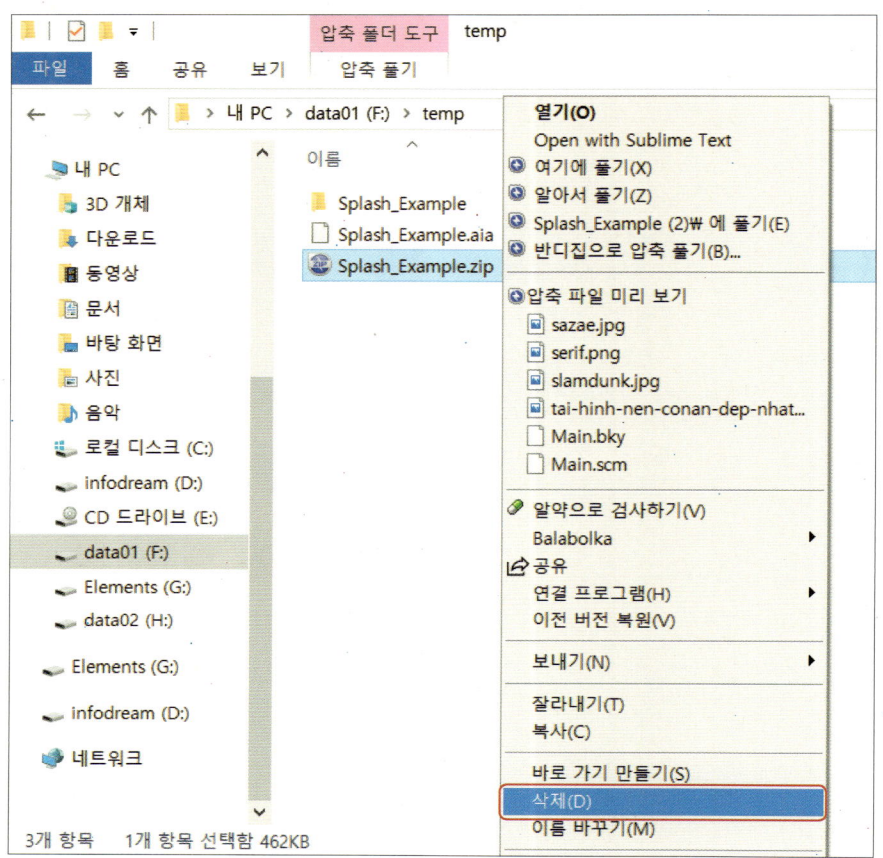

15 방금 작업한 'Splash_Example' 폴더를 'Splash_Example.zip'으로 압축합니다.

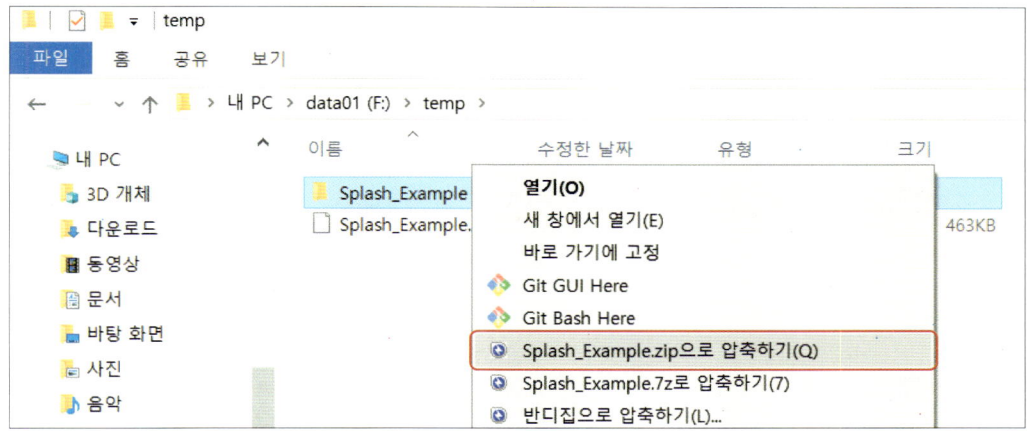

16 압축이 완료되었습니다.

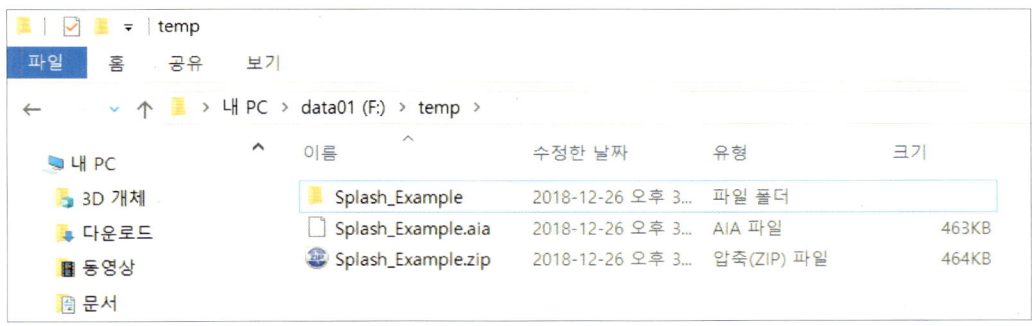

17 새롭게 만들어진 'Splash_Example.zip'을 'Splash_Example.aia' 파일로 만들어서 앱인벤터에 업로드하면 기존 프로젝트와 충돌하므로 이름을 변경해야 합니다. 최초 받았던 Splash_Example.aia의 이름을 Splash_Example.aia_original로 변경합니다.

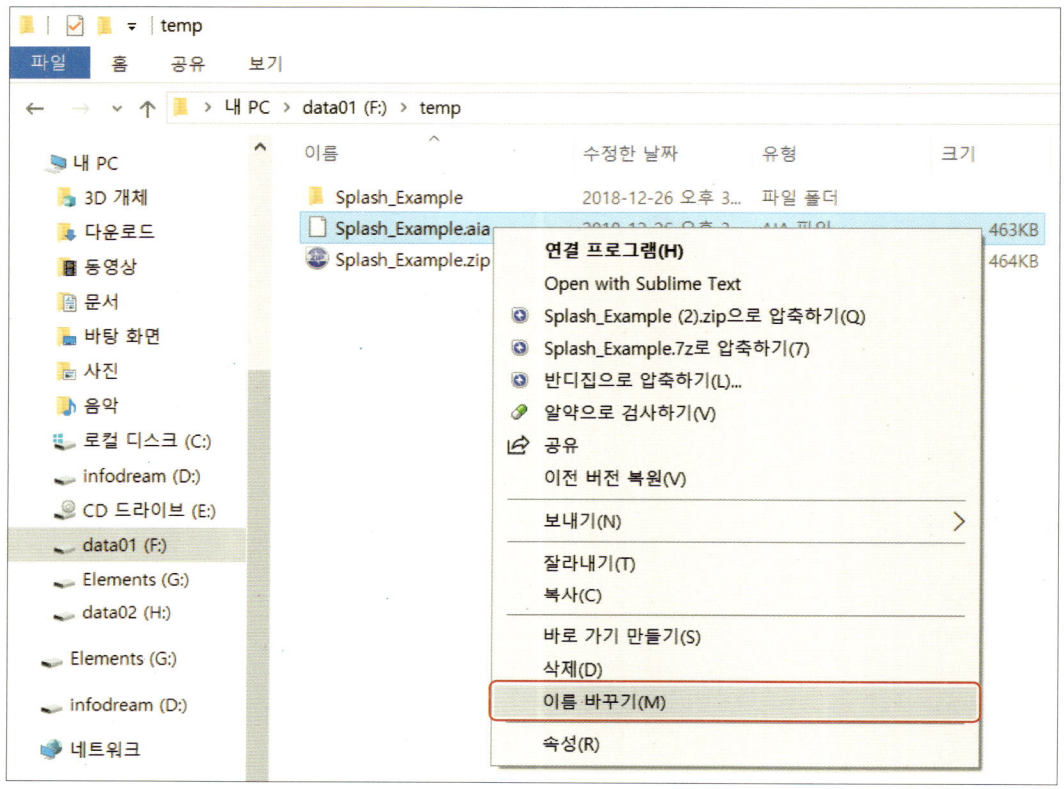

18 새로 만든 'Splash_Example.zip' 파일 이름을 'Splash_Example_copy.aia'로 변경합니다.

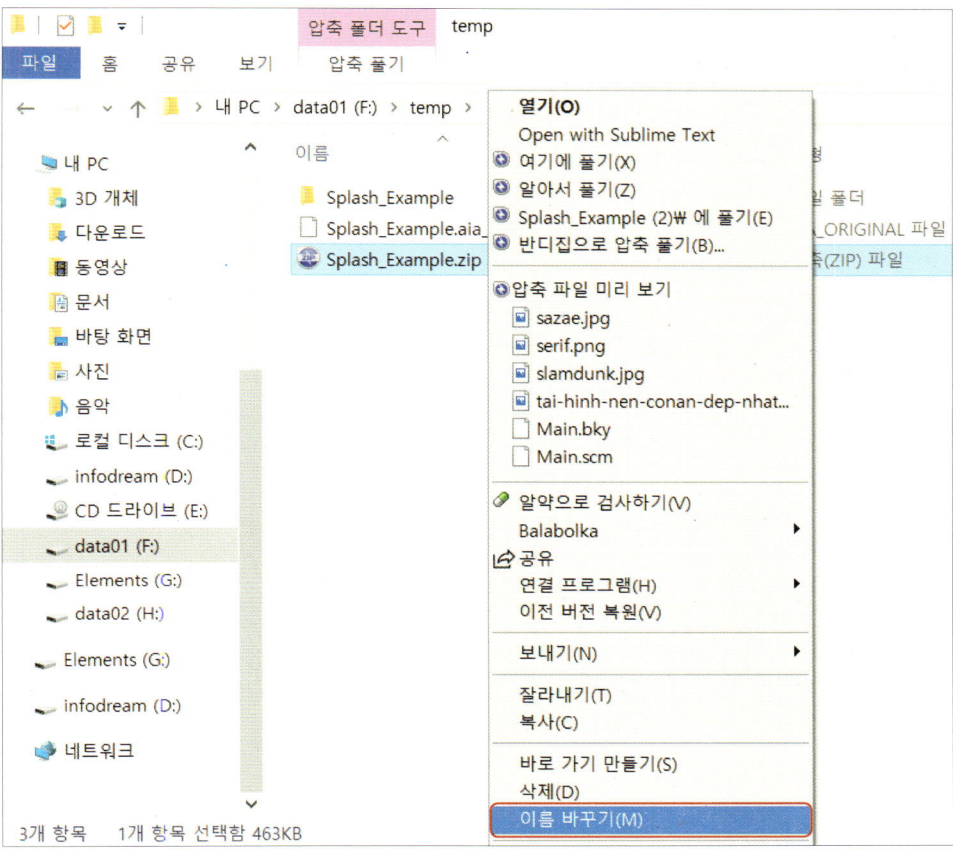

19 아래 화면에서 최종 결과물을 확인할 수 있습니다.

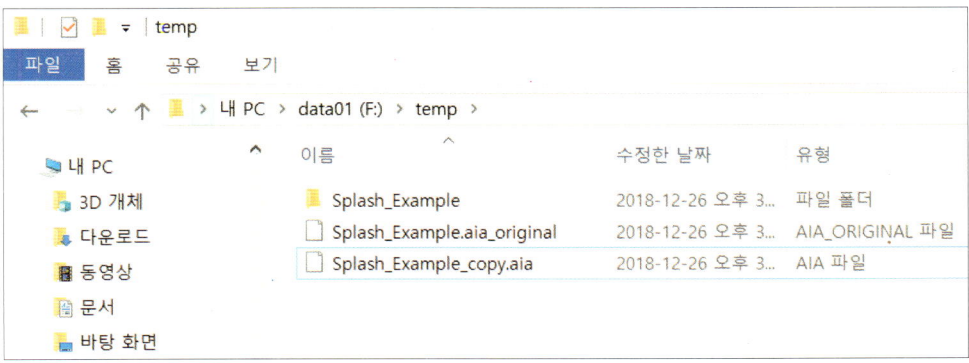

20 앱인벤터에서 스크린을 새로 추가한 aia 파일을 프로젝트로 업로드해 보겠습니다. [프로젝트]
→ [내 컴퓨터에서 프로젝트 가져오기]를 선택합니다.

21 작업해 두었던 'Splash_Example_copy.aia' 파일을 선택합니다.

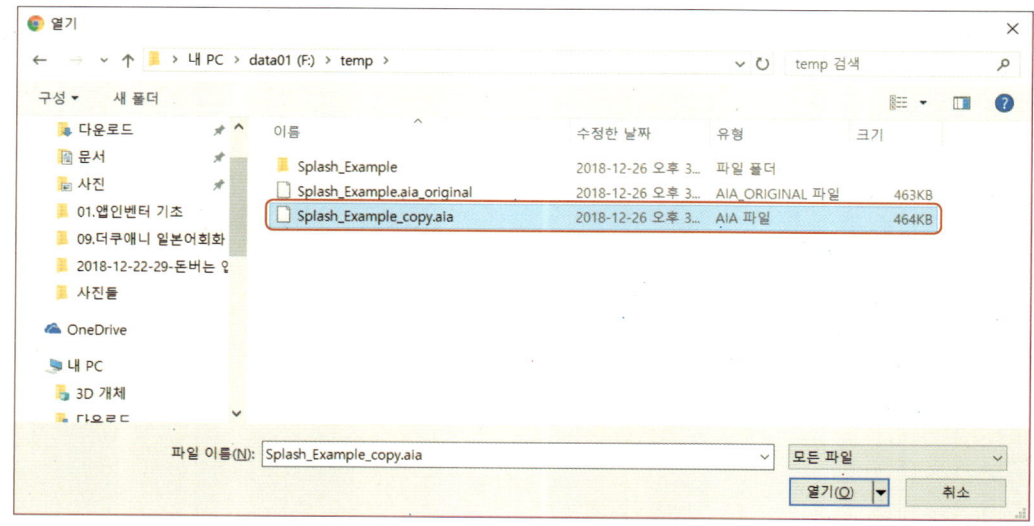

22 [확인]을 클릭합니다.

23 Splash_Example_copy 프로젝트가 생성되면서 Main_copy 스크린이 추가된 것을 확인할 수 있습니다.

기존 프로젝트의 이름을 유지해야 할 경우가 생길 때는 어떻게 하면 좋을까요?

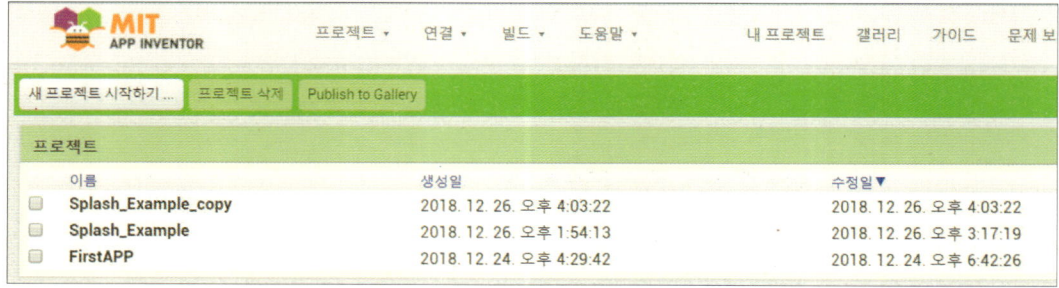

현재, Splash_Exmaple 프로젝트와 Splash_Example_copy 두 개의 프로젝트가 있죠? Splash_Exmaple 프로젝트는 Screen1과 Main 스크린만 있는 프로젝트이고 Splash_Example_copy 프로젝트는 Screen1과 Main 스크린, 그리고 추가된 Main_copy 스크린이 포함된 프로젝트입니다. 기존 Splash_Exmaple의 이름을 계속 유지하고 싶다면 Splash_Exmaple 프로젝트와 Splash_Example_copy 두 개의 프로젝트를 앱인벤터에서 삭제**합니다**. 이후에, Main_copy 스크린이 추가된 Splash_Example_copy.aia 파일의 이름을 Splash_Example.aia로 변경하여 앱인벤터에서 불러들이면 됩니다.

실습을 통해 본 내용을 진행해 보겠습니다.

01 [프로젝트 삭제] 버튼을 클릭하여 Splash로 시작하는 프로젝트를 삭제합니다.

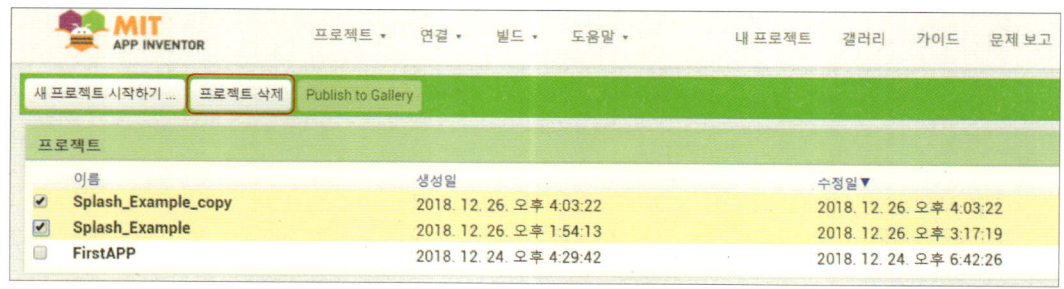

02 이 상태에서 아까 작업했던 PC에 저장된 Splash_Example_copy.aia 파일의 이름을 기존과 같은 Splash_Example.aia로 변경합니다.

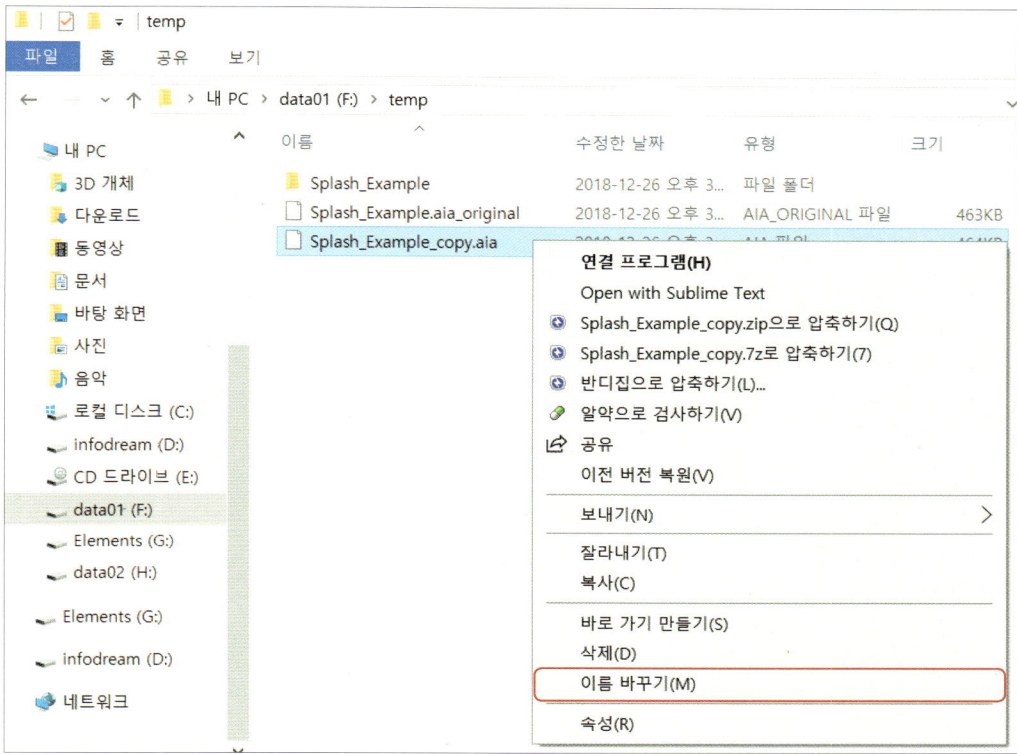

03 Splash_Example_copy.aia 파일의 이름을 기존과 같은 Splash_Example.aia로 변경하였습니다.

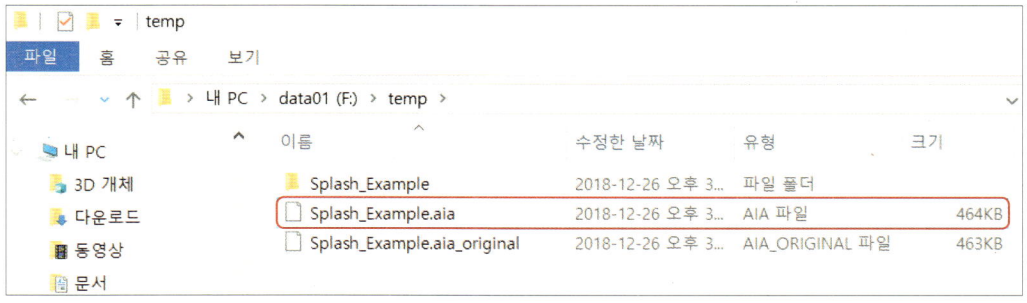

04 이제 앱인벤터에서 [내 컴퓨터에서 프로젝트(.aia) 가져오기]를 클릭합니다.

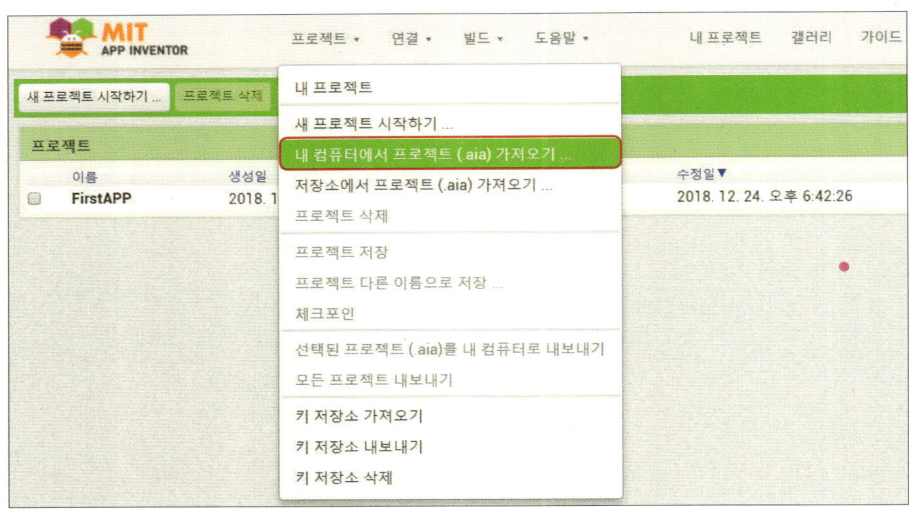

05 프로젝트 가져오기 화면이 열리면 [파일 선택] 버튼을 클릭합니다.

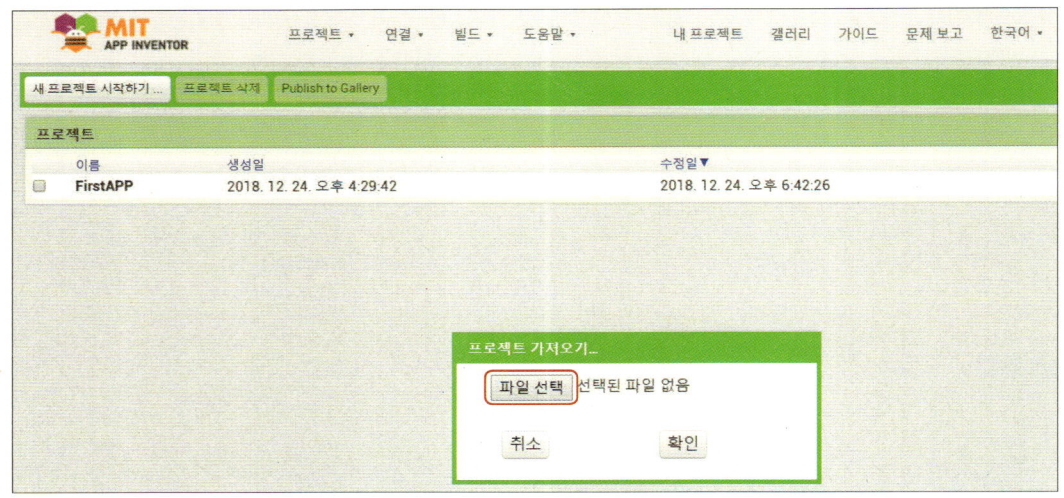

06 방금 변경했던 Splash_Example.aia 파일을 클릭하고 [열기] 버튼을 클릭합니다.

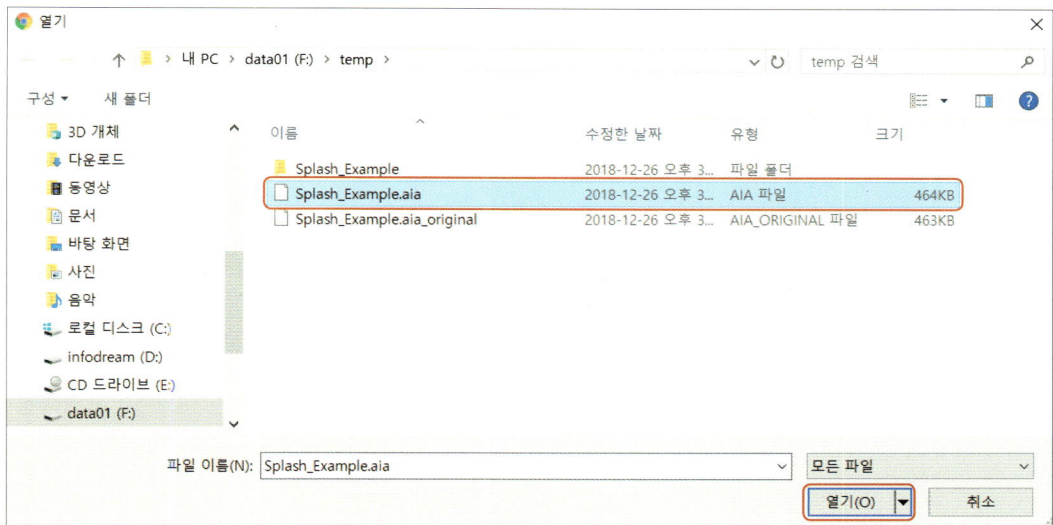

07 Splash_Example.aia 파일이 선택된 화면에서 [확인] 버튼을 클릭합니다.

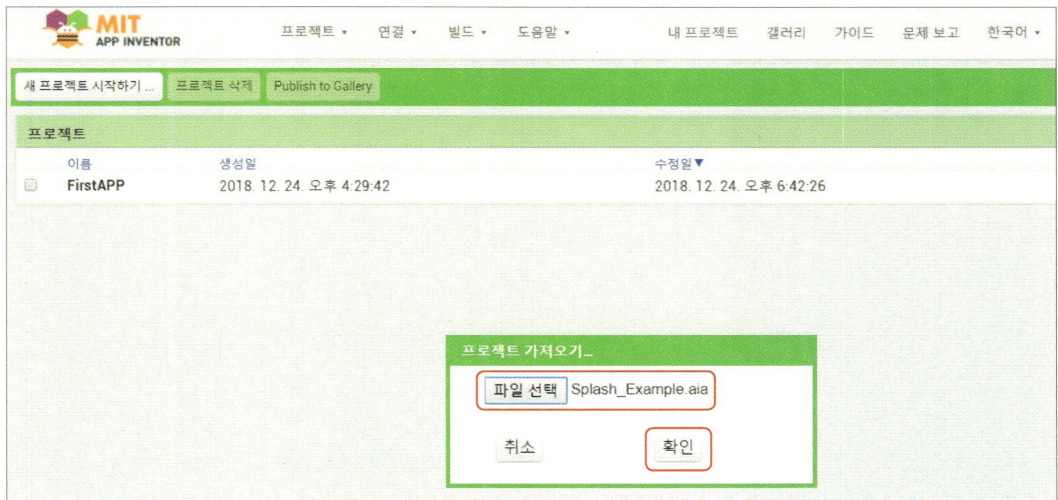

08 Splash_Example 프로젝트가 정상적으로 업로드되었습니다. 이제 이 프로젝트를 클릭하여 열어보겠습니다.

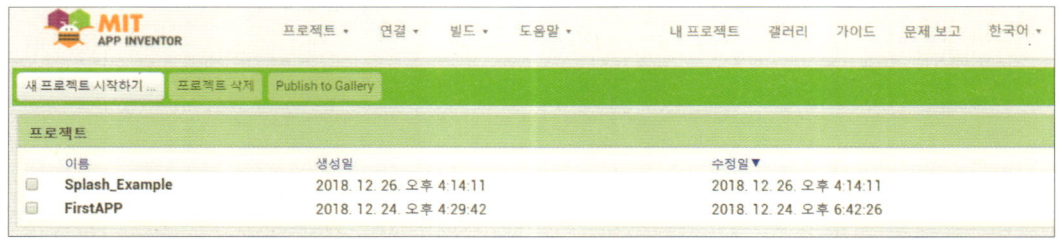

09 프로젝트를 열면 Screen1, Main, Main_copy 화면이 정상적으로 추가되어 있는 것을 확인할 수 있습니다.

5. 앱 종료 메시지 구현하기

앱을 종료할 경우 종료 메시지를 통해 앱의 종료를 선택하게 할 수 있습니다. 아래의 예제를 통해 확인해 보겠습니다.

01 사용자 인터페이스 팔레트에서 [알림] 컴포넌트를 화면으로 가져옵니다. [알림] 컴포넌트는 보이지 않는 컴포넌트입니다.

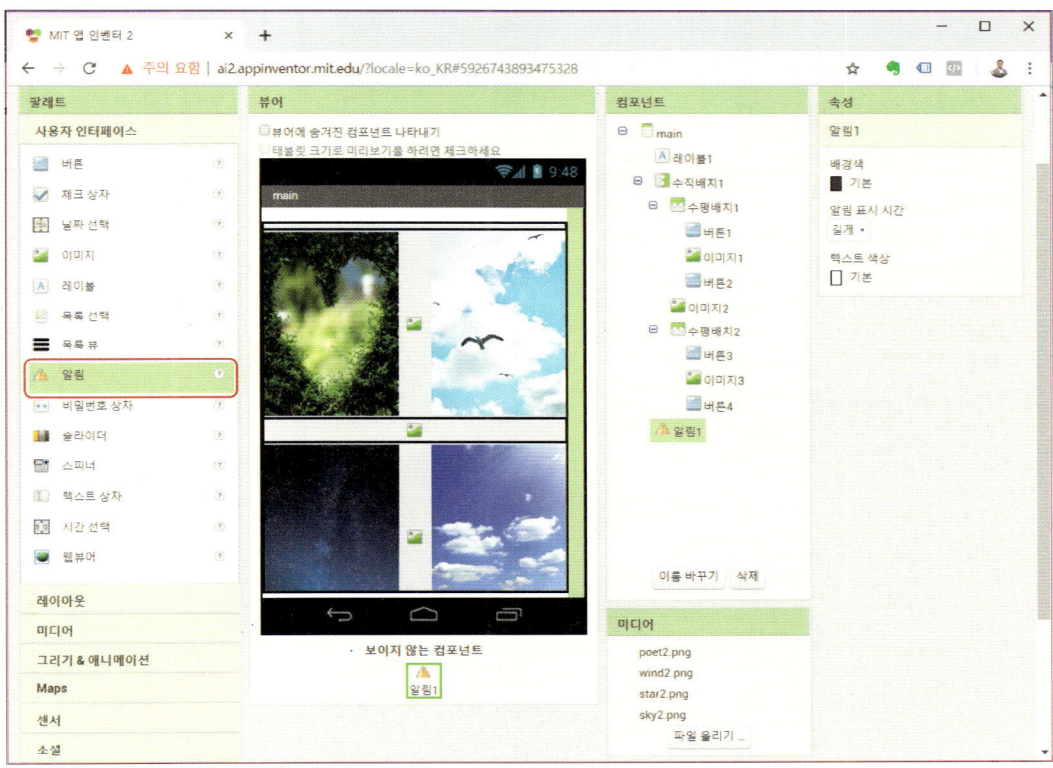

02 블록 파트로 이동합니다.

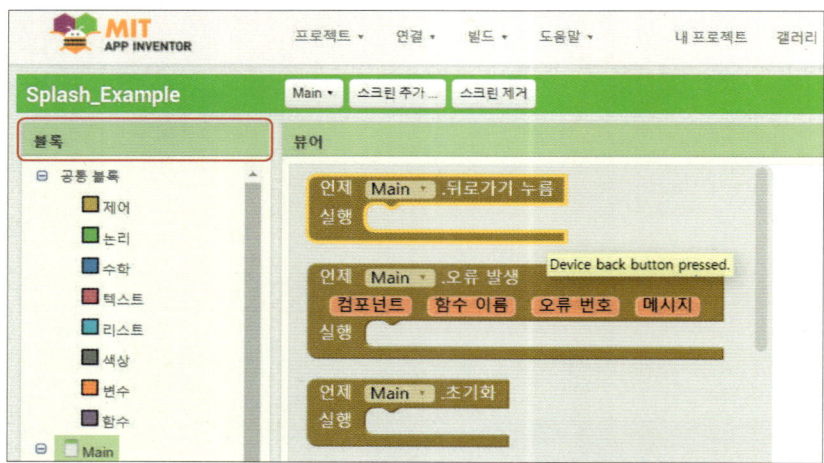

03 알림 컴포넌트 선택 후 아래 화면의 세 번째 블록을 선택합니다.

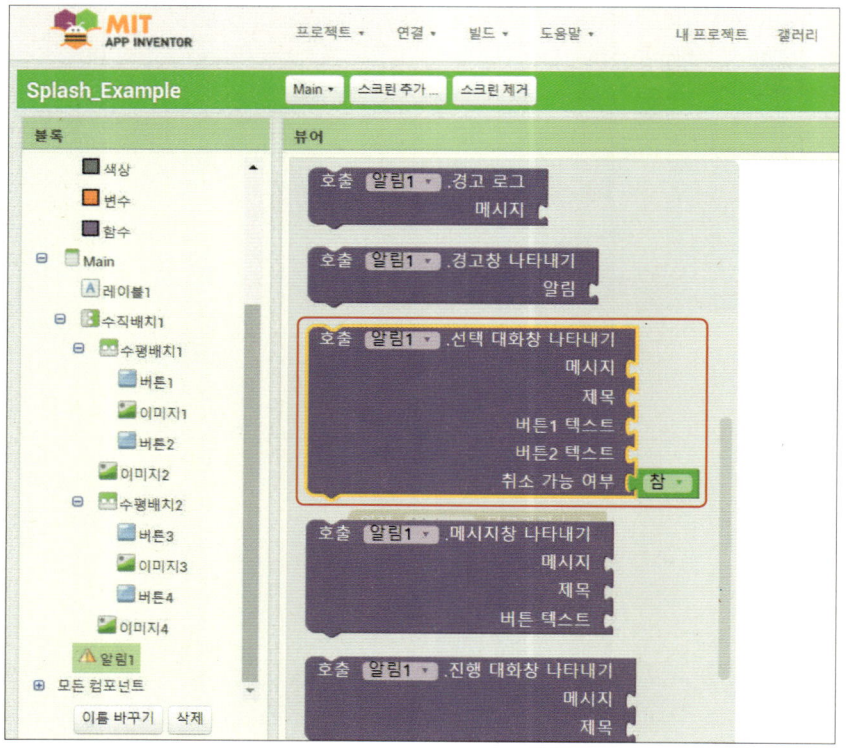

04 스마트폰의 뒤로가기를 클릭했을 때 알람 메시지가 나오도록 설정해 봅시다. Main 스크린을 클릭한 후 [Main.뒤로가기 누름] 블록을 먼저 가져옵니다. 이후에 텍스트 블록으로 이동하여 빈 텍스트 블록을 가져옵니다.

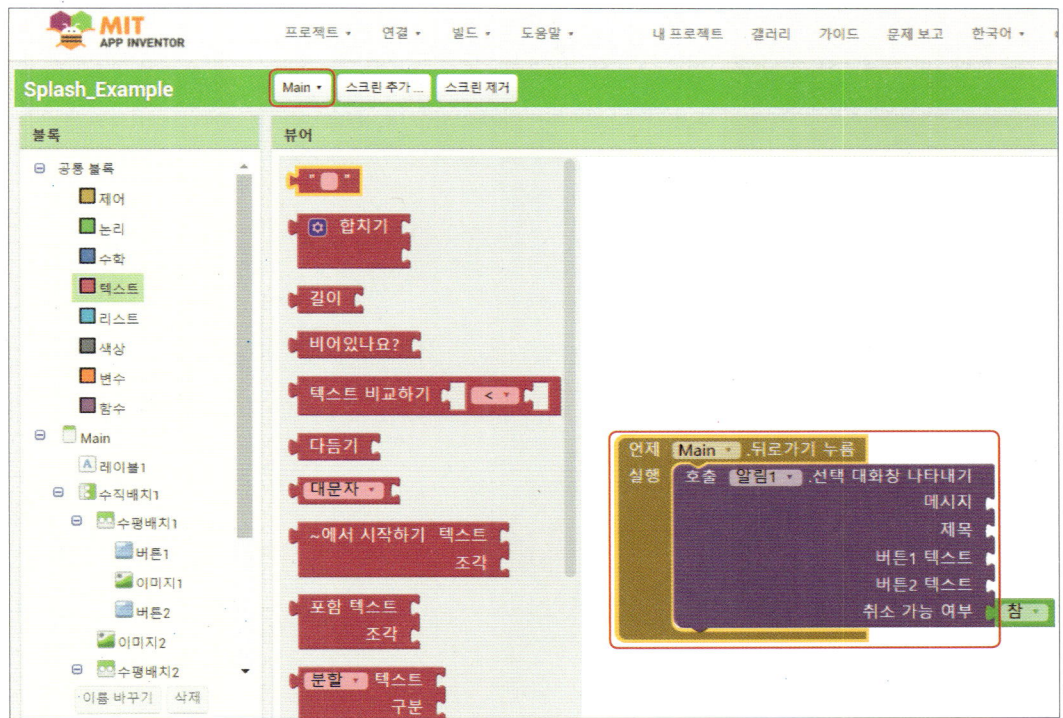

05 아래와 같이 블록을 완성하면 됩니다.

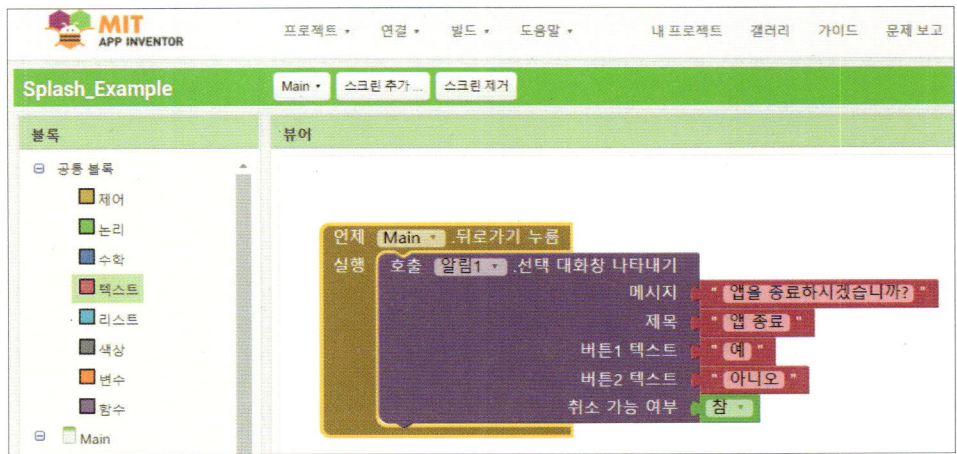

06 위와 같이 블록을 구성한 후 실제 선택된 결과에 따라 앱을 종료할 것인지 판단하는 블록을 하나 더 생성해야 합니다. 아래와 같이 구성하기 바랍니다.

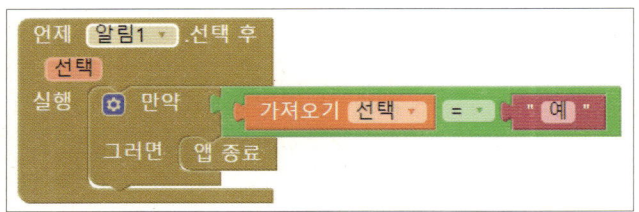

[실행 화면]

4장
광고 달고 수익 올리기

1. 앱인벤터에 광고 달 수 있다? 없다?

앱인벤터에는 광고를 붙일 수 있을까요? 불행하게도 앱인벤터에서 일반적인 방법으로 광고를 붙여서 수익을 얻을 수 있는 방법은 없습니다. (없다는 것이 정확한 표현은 아니나 앱인벤터 자체적으로는 광고를 붙이는 방법이 없는 것도 사실입니다.)

그렇다면 필자는 어떻게 앱에 광고를 붙여서 앱을 출시하고 광고 수익을 얻고 있는 것일까요? 그것은 바로 '앱인벤터 프렌즈' 때문에 가능합니다.

앱인벤터 프렌즈? 그런 것도 있었나? 하고 반문할 수 있겠지만 해외에서는 오래 전부터 제공되고 있던 서비스이고 이 서비스를 통해 수많은 해외 앱인벤터 개발자들이 수익을 얻고 있습니다. 특히 인도인들을 중심으로 이러한 앱인벤터 프렌즈가 상당한 수준으로 활용되고 있습니다.

이러한 앱인벤터 프렌즈를 모르고는 앱 수익을 창출할 수 없다고 해도 과언이 아닐 정도로 앱인벤터 프렌즈에 대한 이해는 중요합니다.

앱인벤터 프렌즈란 무엇일까요?

앱인벤터 프렌즈는 앱인벤터를 기반으로 다양한 앱의 추가 컴포넌트를 사용할 수 있는 플랫폼입니다. 여기에는 구글 애드몹 광고 및 페이스북 및 아마존 광고를 연결할 수 있는 컴포넌트들도 포함되어 있습니다.

바로 이런 플랫폼을 통해서 여러분의 앱에 광고를 연결하고 이를 통해 수익을 올릴 수 있는 것이죠.

그렇다면 앱인벤터 프렌즈는 앱인벤터와 다른 것일까요? 그렇지는 않습니다. 여러분이 앞서 배운 앱인벤터의 모든 지식은 고스란히 앱인벤터 프렌즈를 통해 활용할 수 있습니다. 인터페이스 및 블록 코딩의 모든 사용 방법 자체가 앱인벤터와 앱인벤터 프렌즈가 동일하기 때문에 앱인벤터에서 사용하던 앱 제작 테크닉 및 소스를 그대로 활용할 수 있습니다.

이번 장부터는 앱인벤터가 아닌 앱인벤터 프렌즈를 통해 앱을 제작하고 광고를 붙여서 출시하는 과정을 진행해 보겠습니다.

앱인벤터 프렌즈를 알면 알수록 앱을 만드는 일이 재미있을 것이고 이를 통해 매월 패시브인컴 광고 수익을 얻을 수 있을 것입니다.

1) AppyBuilder

첫 번째로 소개할 앱인벤터 프렌즈는 AppyBuilder라는 플랫폼입니다. 사용 방법은 앱인벤터와 동일합니다. 단지 AppyBuilder에 별도로 가입해야 합니다. 앱인벤터 때 사용했던 구글 아이디만 있으면 자동으로 가입할 수 있습니다.

AppyBuilder 첫 화면 오른쪽에 보이는 [BUILD NOW]를 클릭하면 가입 절차가 진행되는데 구글에 로그인이 되어 있다면 간단한 인증 처리를 통해 가입됩니다. 어렵지 않으니 스스로 해보시기 바랍니다.

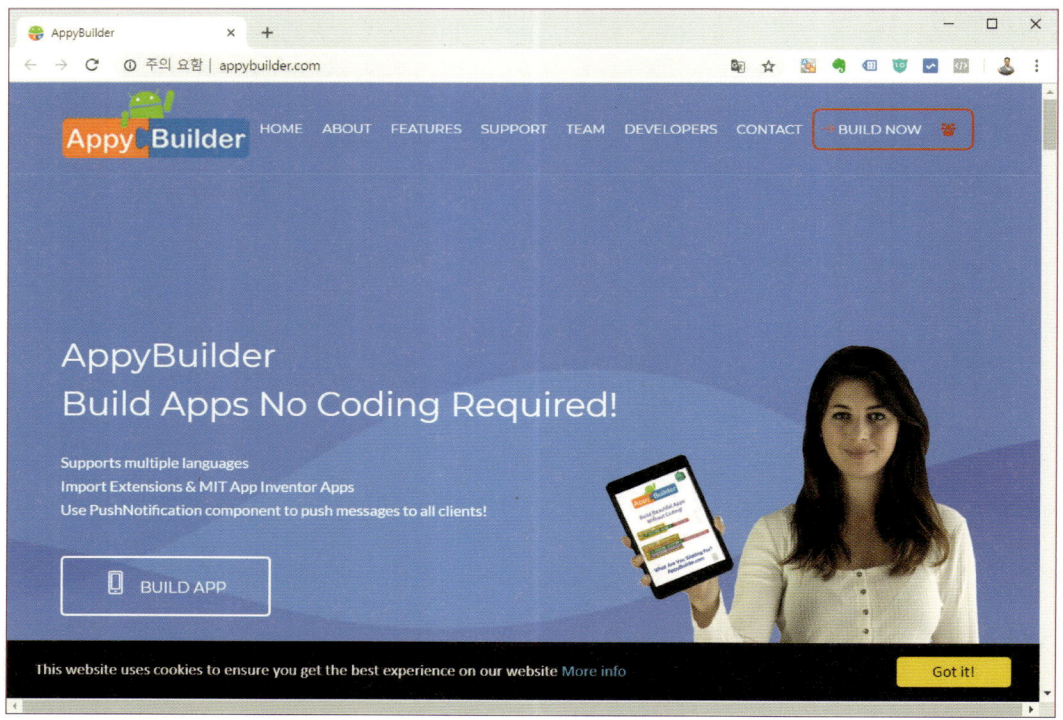

보면 알겠지만 AppyBuilder의 인터페이스는 앱인벤터와 완전히 동일합니다. 단지, 팔레트 부분에 있는 컴포넌트의 개수를 보면 많은 차이를 느낄 수 있습니다. 원조 앱인벤터와 다른 점은 바로 제공되는 컴포넌트에 있습니다. 여러 가지 추가된 컴포넌트가 많지만 우리가 가장 궁금해 하는 광고 컴포넌트를 한번 살펴보겠습니다.

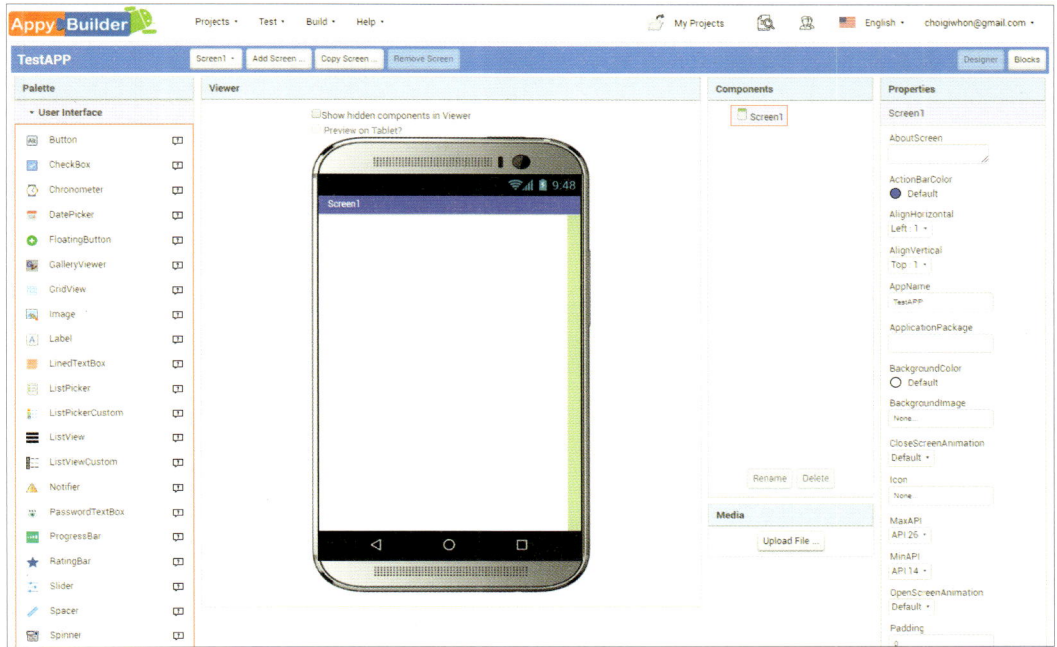

아래 화면에서 Monetize라는 팔레트가 보이나요? 바로 이 부분이 원조 앱인벤터와 가장 차이가 나는 부분입니다. 앱인벤터 프렌즈 플랫폼에는 이렇듯 Monetize 컴포넌트들을 제공하고 있습니다. 이를 통해 앱에 광고를 연동하여 앱에서 광고를 내보내고 그 수익을 여러분이 가져갈 수 있는 것입니다. 광고에도 여러 가지 종류가 많습니다. 구글 애드몹 광고부터 아마존, 심지어 페이스북 광고까지 앱에 삽입할 수 있습니다. 그리고 더 나아가서 인앱결제 컴포넌트까지 제공되고 있습니다. 이를 통해 여러분은 앱을 통해 얻을 수 있는 모든 수익 방식을 앱인벤터를 통해서 만들어 낼 수 있습니다. 물론 정확하게 말하면 앱인벤터 그 자체는 아니지만 말이죠.

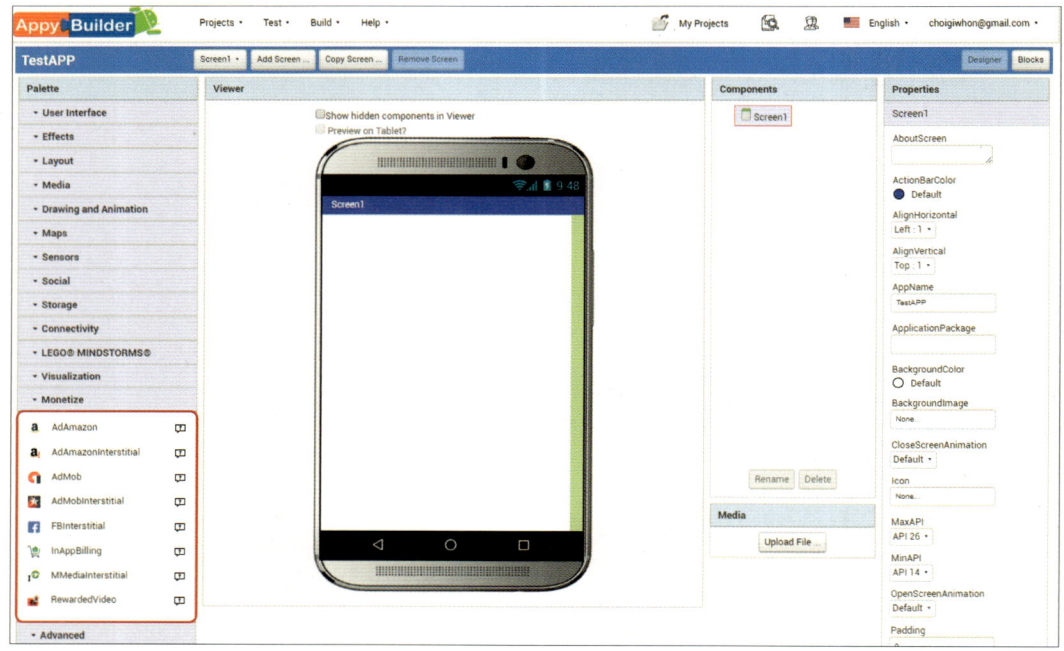

우리의 목적은 바로 이 Monetize 팔레트에 있는 광고 컴포넌트들을 자유자재로 다루고 앱 내에서 광고 수익을 어떻게 얻을 수 있는지 연구하는 것입니다. 이 책에서 모든 컴포넌트를 다룰 수는 없지만 구글 애드몹을 통해 한 가지 방법만 제대로 습득하면 나머지 광고 컴포넌트들도 손쉽게 연동할 수 있습니다.

(이 책에서는 구글 애드몹 광고 연동에 대한 부분만 다룹니다. 아마존, 페이스북, 인앱결제 등은 여러분들이 연구해서 앱에 연동해 보시기 바랍니다.)

2) Kodular

이전 명칭은 Makeroid입니다. 인터페이스가 앱인벤터나 AppyBuilder와 약간 다르지만 결국은 인벤터와 동일합니다. 그리고 AppBuilder와 비슷한 컴포넌트 구조를 가지고 있습니다. 아마도 AppyBuilder 팀과도 협력 관계가 있는 것 같습니다. 릴리즈 정보를 보면 AppyBuilder 팀에게서 몇 가지 힌트를 얻어서 새롭게 추가한 컴포넌트들도 있습니다.

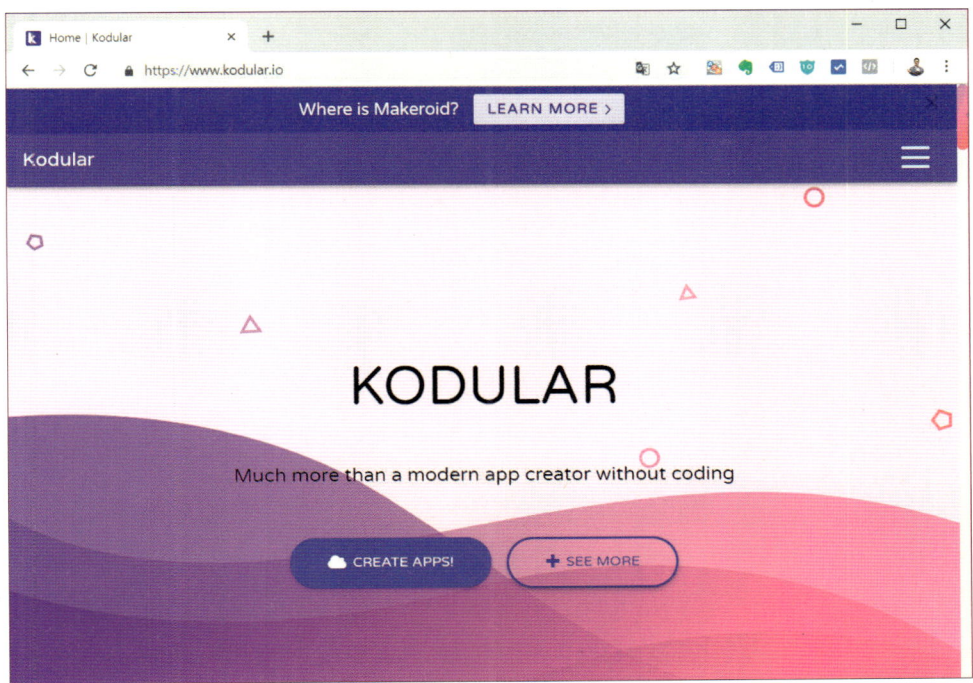

화면을 보면 알겠지만, 앱인벤터나 AppyBuilder와는 약간 다른 인터페이스를 가지고 있습니다. 하지만 몇 번 클릭해 보면 결국은 앱인벤터와 같다는 걸 알 수 있습니다. 새로 추가된 컴포넌트들도 많습니다.

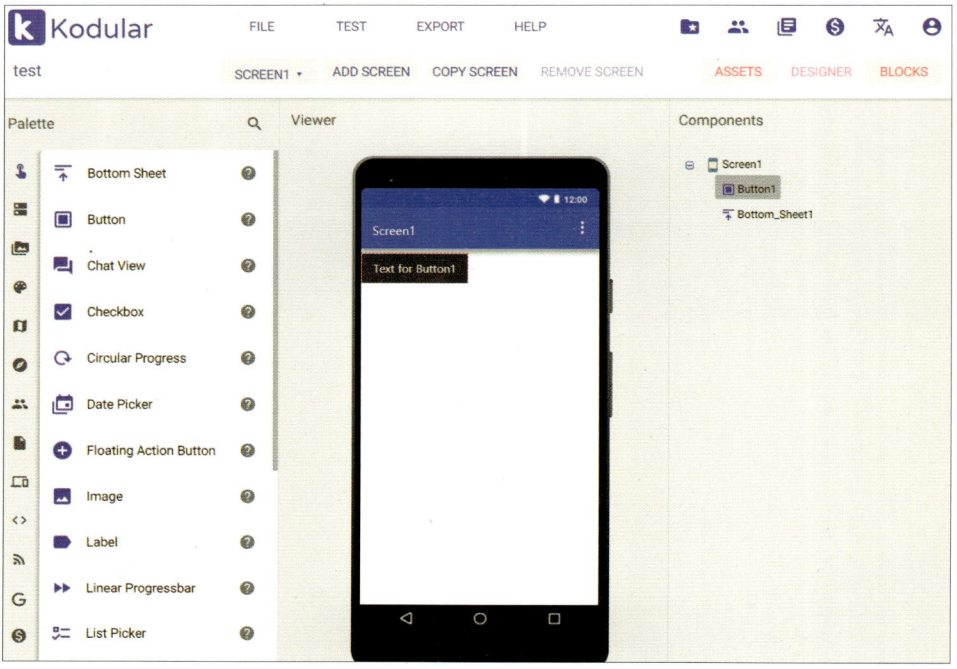

하지만 앱인벤터 프렌즈에 단점이 있는데 바로 각 컴포넌트에 대한 사용 설명이 거의 없다는 점입니다. 이것은 굉장한 단점 중 하나인데 컴포넌트를 추가했지만 어떻게 설정하고 코딩해야 하는지에 대한 가이드가 없다는 것입니다. 앱을 개발하는 여러분이 직접 파악하는 수 밖에 없습니다.

JAVA 같은 프로그래밍 언어도 개발 자체에 대한 가이드가 있는데 이렇게 블록 코딩하도록 편하게 만들어진 개발 도구인데도 불구하고 컴포넌트 설명에 대한 가이드가 없다는 것은 앱 개발 시 굉장히 불편하게 작용합니다. 이런 신규 컴포넌트에 대한 부분은 구글링 혹은 각 플랫폼의 커뮤니티를 통해 직접 찾을 수 밖에 없습니다. 하지만 컴포넌트에 대한 사용법만 숙지할 수 있다면 원조 앱인벤터로 제작되는 앱의 한계를 벗어나서 실제 개발자가 만드는 앱만큼 다양한 앱을 제작할 수 있다는 것은 엄청난 장점이라고 할 수 있습니다.

3) Thunkable Classic x CrossPlatform

Thunkable은 앱인벤터 프렌즈의 원조라고 할 수 있습니다. 아마 국내에서도 앱인벤터 프렌즈를 아는 분들은 바로 이 Thunkable을 통해 먼저 접했을 것이라고 생각합니다. 그만큼 많이 알려져 있는 플랫폼이며 현재의 앱인벤터 프렌즈 중에서 빠르게 변화하는 개발 환경에 맞춰 나가는 플랫폼이라고 할 수 있습니다. 하지만 최근에 Thunkable이 유료 정책을 표방함에 따라서 약간은 불편함을 감수해야 하는 플랫폼으로 인식되고 있습니다. 기본 앱인벤터 프렌즈 플랫폼과 차이점이라고 한다면 기존에 제공하던 안드로이드 기반 개발의 앱인벤터 클래식 환경뿐만 아니라 안드로이드와 아이폰 개발 환경까지 동시에 제공하는 크로스플랫폼도 제공하고 있다는 것입니다.

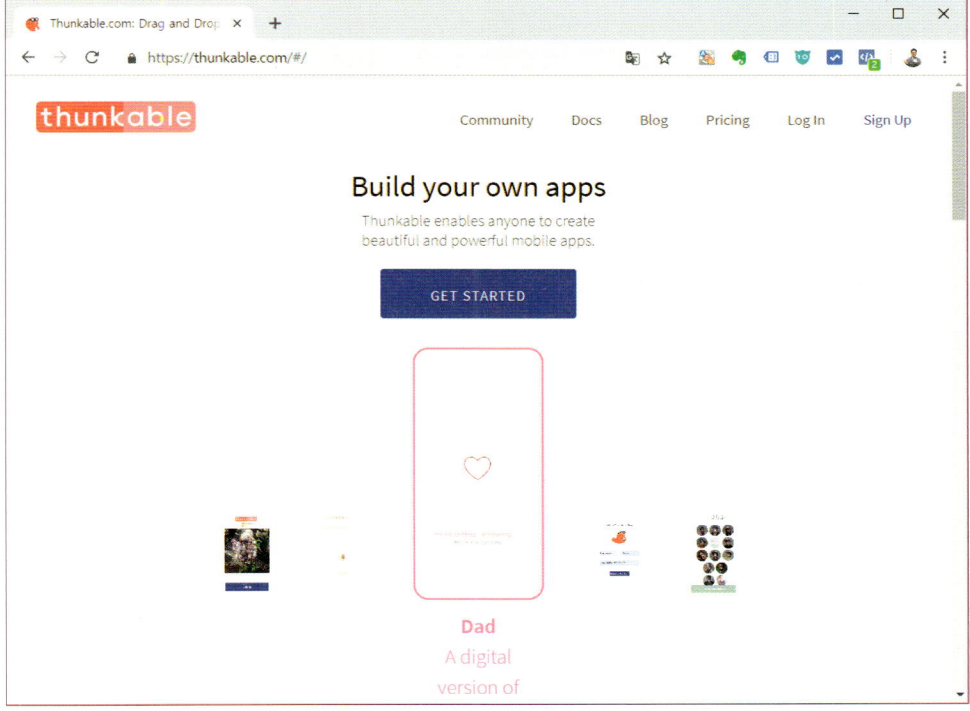

(1) Thunkable Classic

기존 앱인벤터 환경과 마찬가지로 안드로이드 개발 환경 기반의 플랫폼입니다. AppyBuilder나 Kodular와 비슷하다고 보면 될 것 같습니다. 하지만 AppyBuilder와 Kodular에 비해 신규 컴포넌트가 추가되지는 않고 있으며, 현재 Thukable은 크로스플랫폼에 주력하고 있어서 기존 Classic 버전의 향상은 기대하기 어려운 상황인 것 같습니다. 화면 인터페이스는 원조 앱인벤터와 흡사합니다.

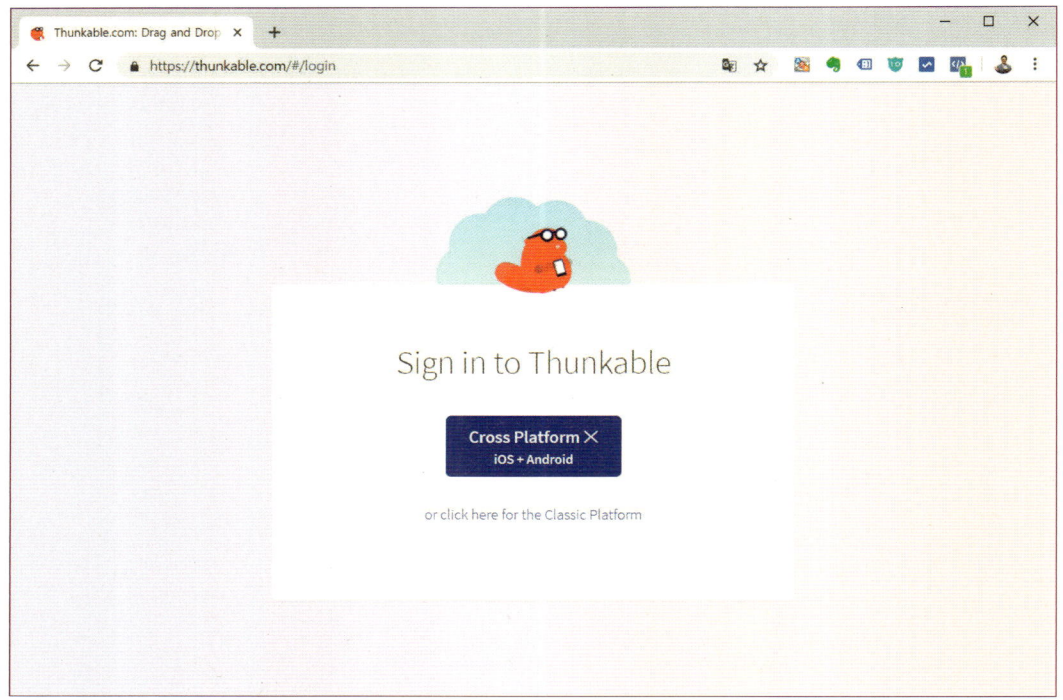

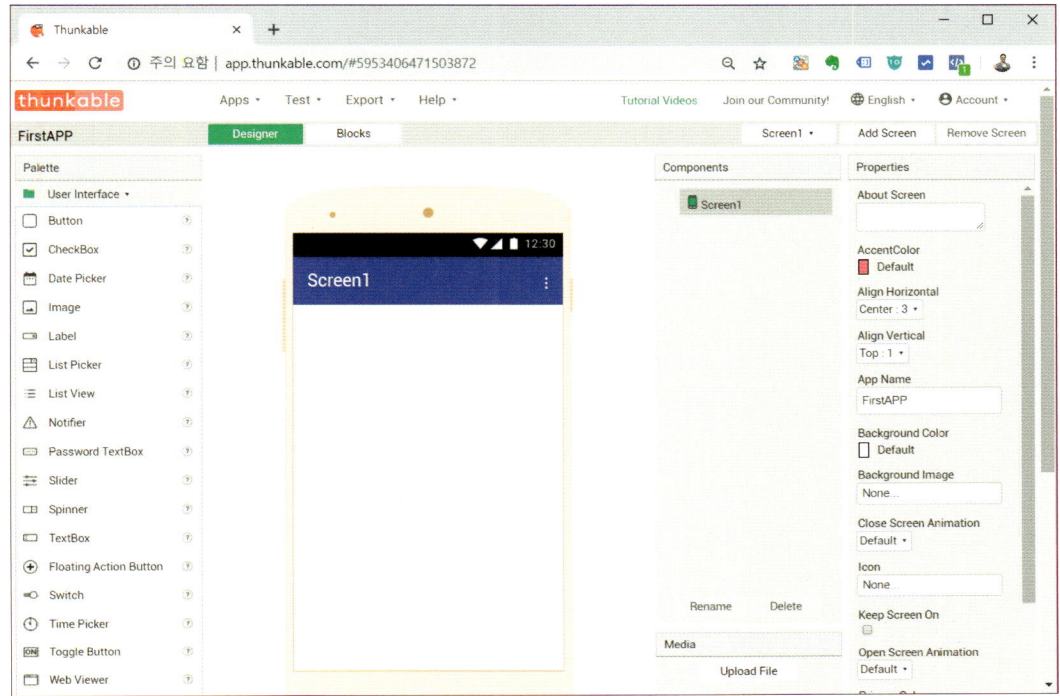

(2) Thunkable CrossPlatform

Thunkable에서 현재 주력으로 밀고 있는 플랫폼입니다. AppyBuilder, Kodular와는 다르게 크로스플랫폼이라고 하여 안드로이드와 아이폰을 블록 코딩 방식으로 동시에 개발할 수 있는 도구입니다. 하나의 개발 환경에서 안드로이드와 아이폰 앱을 동시에 빌드할 수 있다는 엄청난 장점을 가지고 있습니다. 기존 앱인벤터와는 다르게 내부 개발 언어가 React-Native 기반으로 개발되기 때문에 기존 앱들보다 실행 속도가 더 빠르고 인터페이스도 기존 앱인벤터 프렌즈들과는 다릅니다.

하지만 기존 앱인벤터 프렌즈에 비해 단점도 있습니다. Thunkable Crossplatform은 2019년 1월 1일부터 유료 정책을 표방하고 있습니다. 앱 개발 시 Public 개발 모드와 Private 개발 모드를 선택하게 되어 있는데 Public 개발 모드의 경우 앱 개발 환경은 무료지만 앱 자체 소스가 대중에게 노출되어 있습니다. Thunkable 플랫폼 내에서 검색하면 어떤 앱을 개발했는지를 알 수 있으며 Public으로 공개된 앱의 소스를 본인의 프로젝트에 재활용할 수도 있습니다. 유료 모드인 Private 모드는 말 그대로 본인만의 개발 환경을 가지는 것이고 일반에게 앱 개발 소스가 노출되지 않습니다. 그리고 유료 모드인 Private 모드를 사용하려면 1년 기준으로 200달러를 지불해야 합니다. 현재

AppyBuilder와 Kodular가 기본적으로 무료 정책인 것에 비해 이러한 유료 정책이 어떠한 결과를 가져올지는 두고 볼 일입니다.

Thunkable 크로스플랫폼의 가장 빛나는 장점은 안드로이드와 아이폰 앱을 동시에 개발할 수 있다는 것입니다. 게다가 최근에는 애드몹 광고 컴포넌트를 붙일 수 있도록 기능이 추가되었습니다. 이 책을 집필하던 당시에는 애드몹 광고 컴포넌트가 추가되지 않았지만 2019년 7월 기준으로 Thunkable 크로스플랫폼에서도 애드몹 광고 컴포넌트를 사용할 수 있습니다. 따라서 Thunkable 크로스플랫폼은 안드로이드와 아이폰 개발이 동시에 가능한 유일한 앱인벤터 프렌즈 플랫폼이라고 할 수 있습니다. 아이폰 개발에도 관심이 있다면 Thunkable 크로스플랫폼을 통해서 개발하고 동시에 안드로이드와 아이폰 앱 장터에 앱을 출시해 보기 바랍니다.

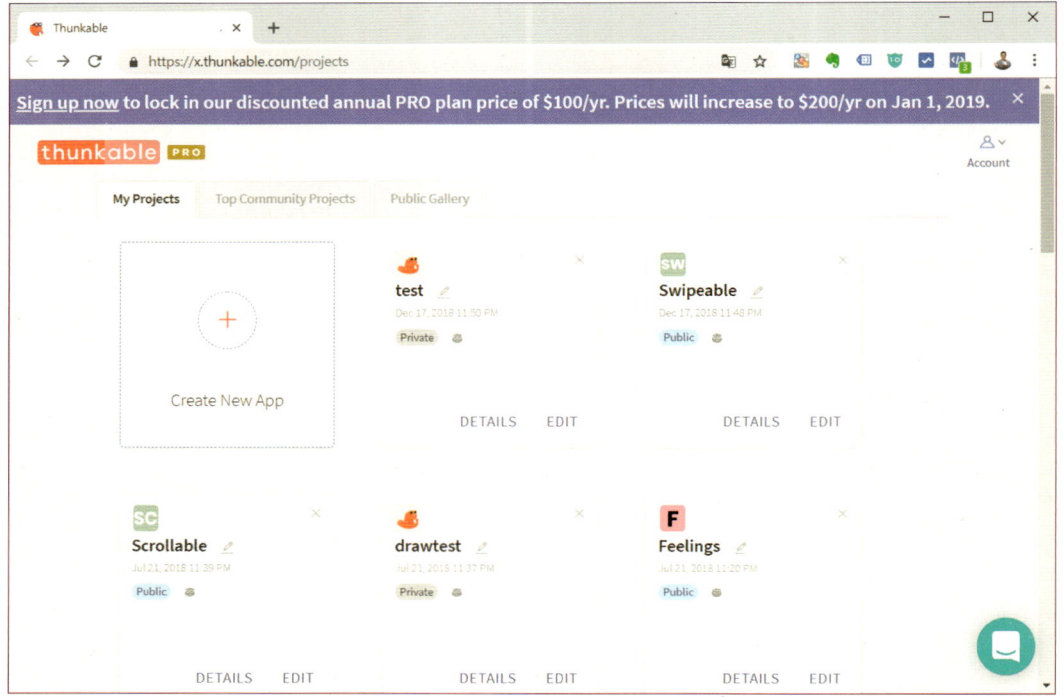

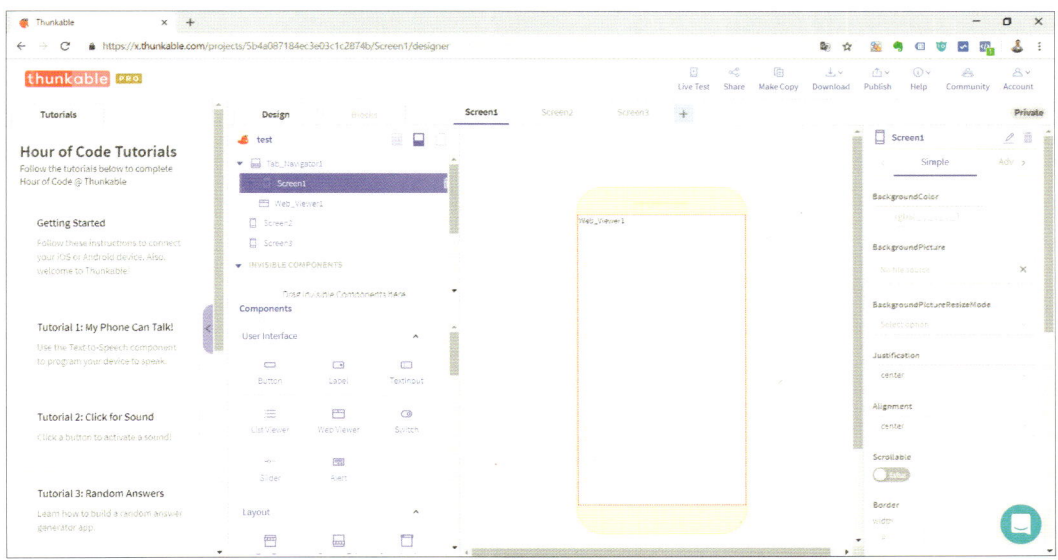

이상으로 앱인벤터 프렌즈에 대해 간략하게 살펴보았습니다. 앱인벤터 프렌즈 제품들은 원조인 앱인벤터 프렌즈가 제공하지 않고 있는 다양한 서비스들을 제공하고 있습니다. 실제 앱에서 사용되는 다양한 컴포넌트들, 구글 애드몹이나 아마존, 페이스북 광고를 연동할 수 있는 Monetize 컴포넌트들, 기타 다양한 기능들을 제공하고 있습니다. 이러한 기능을 통해 앱인벤터가 단순히 학생들을 위한 교육용 프로그램이 아니라 실제 사용되는 앱을 손쉽게 개발하고 이를 통해 앱 수익을 올릴 수 있는 용도로 활용될 수 있다는 것을 알게 되었을 것입니다.

2. 구글 애드몹 가입하기

앞서 언급했듯이 이 책에서는 구글 애드몹을 통해 앱 광고를 연동하는 방법에 대해 알아보고자 합니다. 구글 애드몹은 연동하기 쉽고 익숙한 구글 플랫폼을 통해 앱에 광고를 삽입할 수 있습니다. 아마 이 책에서 가장 궁금해 하는 부분이 아닐까 합니다.

앱인벤터 프렌즈 플랫폼을 통해 앱에 구글 광고를 삽입하려면 구글 애드몹을 통해 앱에서 출력되는 광고를 생성한 다음 생성된 광고 코드를 앱의 배너나 전면 광고에서 출력하면 됩니다. 그러기 위해서는 일단 구글 애드몹에 가입해야 합니다. 이제부터 구글 애드몹에 가입해 보겠습니다.

구글 애드몹에 가입하는 방법은 여러 가지가 있습니다. 첫 번째는 구글 계정만 만들어진 상태에서 가입하는 경우이고, 두 번째는 구글 애드센스에 이미 가입한 사람이 구글 애드몹에 가입하는 경우입니다.

먼저 첫 번째로 구글 계정만 있는 경우에 구글 애드몹에 가입하는 절차에 대해 살펴보겠습니다. 구글 플랫폼은 한 번만 가입이 완료되면 그 다음부터는 자동 로그인이 가능하기 때문에 아마 각자의 상황에 따라 출력되는 화면은 틀릴 수 있습니다.

01 구글에서 '구글 애드몹'으로 검색합니다.

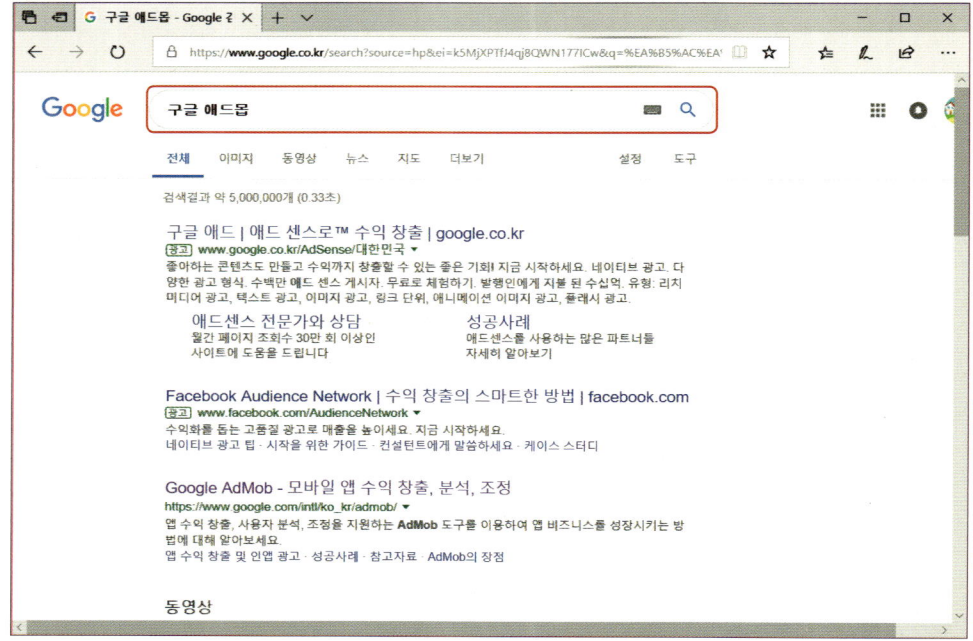

02 아래와 같은 화면이 나타나면 [AdMob에 가입하기]를 클릭합니다.

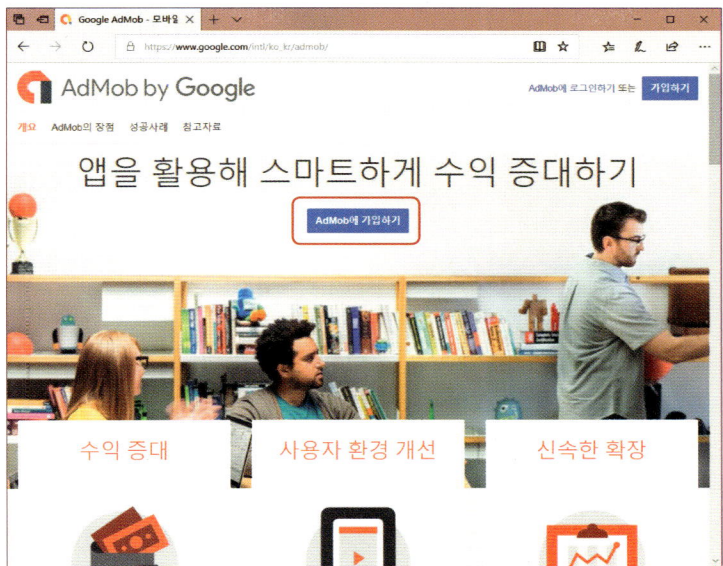

03 아래와 같은 화면이 나타나면 [국가 또는 지역], [시간대], [결제 통화]의 내용을 채웁니다.

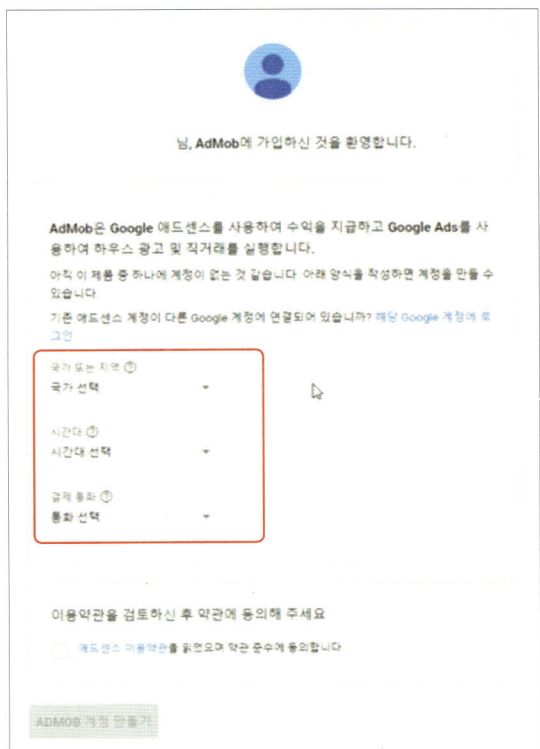

4장 광고 달고 수익 올리기

04 아래 내용과 같이 채우면 됩니다. [결제 통화] 부분은 '미국 달러'로 설정하고 진행하는 것이 좋습니다. (실제 수익을 받을 때 환율의 변동에 따른 변경분을 조금이라도 더 받을 가능성이 있기 때문입니다.)

05 이용약관에 체크하고 [ADMOB 계정만들기]를 클릭합니다.

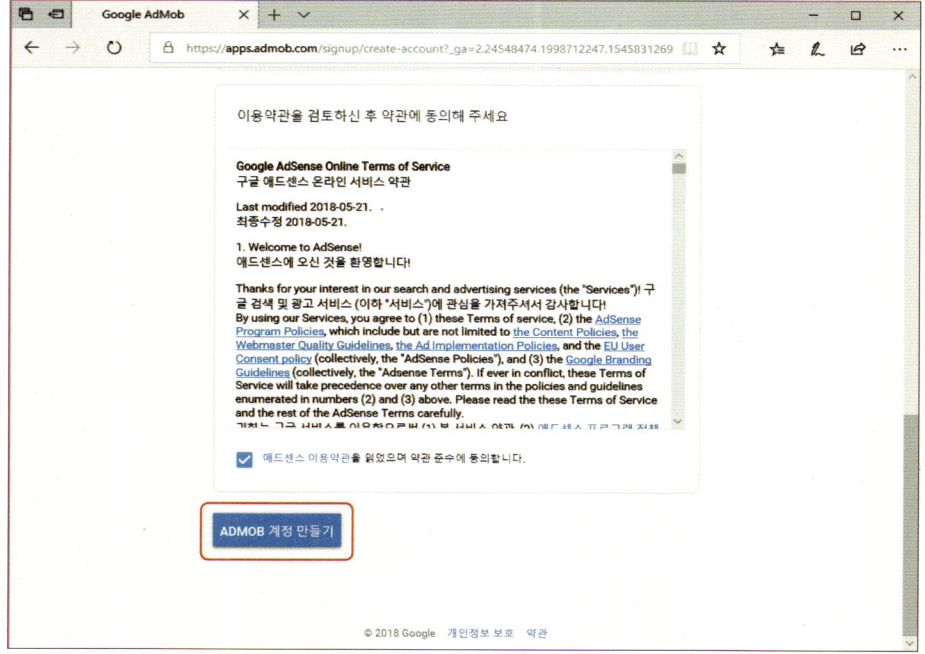

06 애드몹 계정이 생성되었습니다. 나머지 항목을 [예]로 설정하고 [계속해서 ADMOB 사용]을 클릭합니다.

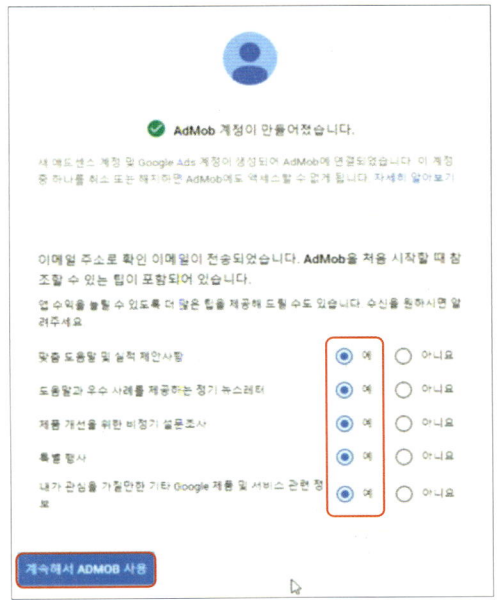

07 애드몹 메인 화면으로 넘어옵니다. 구글 애드몹 계정이 생성되었습니다. 이제부터 구글 애드몹을 통해 앱에 삽입되는 광고를 생성할 수 있습니다.

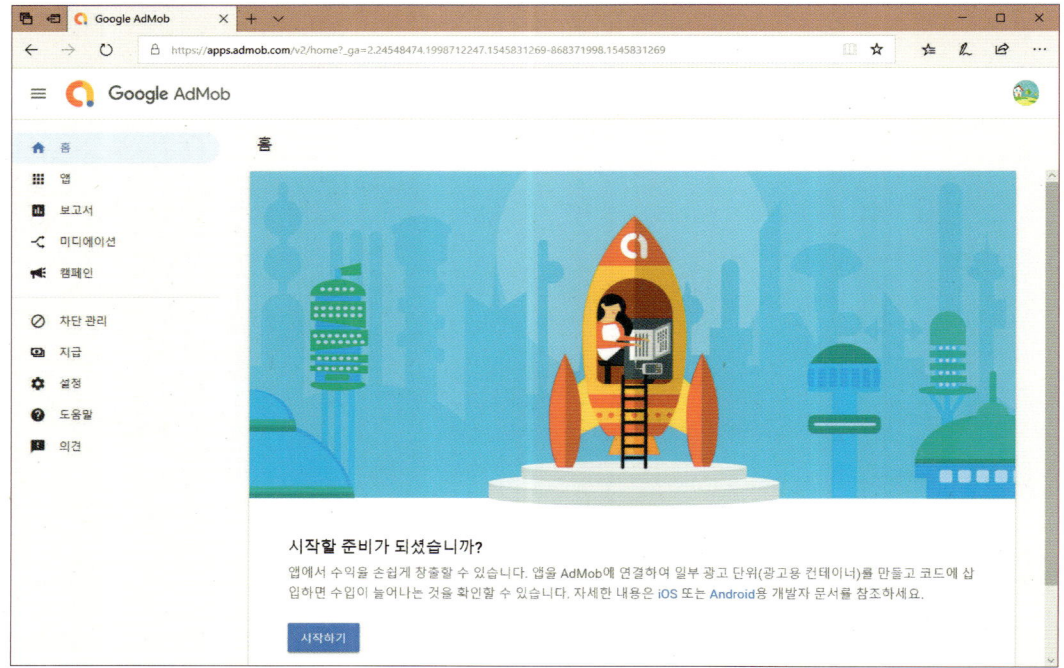

3. 구글 애드몹에서 광고 생성하기

애드몹 계정을 만들었으니 앱에 들어갈 광고를 생성해 보겠습니다. 다음의 과정을 통해 앱에 들어갈 광고를 생성해 봅시다.

01 메인 화면에서 [시작하기]를 클릭합니다.

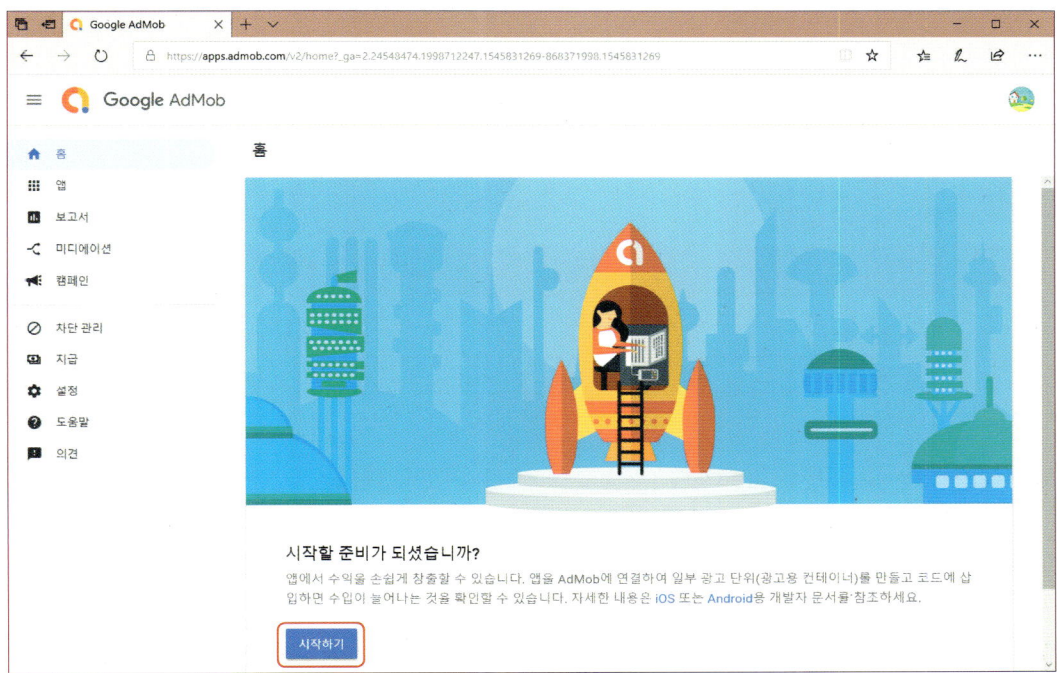

02 다음과 같은 화면이 나타납니다. 아직은 앱을 출시한 상태가 아니기 때문에 여기서는 [아니오]를 클릭합니다.

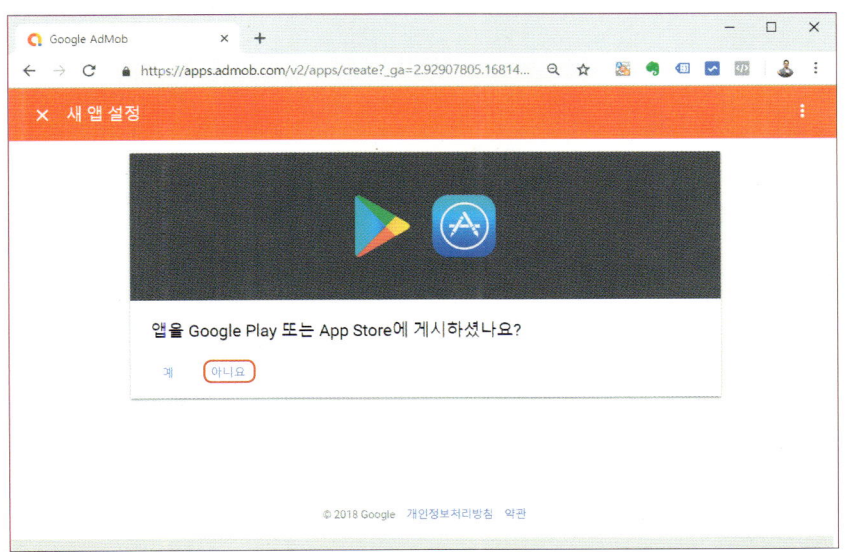

03 앱의 이름을 입력합니다. 여기서 입력하는 앱 이름은 실제 출시될 앱 이름은 아니며 앱 광고를 위한 프로젝트를 만든다고 생각하면 됩니다. 저는 헷갈리지 않게 앱인벤터에서 생성했던 프로젝트 이름과 동일한 이름을 입력했습니다. 여러분도 앱인벤터와 추후 연동할 수 있도록 앱 광고 프로젝트의 이름을 지정하기 바랍니다.

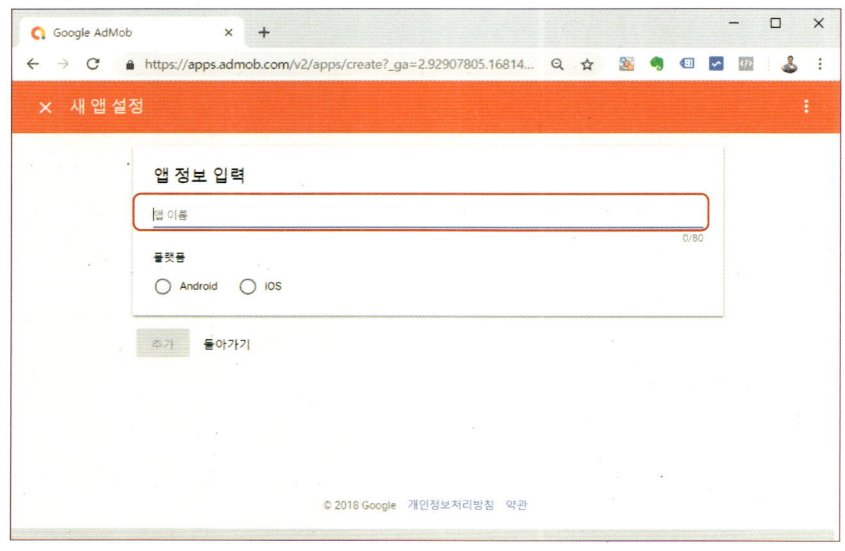

04 앱 정보를 입력하고 플랫폼은 Android를 선택한 다음 [추가]를 클릭합니다.

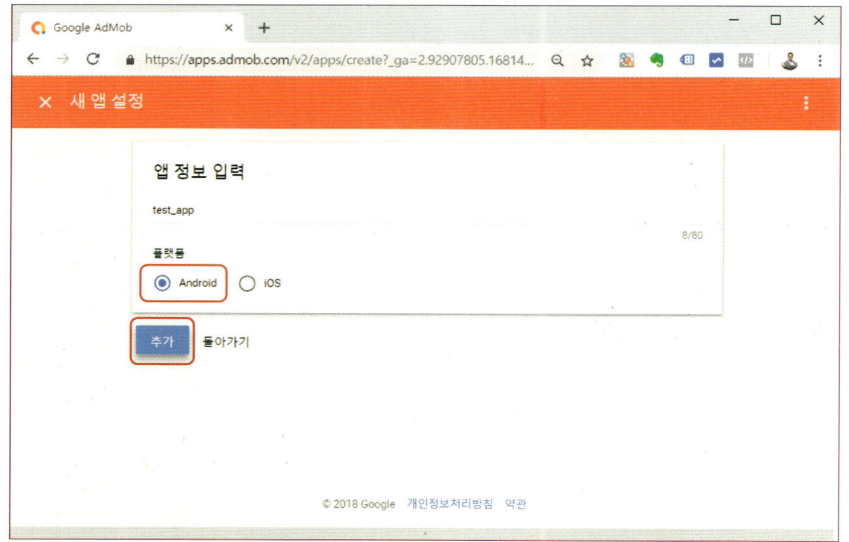

05 앱이 Admob에 추가되었다는 메시지가 나타납니다. 이제 [다음단계:광고 단위 만들기]를 클릭합니다.

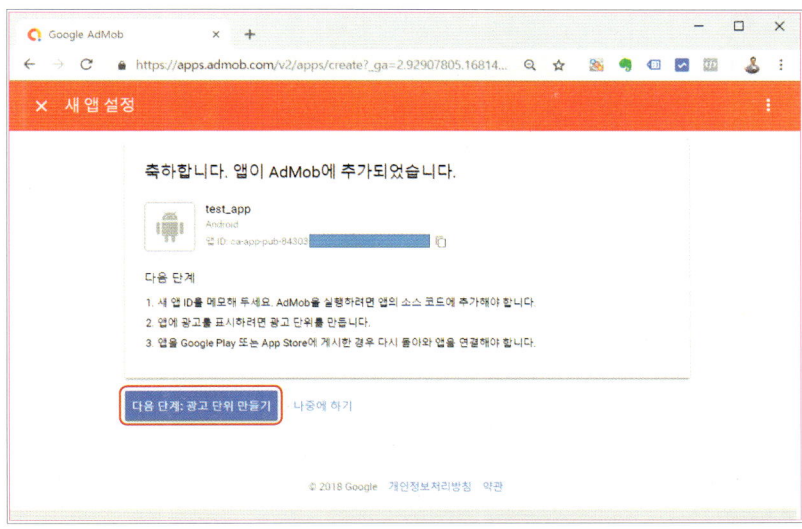

06 배너 광고, 전면 광고, 리워드 광고를 생성할 수 있습니다. 일반적으로 앱에서 보는 광고는 배너 광고와 전면 광고입니다. 리워드 광고는 주로 게임 앱에 사용되기 때문에 우리가 현재 사용할 광고 형태는 아닙니다. 여기서는 먼저 배너 광고를 선택하겠습니다. 배너 광고 아래에 있는 [선택]을 클릭합니다.

07 배너 광고의 이름을 지정하고 [광고 단위 만들기]를 클릭합니다. 고급 설정을 한번 보겠습니다. [고급 설정]을 클릭합니다.

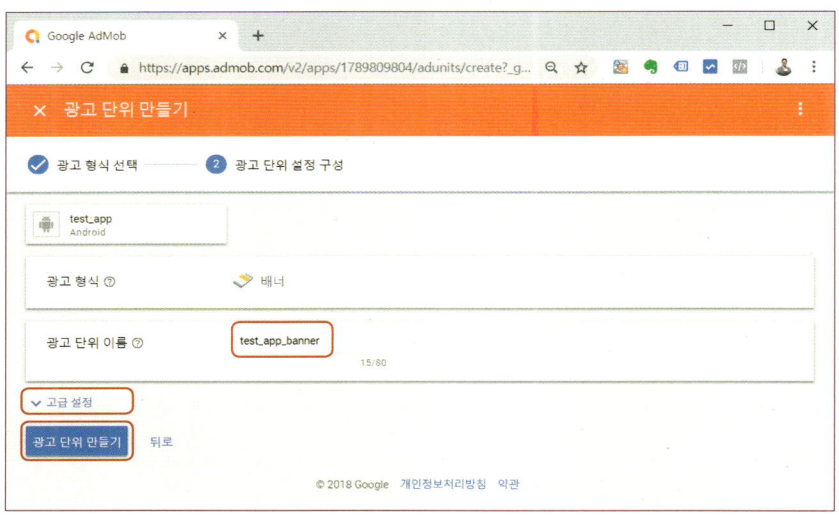

08 고급 설정을 보면 배너 부분에도 텍스트, 이미지, 리치 미디어, 동영상 등을 선택하는 옵션이 있습니다. 디폴트 설정으로 둡니다. 이제 [광고 단위 만들기]를 클릭합니다.

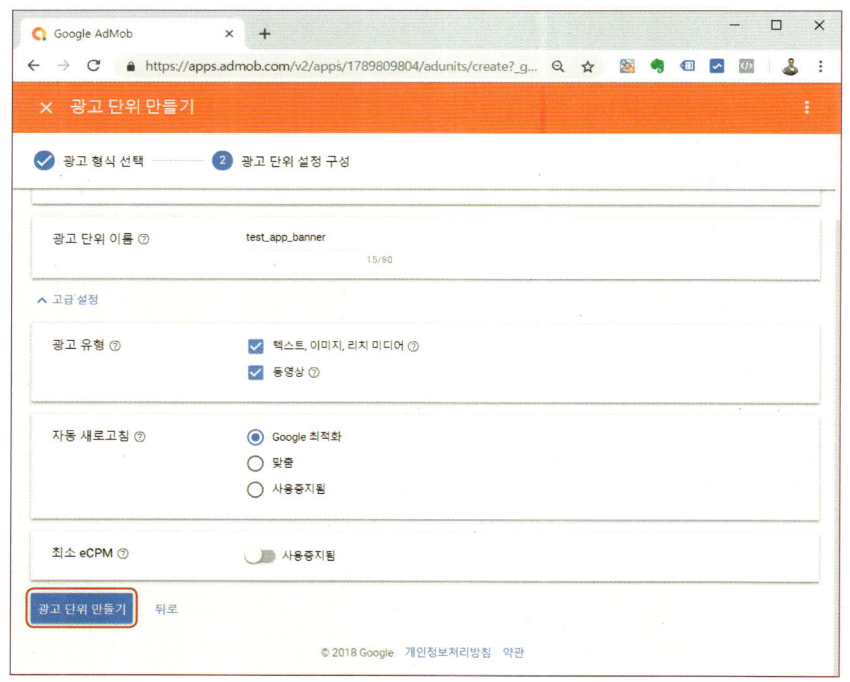

09 광고 코드가 생성됩니다. [완료]를 클릭합니다.

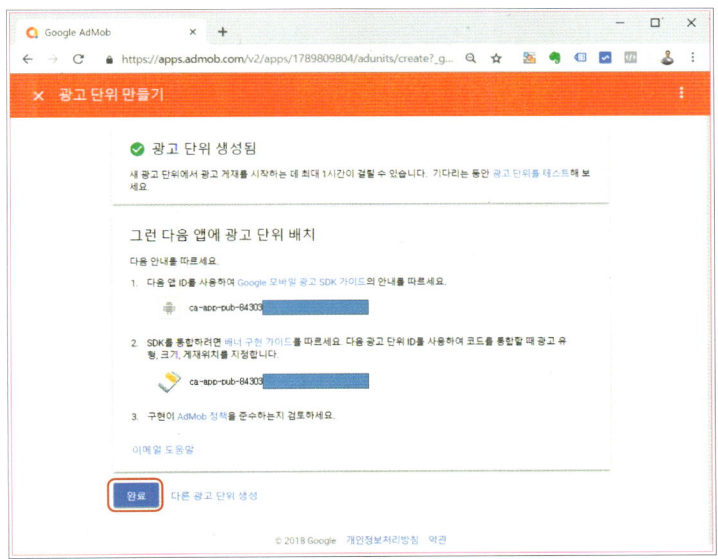

10 배너 광고의 생성이 완료되었습니다.

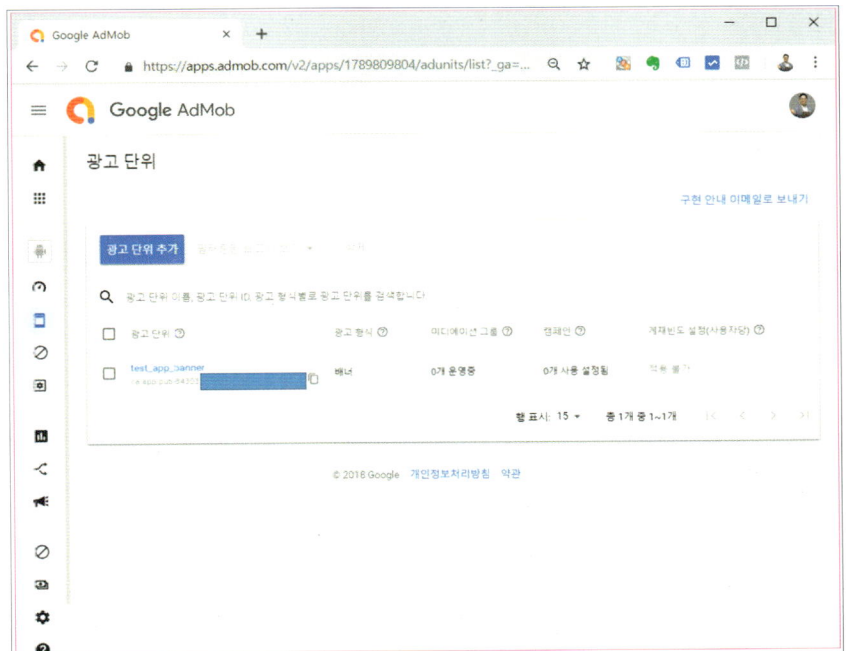

4. 구글 애드몹 광고 컴포넌트를 앱에 삽입하기 - 배너 광고

01 이제 앞에서 만들어진 광고를 앱에 삽입해 보겠습니다. 앱인벤터 프렌즈 플래폼의 화면 아래에서 Monetize 팔레트가 보입니다. Monetize 팔레트를 클릭합니다.

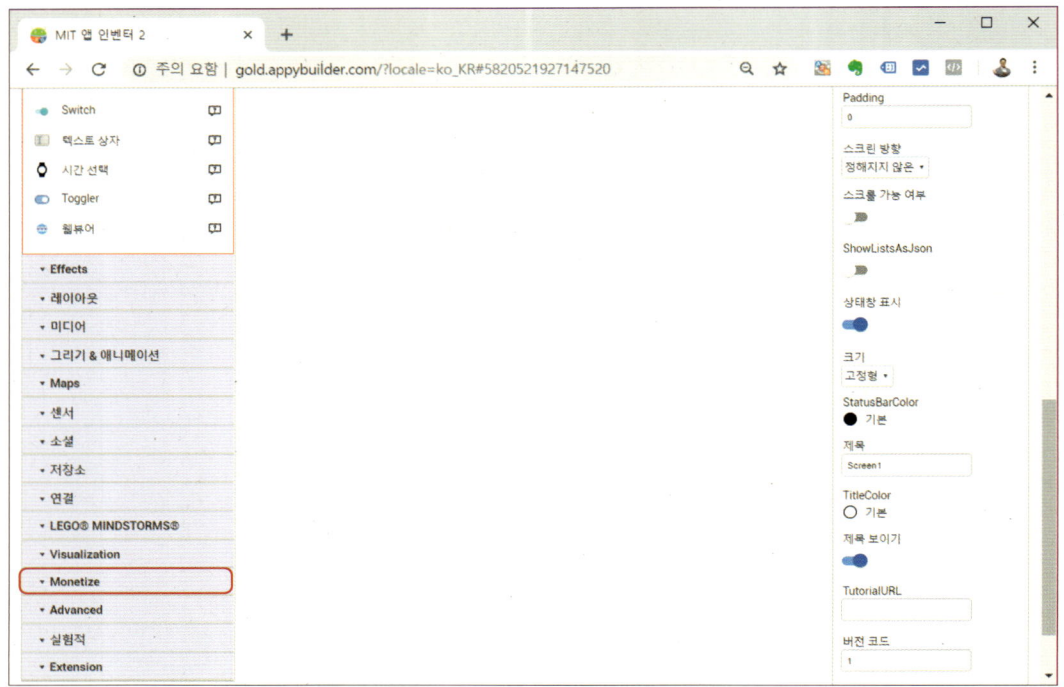

02 [Monetize] 팔레트로 이동하여 [AdMob]이라고 되어 있는 컴포넌트를 아래 화면과 같이 드래그&드롭하여 위치시킵니다. 이 컴포넌트가 배너 광고를 출력할 수 있는 컴포넌트입니다.

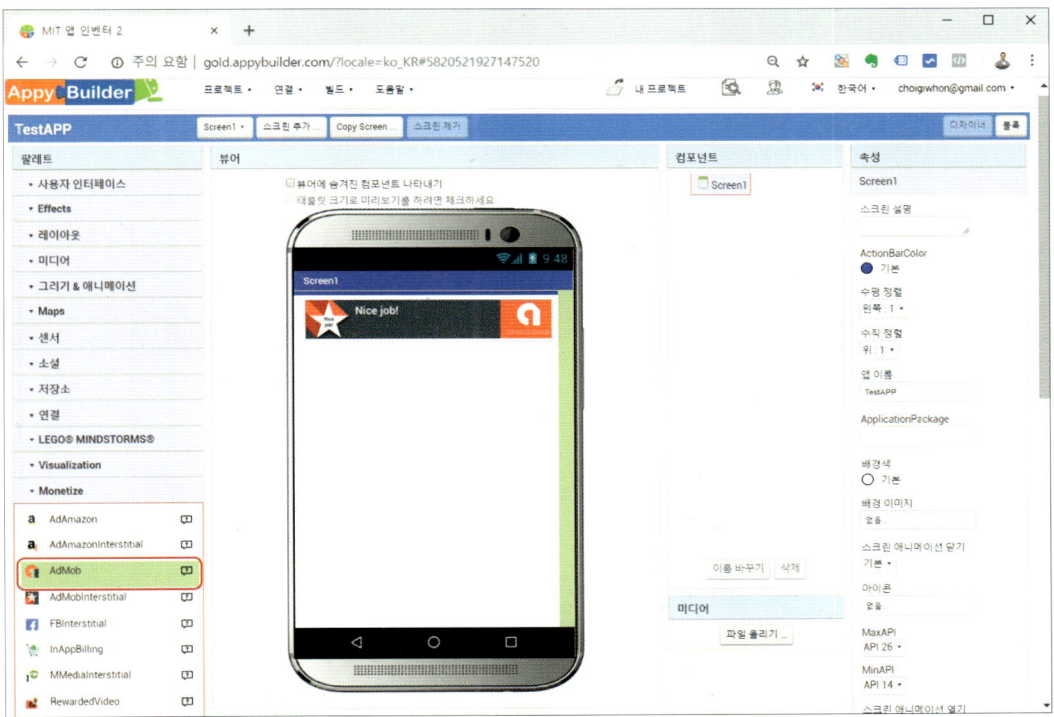

03 배너 컴포넌트를 선택하면 오른쪽과 같은 속성을 볼 수 있습니다.

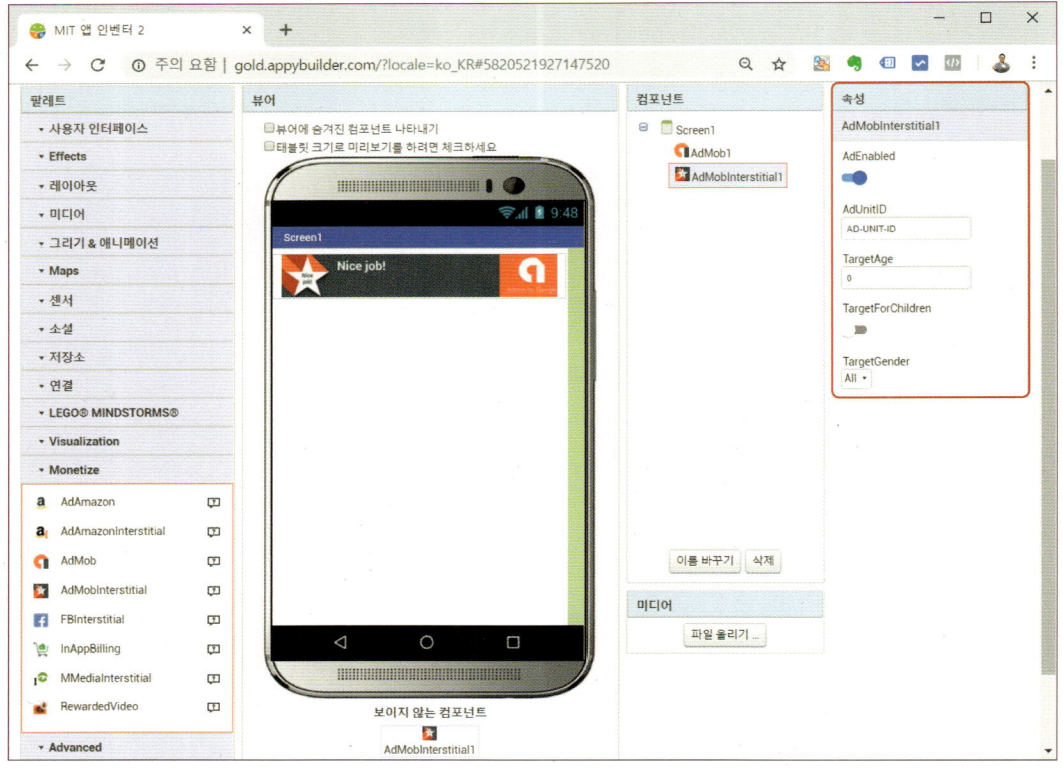

04 배너 컴포넌트에서 주목해야 할 속성은 [AdUnitID] 속성입니다. 여기에 무엇을 넣어야 할까요? 네, 맞습니다. 구글 애드몹에서 생성했던 배너 광고의 '광고 코드 ID'를 넣으면 됩니다. 그렇게 되면 구글 애드몹과 여러분의 앱인벤터 프렌즈 플래폼이 연결되고 이를 통해 앱에서 광고를 송출할 수 있습니다.

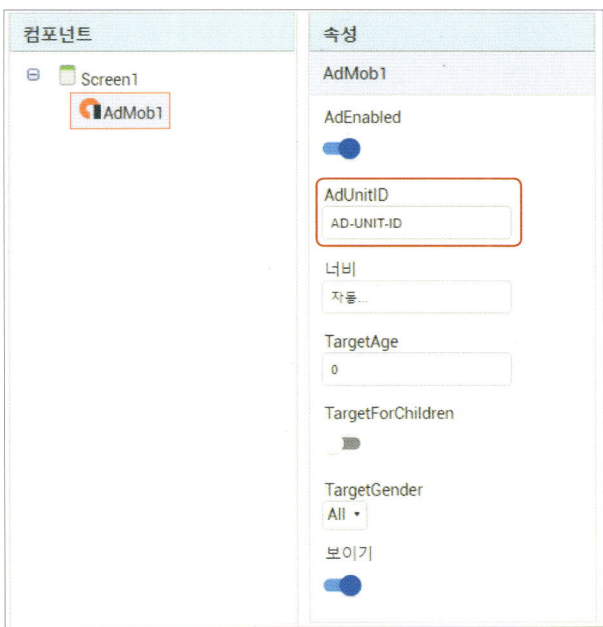

05 Screen1을 클릭합니다.

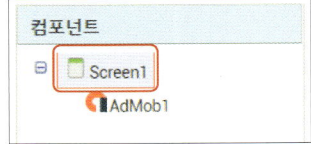

06 Screen1의 속성에서 오른쪽 하단을 보면 [크기] 속성이 있습니다. 현재 이 부분이 '고정형'으로 되어 있을 것입니다. 이 값을 '반응형'으로 변경합니다. 이렇게 크기 속성에 '반응형'으로 설정이 되어 있어야 광고가 출력됩니다. 앱에서 광고가 출력되지 않으면 이 부분이 혹시 '고정형'으로 되어 있지 않은지 확인하기 바랍니다.

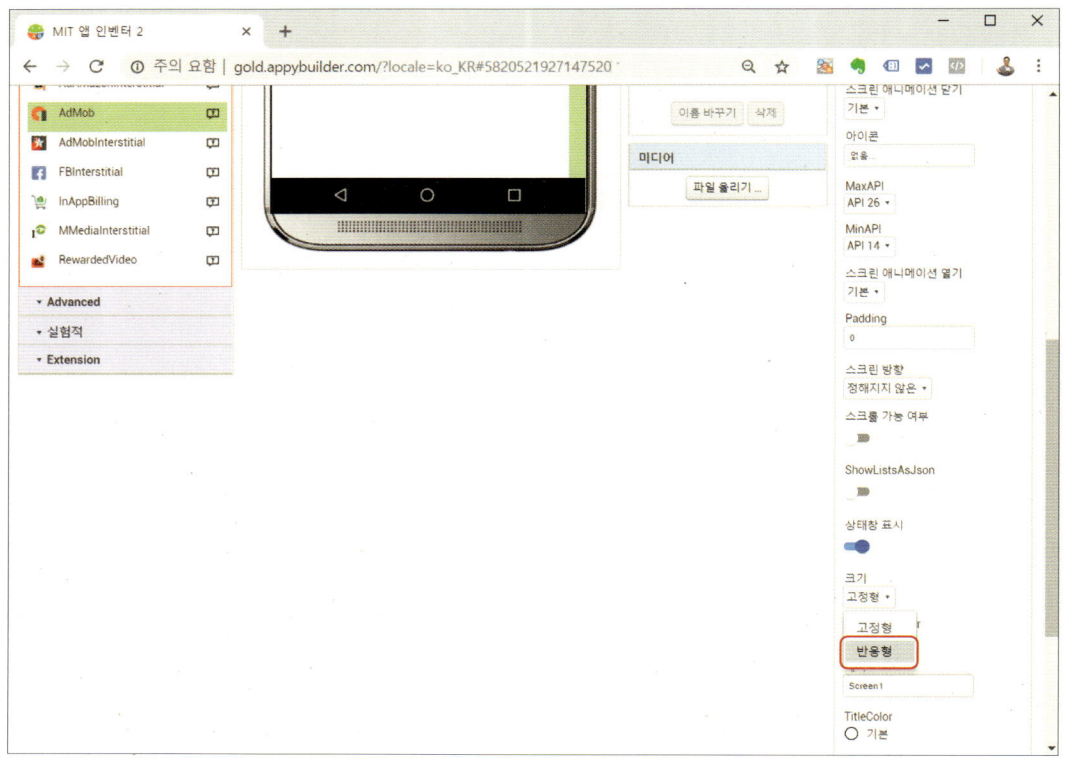

07 아래와 같이 Screen1의 크기 속성이 '반응형'으로 되어 있어야 광고가 정상적으로 출력됩니다.

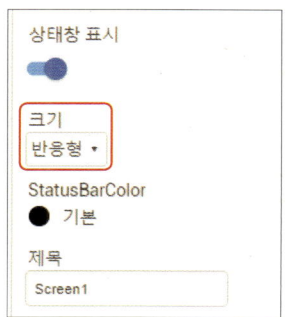

08 구글 애드몹에서 광고 코드를 가져와서 구글 애드몹 배너 컴포넌트에 입력하겠습니다.

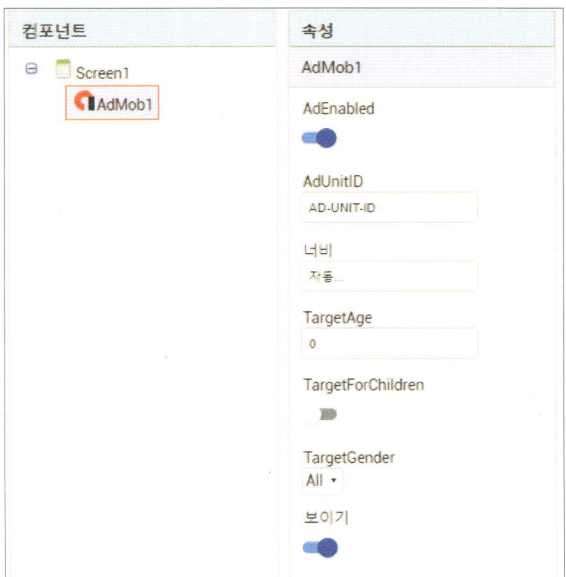

09 구글 애드몹에서 만들었던 배너의 광고 코드를 복사합니다. 아래 화면에서 광고 코드 옆에 있는 겹쳐진 네모 부분을 클릭하면 광고 코드가 복사됩니다. (코드를 드래그해서 복사해도 됩니다.)

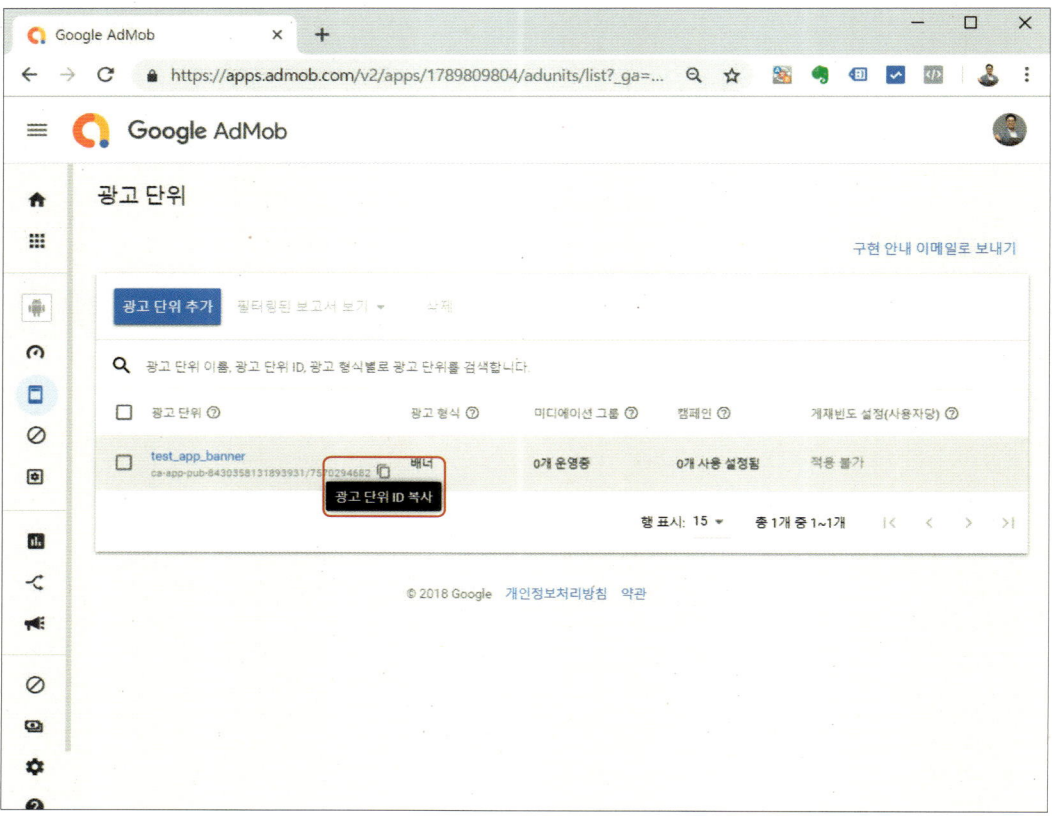

10 appybuilder의 배너 컴포넌트 부분의 [AdUnitID]에 방금 복사한 광고 코드를 붙여넣습니다.

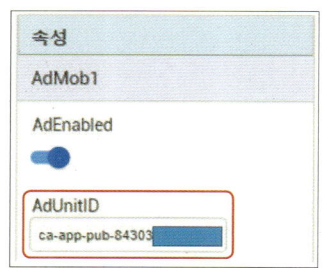

1) 배너 광고 블록 코딩

이제 배너 광고를 스크린에 출력하기 위하여 블록 코딩을 진행해 보겠습니다. 앞서 애드몹으로부터 배너에 광고 ID를 연동하였습니다. 하지만 광고 코드만 넣는다고 해서 곧바로 광고가 출력되는 것은 아닙니다. 앱이 실행되면 광고를 애드몹으로부터 불러와서 앱에 로드시켜야 합니다. 이런 절차를 코딩으로 완성해 주어야 합니다. 아래 절차에 따라서 광고를 앱에 출력시키는 코드를 작성해 보겠습니다.

01 [main] 스크린을 클릭한 다음 블록에서 [언제 main.초기화] 블록을 뷰어 화면으로 드래그&드롭합니다.

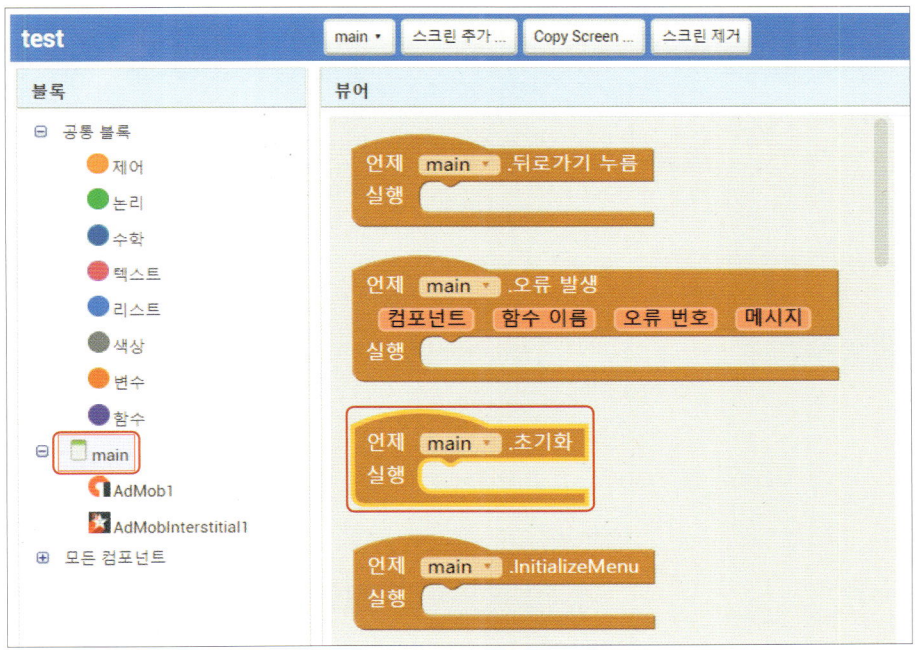

02 [AdMob1]이라고 되어 있는 컴포넌트를 클릭하여 [호출 AdMob1.LoadAd] 블록을 뷰어 화면으로 가져와서 방금 가져왔던 main 스크린 초기화 블록에 연결합니다.

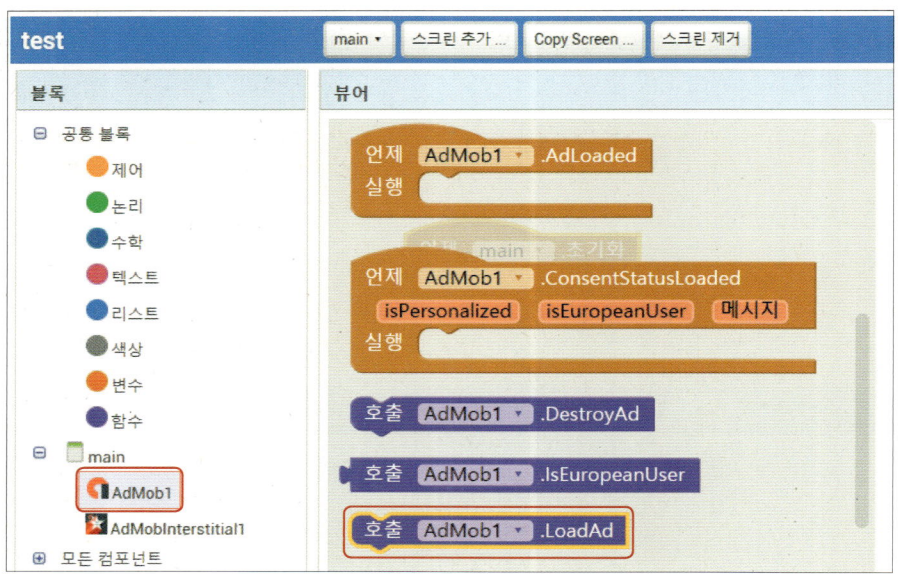

03 아래와 같은 화면이 되면 배너 광고를 출력하기 위한 코드 작성이 완료된 것입니다.

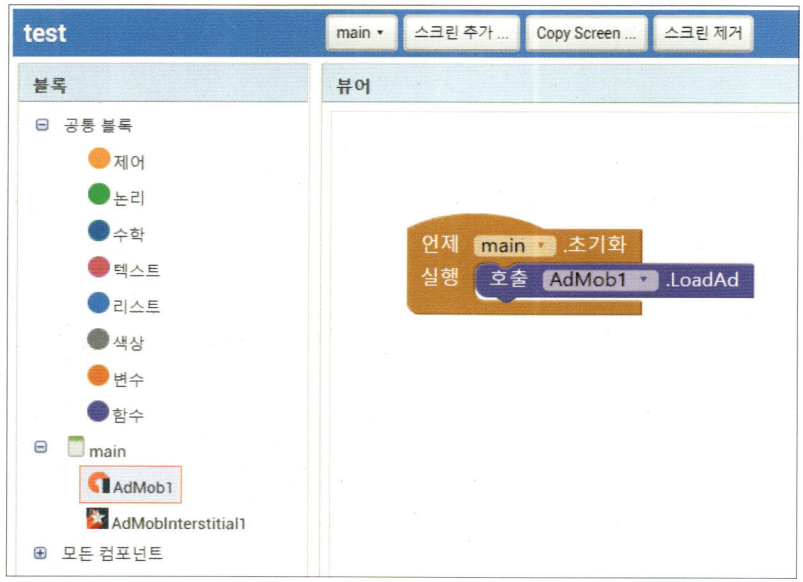

5. 구글 애드몹 광고 컴포넌트를 앱에 삽입하기 - 전면 광고

전면 광고도 배너 광고를 넣을 때와 마찬가지로 진행하면 됩니다. 단지 전면 광고는 배너 광고처럼 화면에 표시되는 컴포넌트가 아니라 숨겨진 컴포넌트로 표시됩니다. 그리고 전면 광고는 배너 광고와는 다르게 광고가 출력되는 부분을 블록 코딩해야 합니다.

01 앱인벤터 프렌즈 플래폼의 화면 아래에서 [Monetize] 팔레트가 보입니다. [Monetize] 팔레트를 클릭합니다. [AdMobinterstitial] 컴포넌트를 화면으로 드래그&드롭합니다.

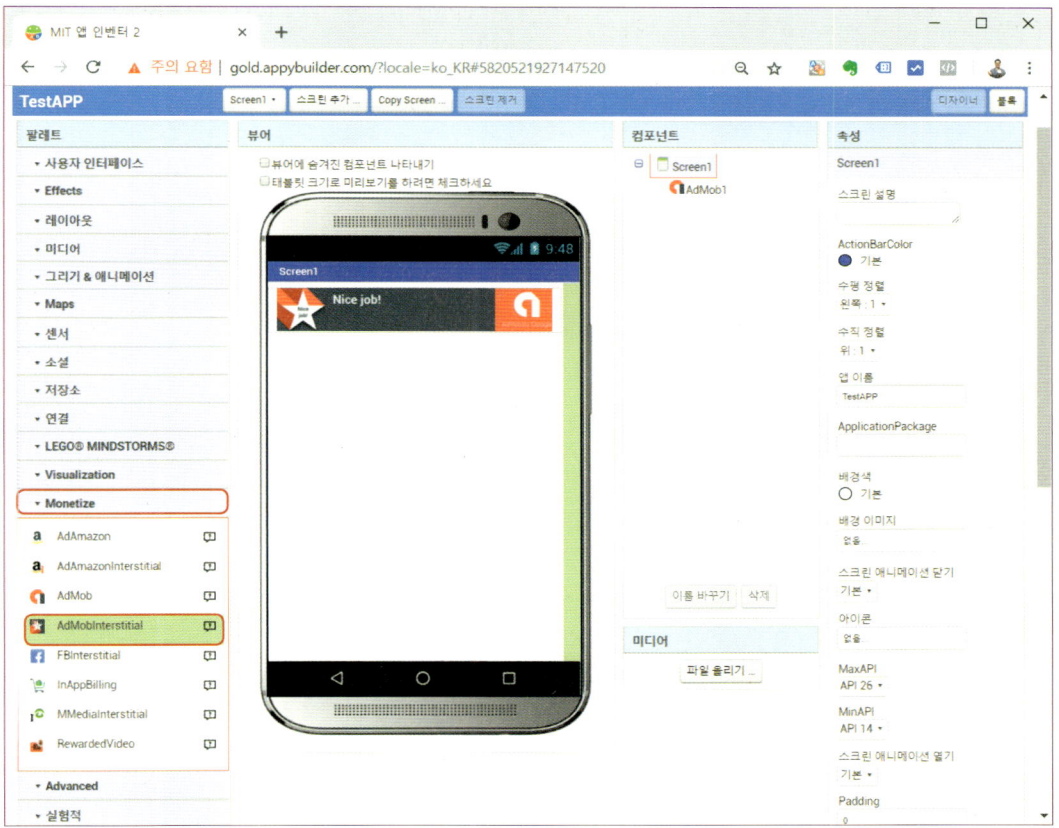

02 [AdMobInterstitial] 컴포넌트는 보이지 않는 컴포넌트 부분에 표시됩니다.

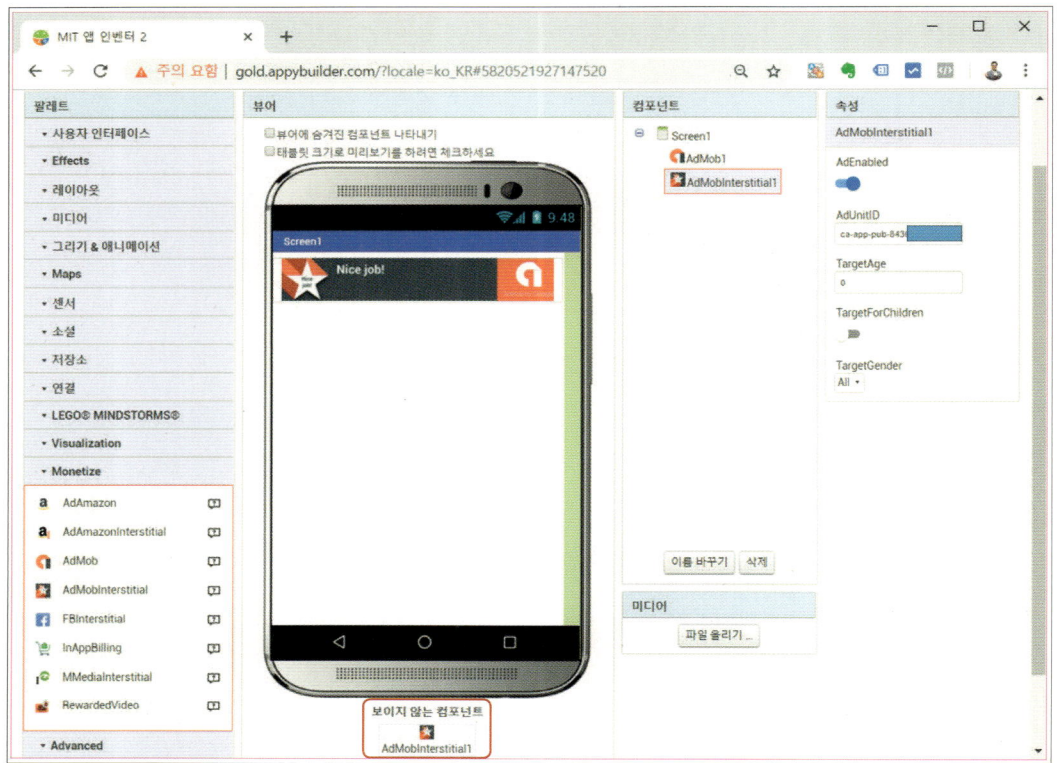

03 구글 애드몹에서 전면 광고를 생성합니다. [광고 단위 추가]를 클릭합니다.

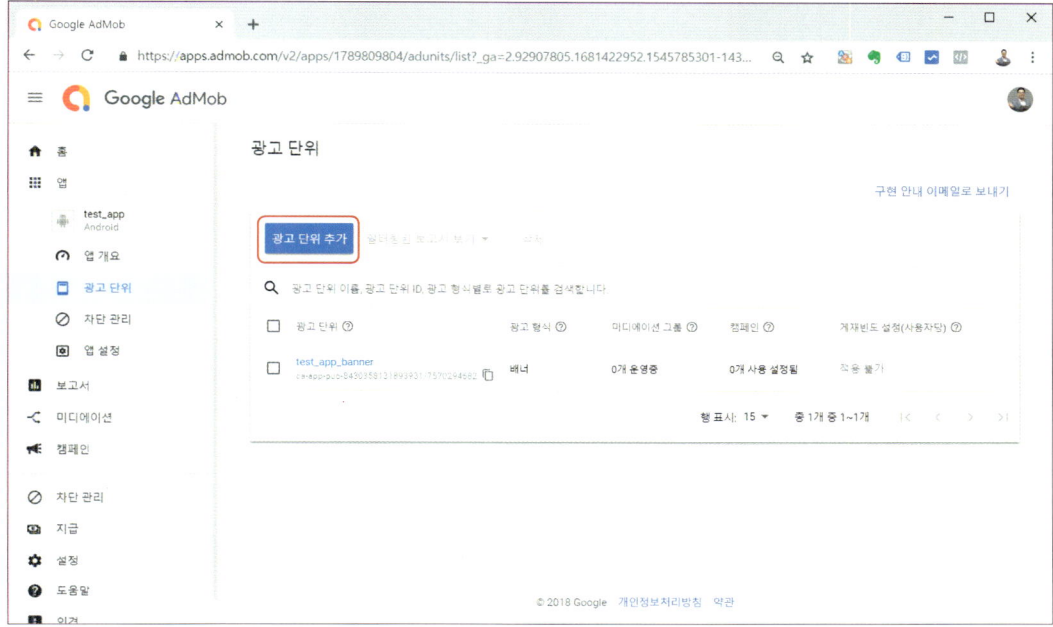

04 광고 단위 만들기에서 전면 광고의 [선택]을 클릭합니다.

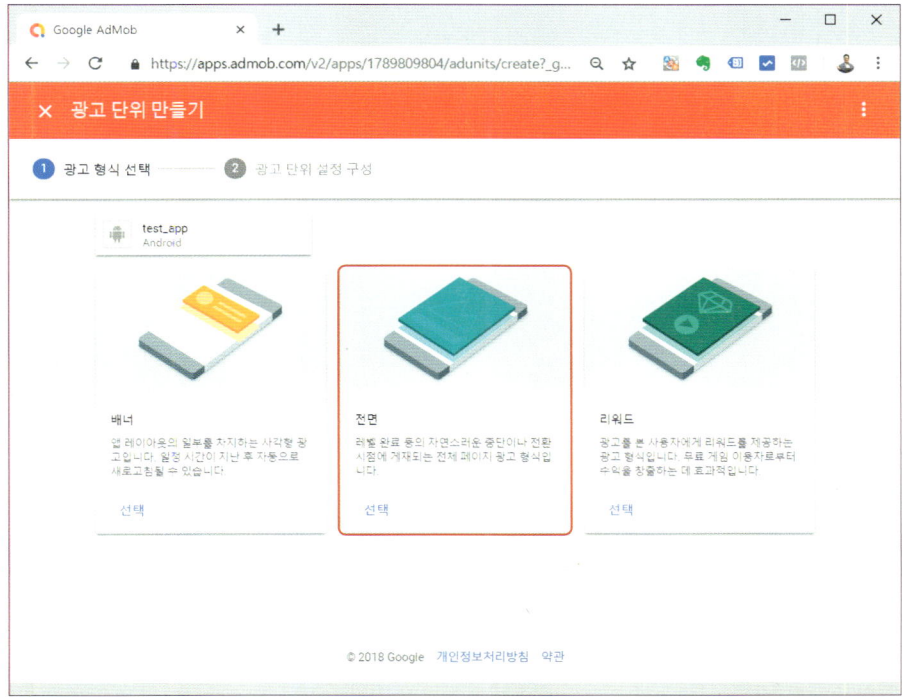

05 전면 광고의 이름을 지정합니다. 여기서는 'test_app_interstitial'이라고 지정하였습니다. 전면 광고를 여러 개 생성하려면 생성하는 앱의 화면 및 배치 위치에 맞게 이름을 생성하는 것이 좋습니다. [고급 설정]을 클릭합니다.

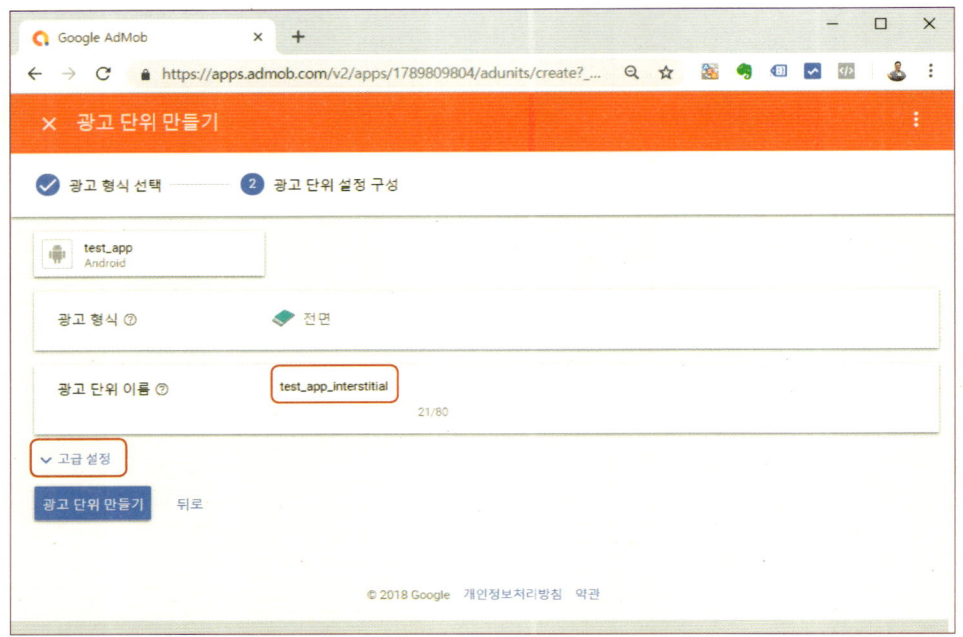

06 고급 설정에는 텍스트, 이미지, 리치미디어, 동영상 등의 항목이 있습니다. 디폴트로 두고 [광고 단위 만들기]를 클릭합니다.

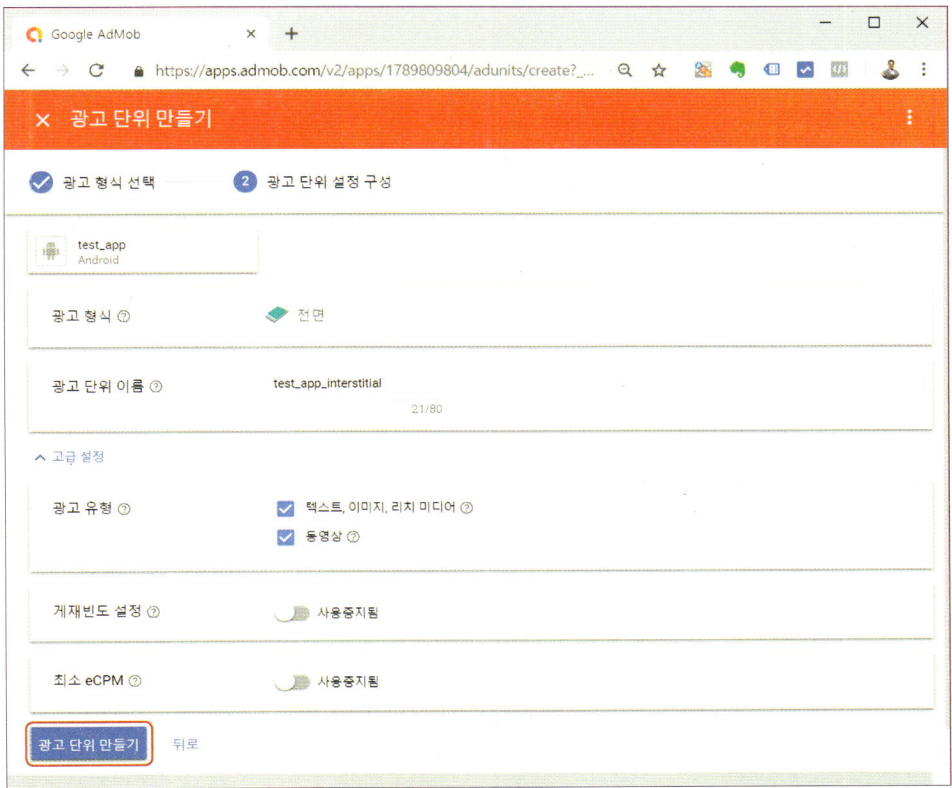

07 광고 단위가 생성되었습니다. [완료]를 클릭합니다.

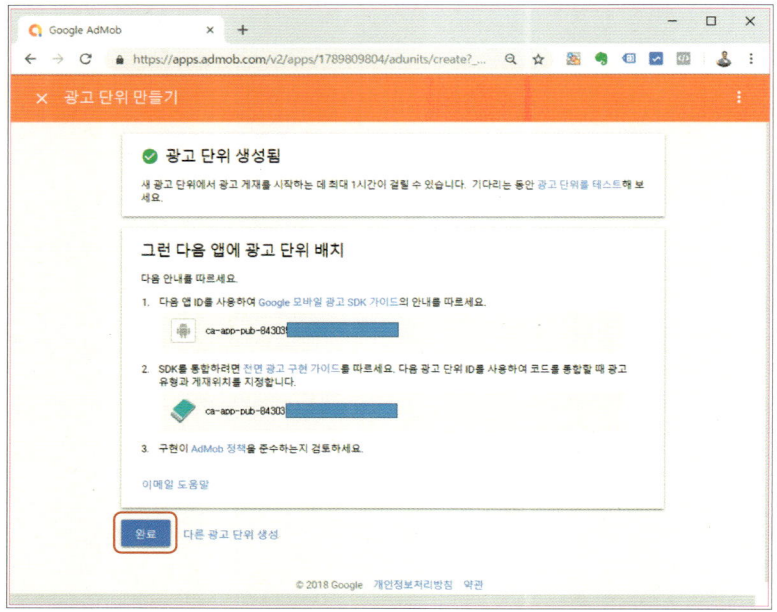

08 배너의 경우와 똑같이 전면 광고의 코드를 복사합니다.

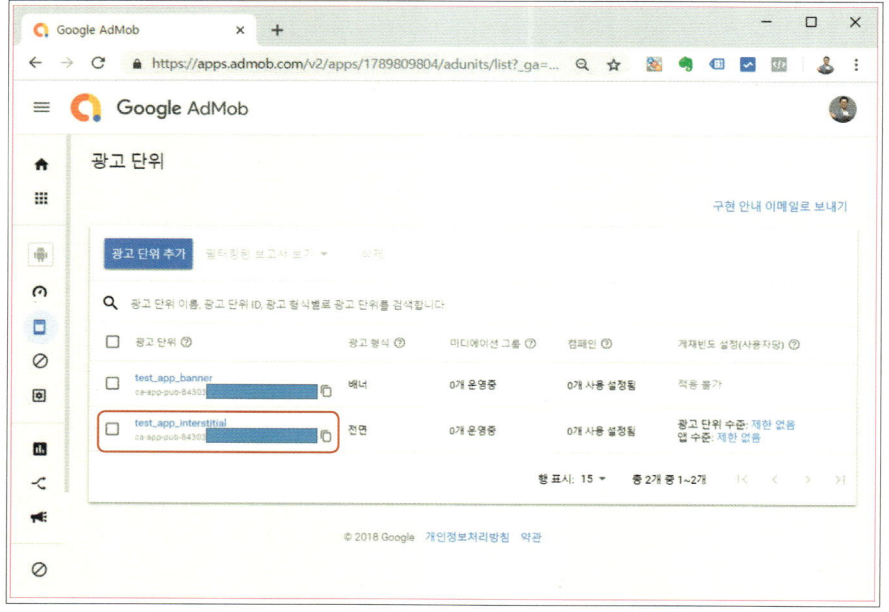

09 [AdMobInterstitial1] 컴포넌트의 [AdUnitID] 속성에 방금 복사한 전면 광고 코드를 붙여넣기 합니다. 혹시 잘못하여 배너 광고의 광고 코드를 넣으면 광고가 정상적으로 출력되지 않으니 반드시 전면 광고의 광고 코드를 넣어야 합니다.

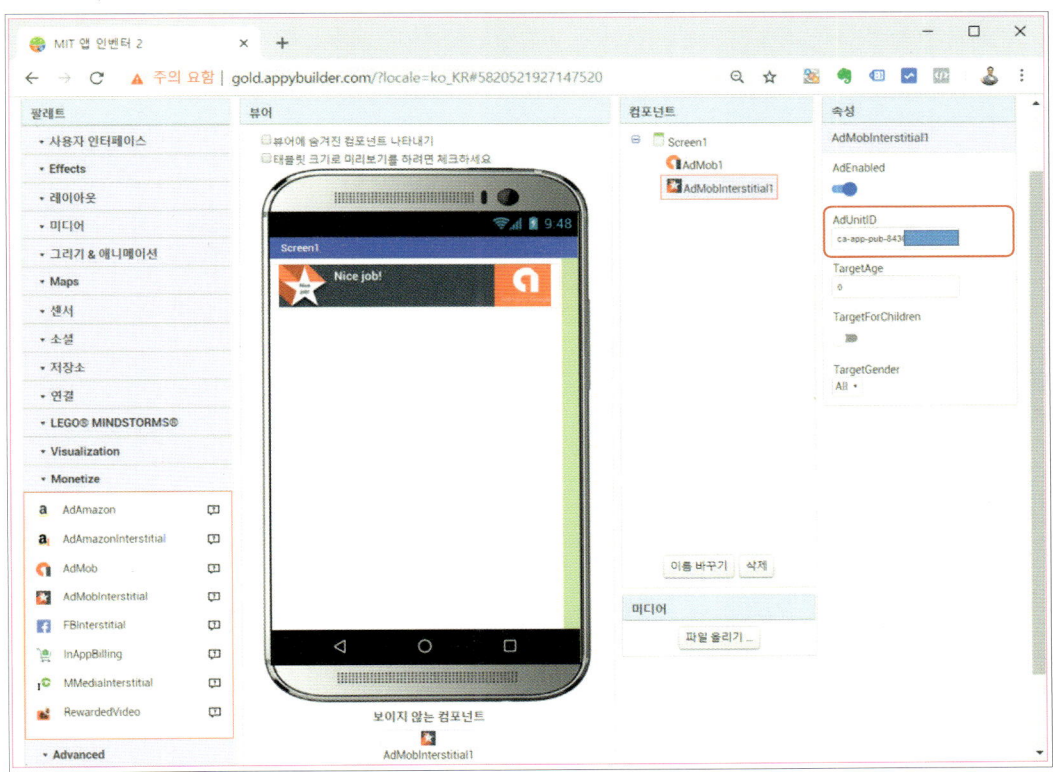

1) 전면 광고 블록 코딩

전면 광고의 블록 코드는 배너 광고보다 약간 복잡합니다. 배너 광고는 단순하게 보여주는 것에서 끝나지만 전면 광고는 보여주어야 하는 타이밍에 맞게 광고를 출력해야 합니다. 이 부분이 어떻게 보면 중요한 부분인데 광고 출력 설계를 잘못하면 구글로부터 제재를 받을 수 있습니다. 더 심각하면 앱이 구글에 의해 한순간에 삭제될 수도 있으며 더 심각한 경우에는 여러분의 구글 계정 자체가 차단될 수도 있습니다. 전면 광고는 지정된 타이밍에만 사용하는 것이 좋습니다.

전면 광고를 사용하기에 가장 좋은 타이밍은 다음과 같습니다.

1. 스플래시 화면이 지나가고 난 후 전면 광고 출력
2. 사용자가 스마트폰의 뒤로가기를 클릭하면 전면 광고 출력하고 종료 메시지 표시

위의 두 가지 외에 나머지 부분에서도 전면 광고를 출력할 수 있습니다. 하지만 여러 가지 경우의 수가 발생하기 때문에 전면 광고는 조심해서 사용하기 바랍니다.

그럼 이제부터 전면 광고 출력 블록 코딩을 진행하겠습니다. 아래의 절차를 따라하기 바랍니다.

01 배너 광고를 이미 붙였으니 아래와 같은 화면이 되어 있을 것입니다. 이 상태에서 [AdMobInterstitial1] 컴포넌트를 클릭합니다.

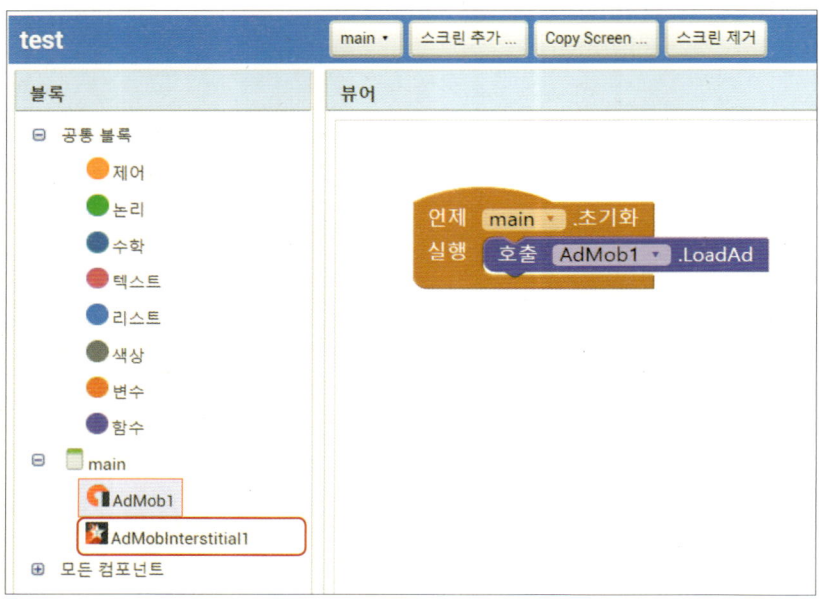

02 클릭하면 아래와 같은 코드들이 보이게 되는데 배너 광고보다는 블록이 많습니다. 여기서 [호출 AdMobInterstitial.LoadAd]를 선택하여 [main.초기화] 블록에 연결합니다.

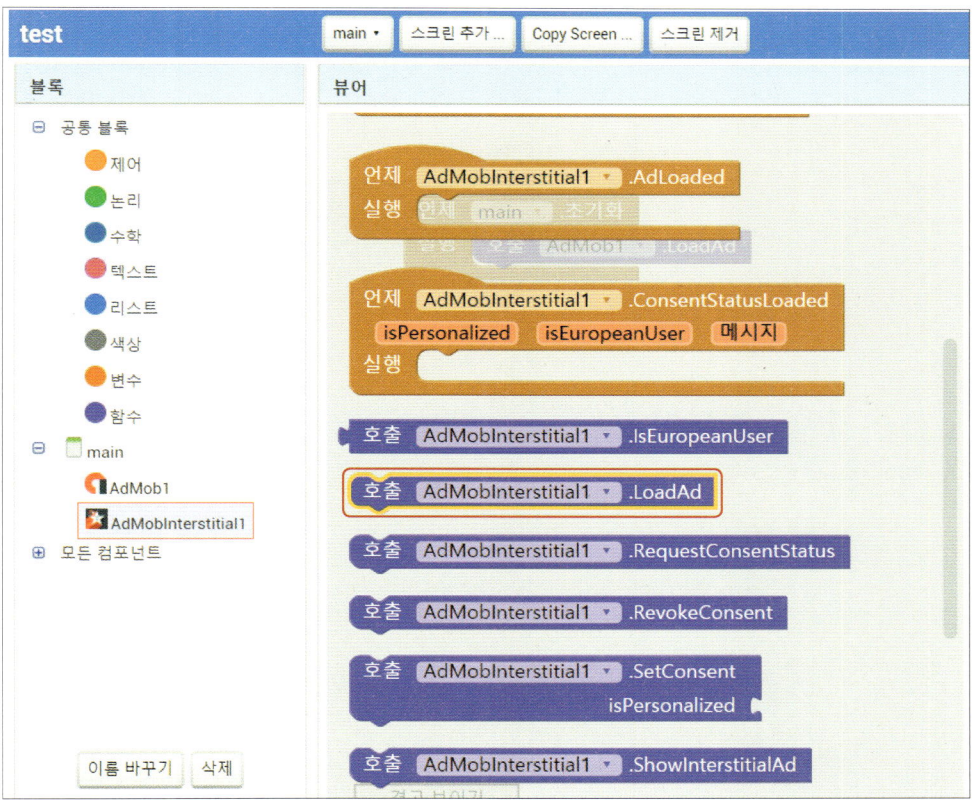

03 아래와 같은 화면이 나오면 됩니다.

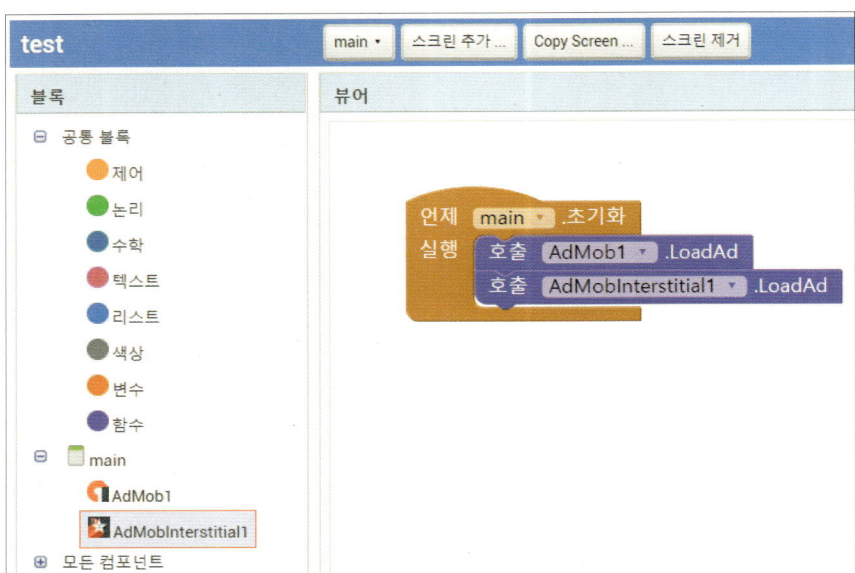

04 이제 다시 [AdMobInterstitial1] 컴포넌트를 클릭합니다. [언제 AdMobInterstitial.AdLoaded] 블록을 선택하여 뷰어 화면으로 드래그&드롭합니다.

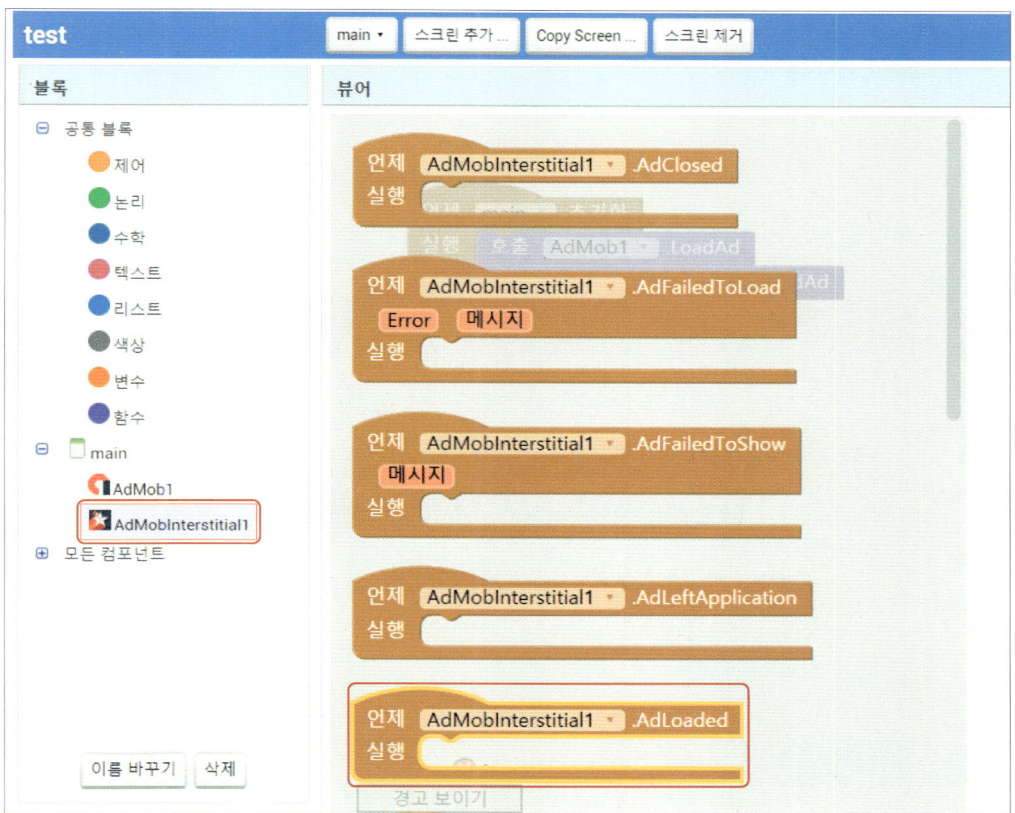

05 다시 한번 더 [AdMobInterstitial1] 컴포넌트를 클릭한 다음 이번에는 [호출 AdMobInterstitial1.ShowInterstitialAd] 블록을 뷰어 화면으로 가져와서 방금 가져온 [언제 AdMobInterstitial1.AdLoaded] 블록에 넣습니다.

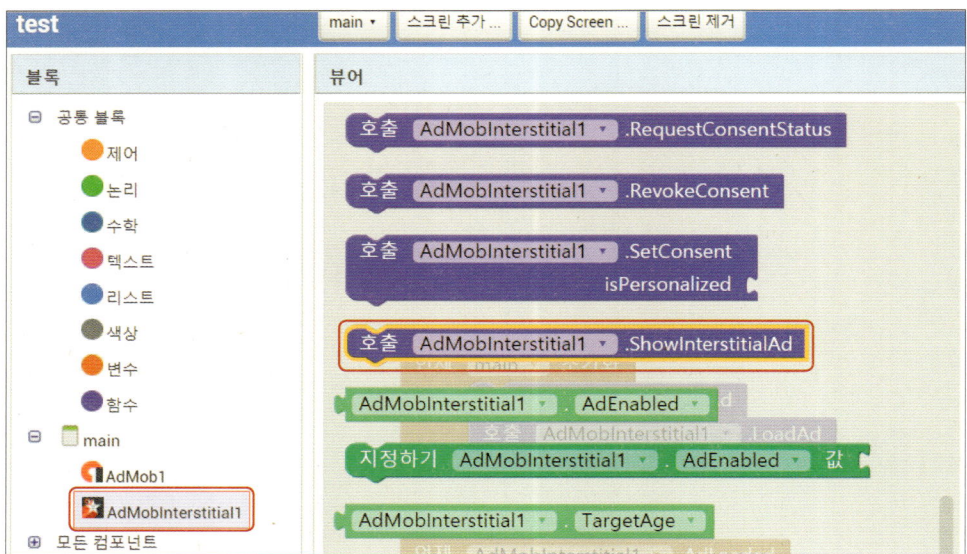

06 아래와 같은 화면이 되면 됩니다.

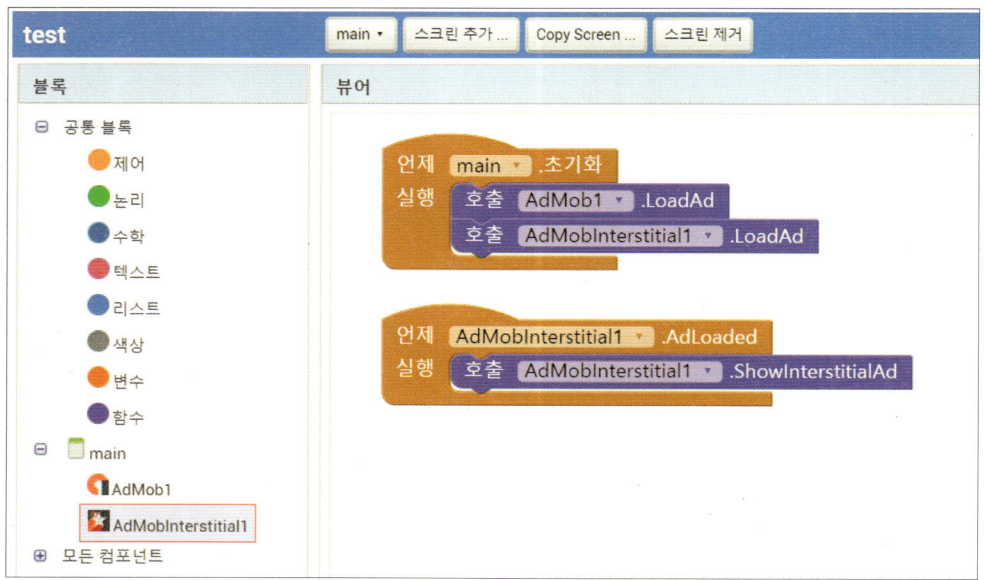

07 또 다시 [AdMobInterstitial1] 컴포넌트를 클릭한 후 이번에는 [언제 AdMobInterstitial1. AdClosed] 블록을 선택하여 화면으로 드래그&드롭합니다.

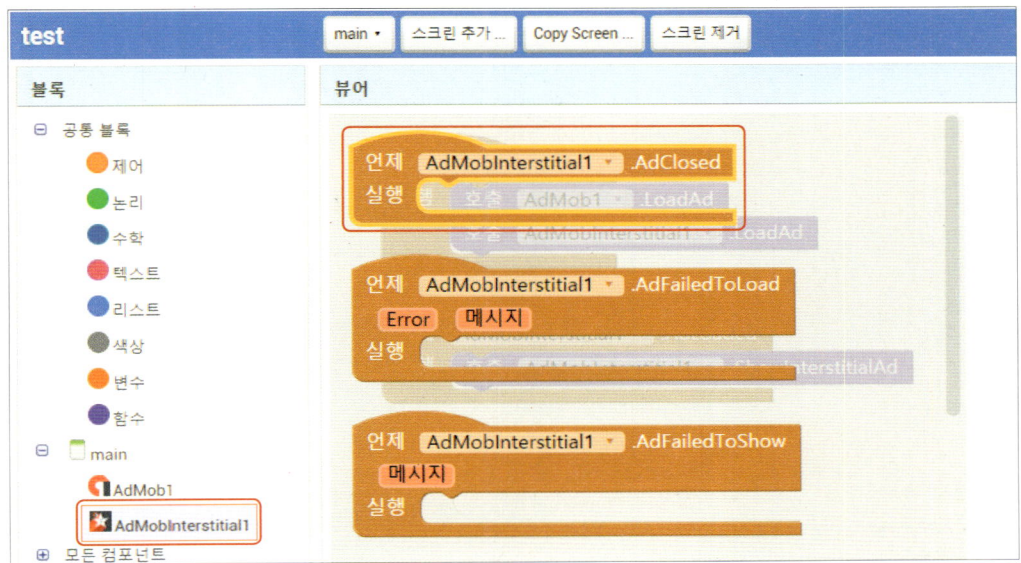

08 다시 [AdMobInterstitial1] 컴포넌트를 클릭한 후 이번에는 [지정하기 AdMobInterstitial1. AdEnabled 값]을 선택하여 방금 가져온 [언제 AdMobInterstitial1.AdCloased] 블록에 넣습니다.

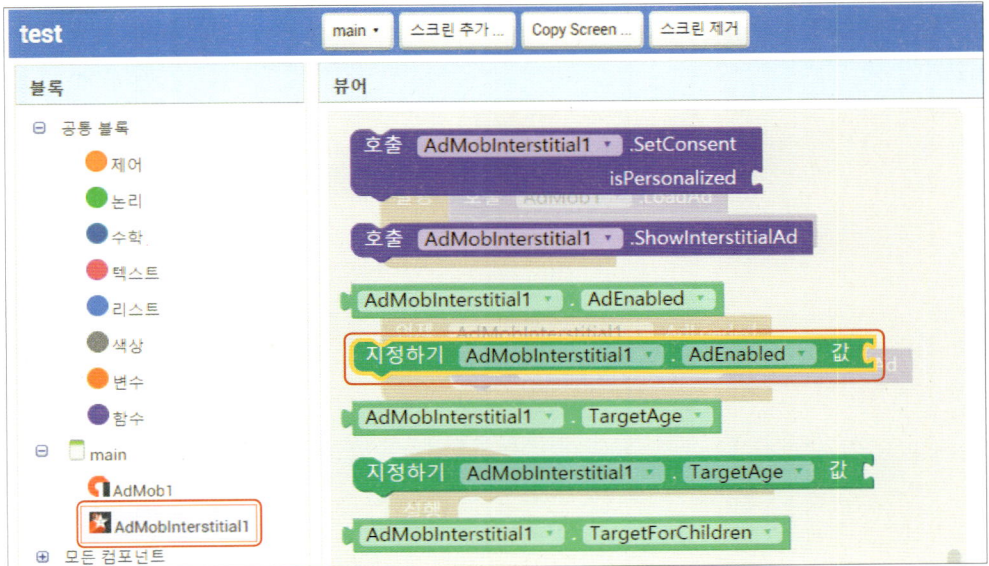

09 마지막으로 논리 블록에서 [거짓] 블록을 [지정하기 AdMobInterstitial1.AdEnabled 값] 뒷 부분에 연결합니다.

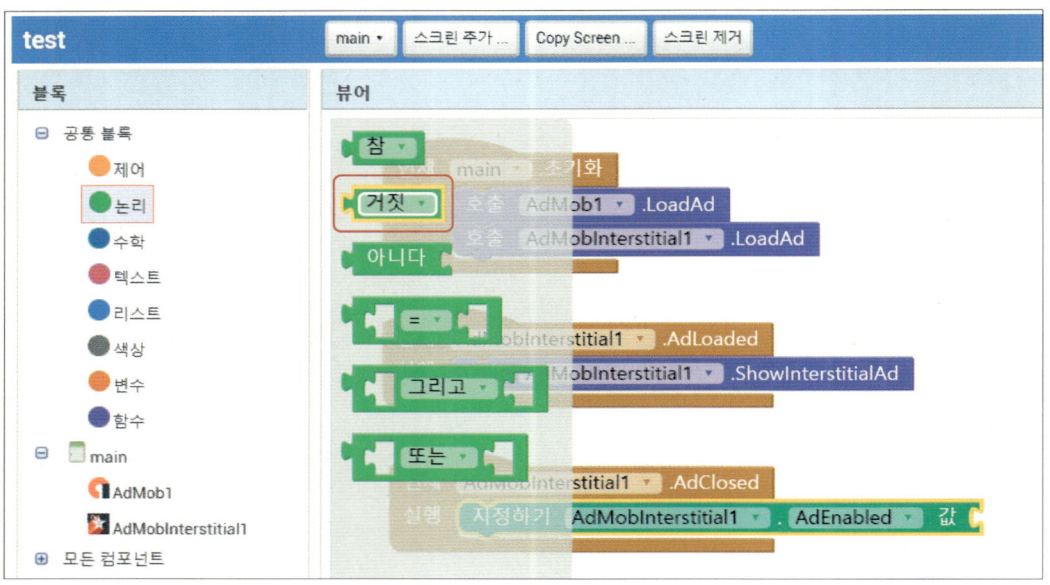

10 최종 작성된 블록 코드는 아래와 같습니다.

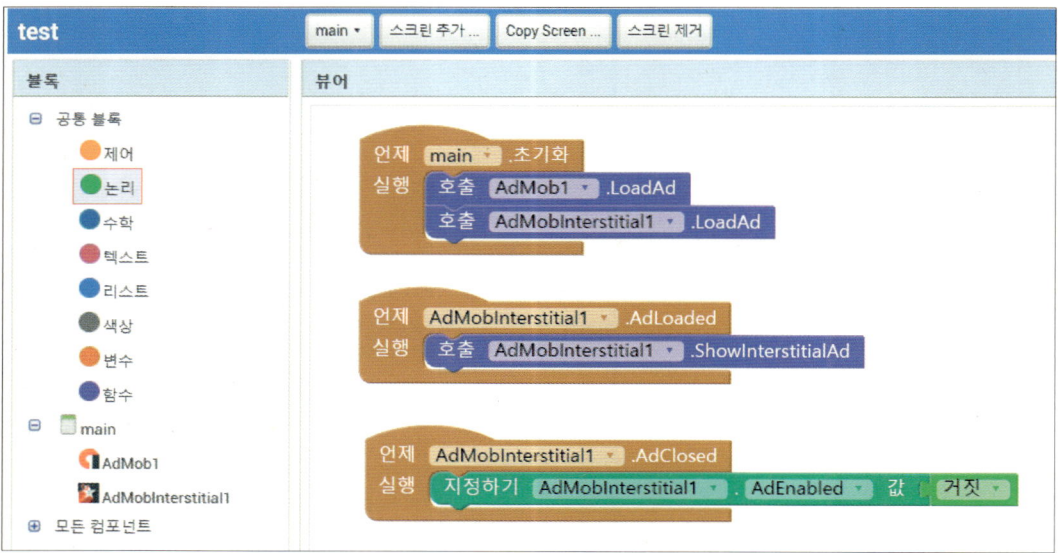

11 위의 상태에서 이제 앱을 빌드하고, 여러분의 스마트폰에 앱을 설치한 다음 광고가 제대로 출력되는지 확인하면 됩니다. 하지만 이제 막 광고 코드를 생성하고 앱에 넣었기 때문에 곧바로 광고가 출력되지는 않습니다. 광고 코드 생성 후 적어도 반나절 정도는 지나야 광고가 제대로 출력됩니다.

6. 앱 광고 테스트하기

앞선 과정까지 앱에 광고를 삽입하고 블록 코드까지 작성하여 광고를 앱에 적용하였습니다. 하지만 위에서 언급한 대로 이제 막 광고 코드를 생성하고 앱에 넣었기 때문에 곧바로 광고가 출력되지는 않습니다. 광고 코드 생성 후 적어도 반나절 정도는 지나야 광고가 제대로 출력됩니다. 하지만 광고가 제대로 출력되는지 확인하고 싶을 것입니다.

그래서 구글에서는 광고가 앱에 제대로 출력되는지를 확인하기 위한 테스트 광고를 제공하고 있습니다. 이 테스트 광고는 구글 애드몹을 통한 실제 광고 송출이 아니라 구글에서 미리 만들어 놓은 테스트 광고를 실행할 수 있도록 해 놓은 것입니다. 따라서 본 테스트 광고를 앱에 삽입하여 테스트해 보고 정상적인 출력 결과를 얻은 다음 앱에 실제 광고를 연결하면 됩니다.

그럼, 이제부터 테스트 광고를 출력하는 과정에 대해 살펴보겠습니다.

1) 테스트용 광고 ID 삽입하기

01 구글에서 'admob test ad id'를 검색합니다. 아래 나온 링크를 클릭합니다.

02 클릭하면 아래와 같은 구글 애드몹 테스트 광고 페이지가 나타납니다.

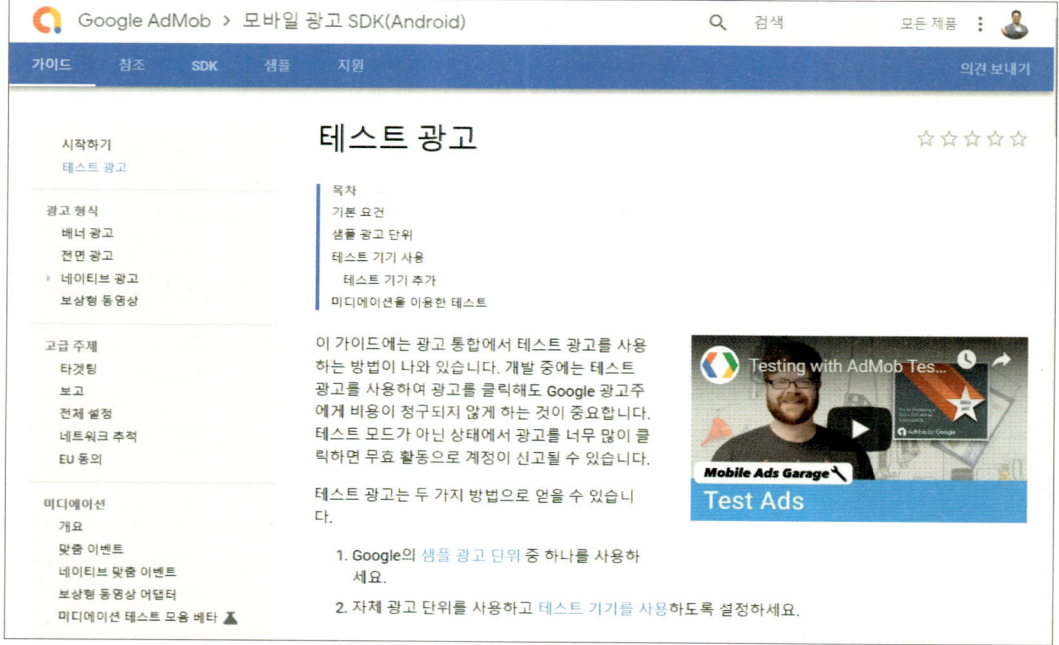

03 아래쪽으로 스크롤하면 다음과 같은 화면이 보일 것입니다. 이 샘플 광고 단위의 광고 코드를 실제 광고 코드로 대체하면 됩니다. 위에서 이미 실습을 하셨으니 코드를 삽입하는 것은 그리 어렵지 않을 것입니다.

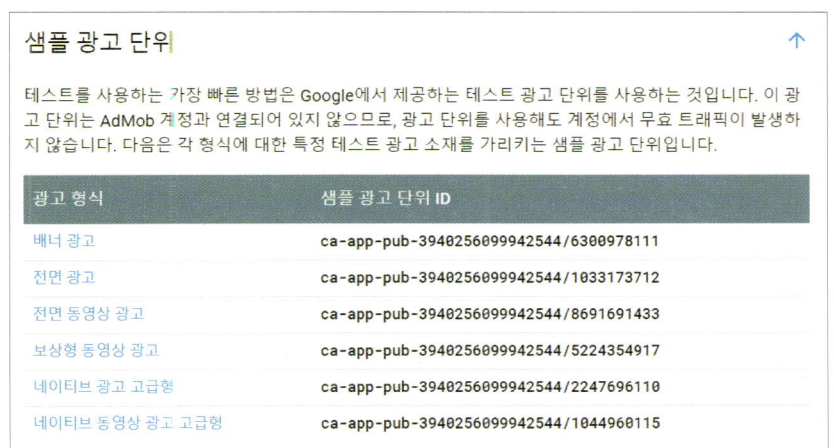

2) 광고 테스트용 앱 빌드 및 테스트하기

이제 테스트 광고 ID를 삽입하였으니 테스트 광고가 제대로 출력되는지 테스트하겠습니다.

아래 과정은 반드시 [빌드] 메뉴의 [앱(.apk)용 QR코드 제공] 혹은 [앱(.apk)를 내 컴퓨터에 저장하기] 메뉴를 통해 실제 여러분의 스마트폰에 앱을 설치하여 확인해야 합니다.

01 빌드 메뉴에서 두 가지 중 하나를 선택하여 앱을 스마트폰에 설치합니다.

02 앱을 실행하여 테스트 광고가 정상적으로 출력되는지 확인합니다.

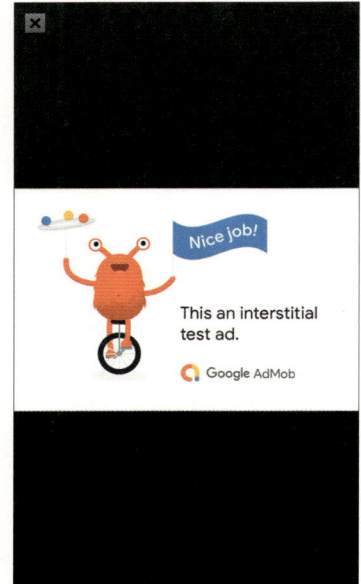 

5장
무료 푸시 메시지 연동

푸시 메시지는 스마트폰에 이미 설치된 앱에 보내는 메시지로 앱 관리자가 앱 사용자들에게 보내는 메시지입니다. 앱의 업데이트 혹은 앱에 새로운 기능이 추가되었을 때 앱 사용자들에게 알리는 역할을 합니다. 이러한 푸시 메시지는 무료 앱에 있어서 반드시 필요한 기능입니다. 특히 광고 수익을 목적으로 하는 우리의 경우에는 더욱 더 이 푸시 메시지 기능이 필요합니다. 푸시 메시지 기능을 통해 앱을 사용하고 있는 유저들에게 앱을 한번 더 구동하도록 요청할 수 있기 때문입니다.

그런데 이러한 푸시 메시지 기능을 앱에 넣으려면 어떻게 해야 할까요? 결론적으로 말씀드리면 약간 복잡한 절차를 거쳐야 합니다. 앞 장에서 배웠던 여러 가지 앱 인벤터 프렌즈에서 자체 컴포넌트를 제공하고 있지만 푸시 메시지를 곧바로 사용할 수 있는 것은 아닙니다. 그렇다면 어떻게 해야 할까요? 이제부터 그 방법을 하나씩 살펴보겠습니다.

푸시 메시지를 사용하기 위해서는 두 가지를 먼저 알아야 합니다.

첫 번째, 무료 푸시 메시지 솔루션입니다.

앱에 푸시 메시지를 연동하려면 별도의 푸시 메시지 솔루션과 연동해야 합니다. 당연히 푸시 메시지를 제공하는 무료 플랫폼이 존재합니다. OneSignal이라는 플랫폼입니다. 이 OneSignal 플랫폼에 각자의 계정을 만들고 거기서 푸시 메시지를 여러분이 만든 앱으로 전송하면 되는 것입니다.

두 번째, Firebase입니다.

첫 번째 과정인 OneSignal만 알면 되는 것일까요? 유감스럽게도 OneSignal만 알아서는 앱에 푸시 메시지를 연동하지 못합니다. 그래서 중간에 연결하는 매개체가 되는 플랫폼이 또 하나 존재합니다. 이것이 바로 구글에서 제공하는 Firebase 플랫폼입니다. OneSignal에서 푸시 메시지를 전송하면 Firebase에서 이를 받아서 우리 앱으로 푸시 메시지를 전송하는 방식입니다.

앱인벤터 프렌즈를 통해 앱에 푸시 메시지를 연동하는 전체 프로세스를 간략하게 알아보겠습니다. 푸시 메시지를 연동하는 절차는 크게 다음 9 단계를 거칩니다.

1. push_test 이름으로 앱 만들기
2. One Signal 컴포넌트 넣기
3. One Signal 사이트로 이동하여 신규 계정 등록
4. One Signal 사이트의 정보를 복사

5. Firebase 사이트로 이동하여 계정 생성

6. Firebase에 One Signal 정보를 입력

7. One Signal에서 출력된 최종 APP ID를 복사

8. AppyBuilder의 One Signal 컴포넌트에 있는 APP ID에 입력

9. Push 테스트

그럼, 이제부터 하나씩 살펴보도록 하겠습니다.

1. 푸시 메시지 연동하기

01 'push_test'라는 Push 테스트 앱 프로젝트를 생성합니다.

02 팔레트의 Advanced로 이동하여 OneSignalPush라는 컴포넌트를 찾아 화면으로 이동시킵니다. 이 컴포넌트는 보이지 않는 컴포넌트로 동작합니다. 첫 번째 스크린인 Screen1에 OneSignalPush 컴포넌트를 포함시킵니다.

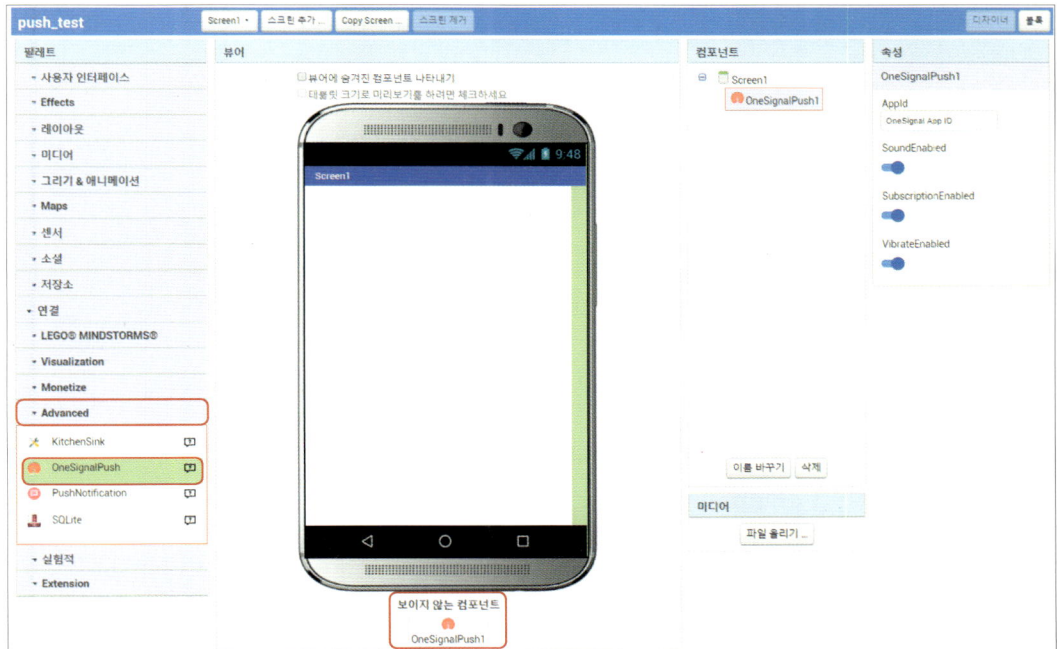

03 이제 OneSignal 사이트로 이동합니다. 구글에서 'One Signal'로 검색합니다. 아래 사이트에서 가장 위에 나오는 OneSignal 사이트를 클릭합니다.

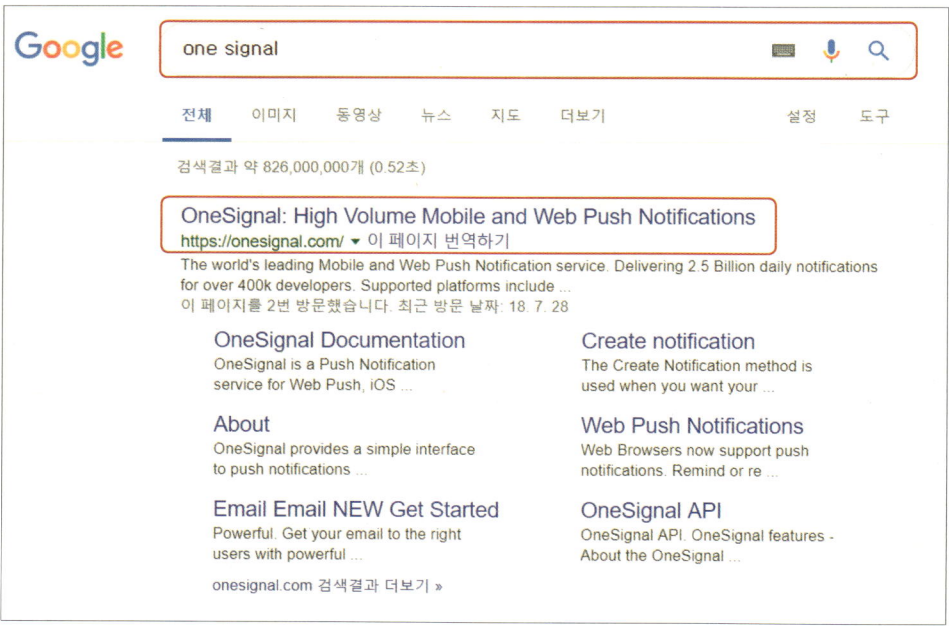

04 아래와 같이 OneSinal 사이트가 나오면 [LOG IN]을 클릭합니다.

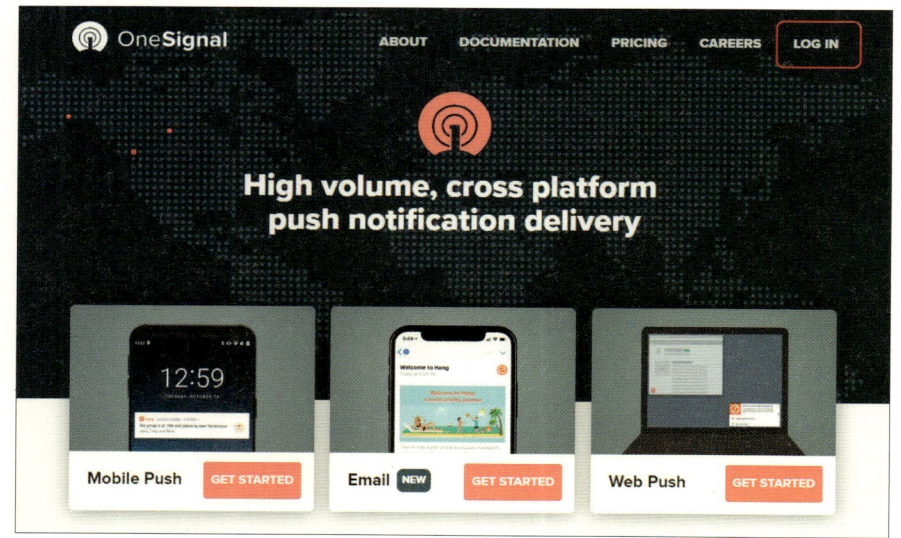

05 현재 OneSignal 사이트에 로그인할 수 있는 계정이 없기 때문에 계정 생성 화면이 나옵니다. [Using Google]을 클릭합니다. 크롬에서 현재 구글에 로그인되어 있는 상태라면 자동으로 인증해서 로그인이 될 것입니다. 또는 아래에 나와 있는 것처럼 새로운 이메일과 패스워드를 입력하여 계정을 생성해도 됩니다.

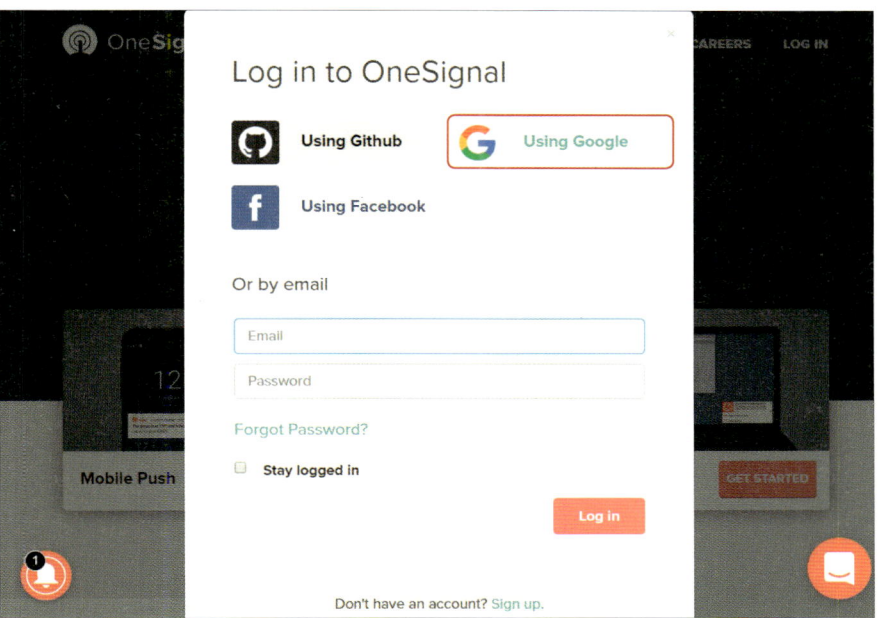

06 로그인을 하면 아래와 같은 화면이 나타나는데 현재 필자는 3개의 앱에 푸시 메시지를 연동하여 사용하고 있기 때문에 아래와 같이 나타납니다. 신규로 가입하신 분들은 아래 화면에 아무 것도 없을 것입니다.

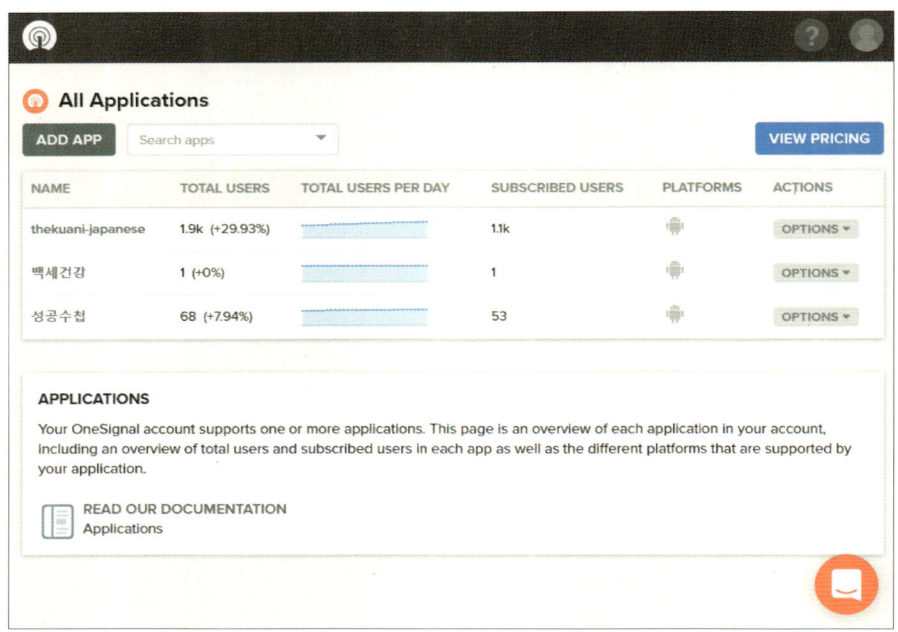

07 오른쪽 상단의 [View Pricing]을 클릭했을 때 나타나는 화면입니다. 다양한 라이선스가 나타나는데 현재 우리의 상황에서는 Free 라이선스만으로 충분합니다. 만약 푸시 메시지를 보내야 하는 대상이 30,000명이 넘어가면 Starter나 Pro 라이선스로 전환하기 바랍니다.

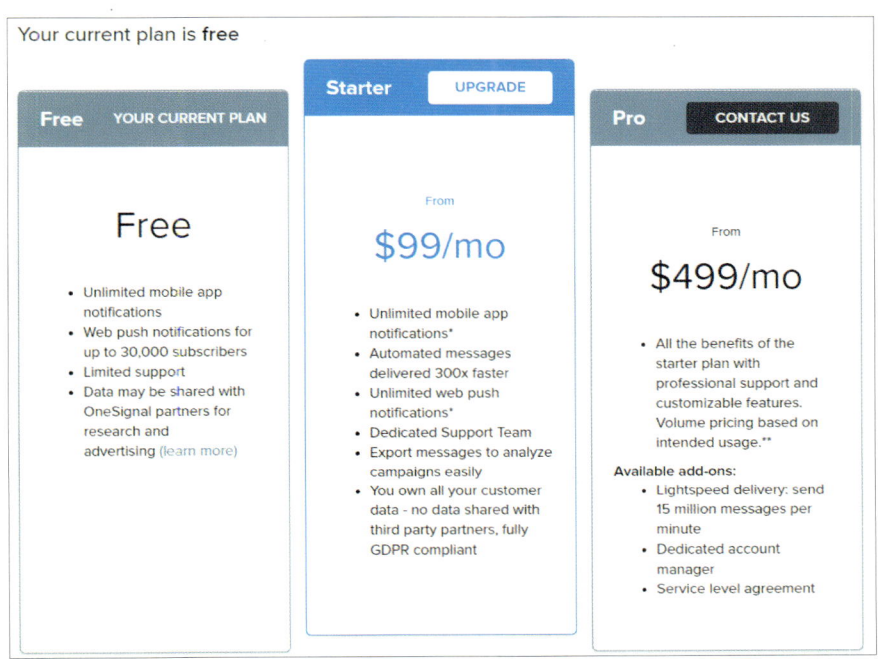

08 푸시 메시지를 연동할 앱을 생성해 보겠습니다. 당연히 푸시 메시지 프로젝트를 만드는 것일뿐 실제 앱을 만드는 것은 아닙니다. [ADD APP]을 클릭합니다.

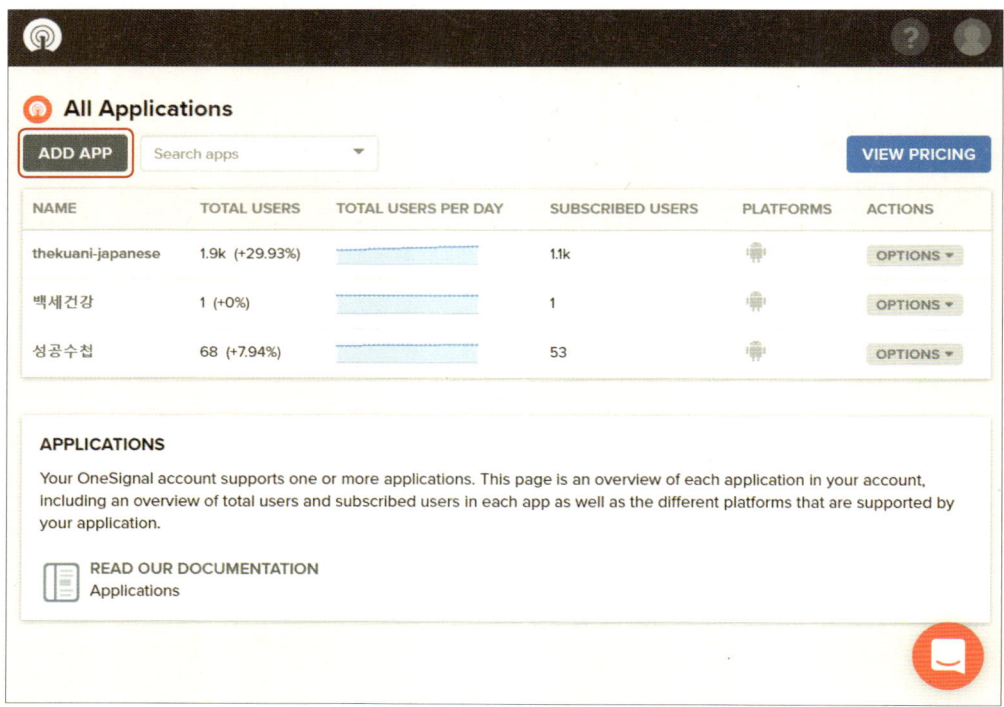

09 아래와 같이 새로운 앱을 추가하라는 메시지가 나오는데 여기서는 앱인벤터의 프로젝트 이름과 동일한 이름을 입력하겠습니다. 'push_test'로 입력하고 [ADD APP] 버튼을 클릭합니다.

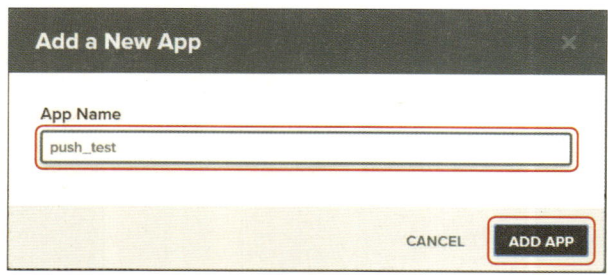

10 하단처럼 어떤 형태의 플랫폼에 푸시 메시지를 연동할 것인지를 선택하는 화면이 나타납니다.

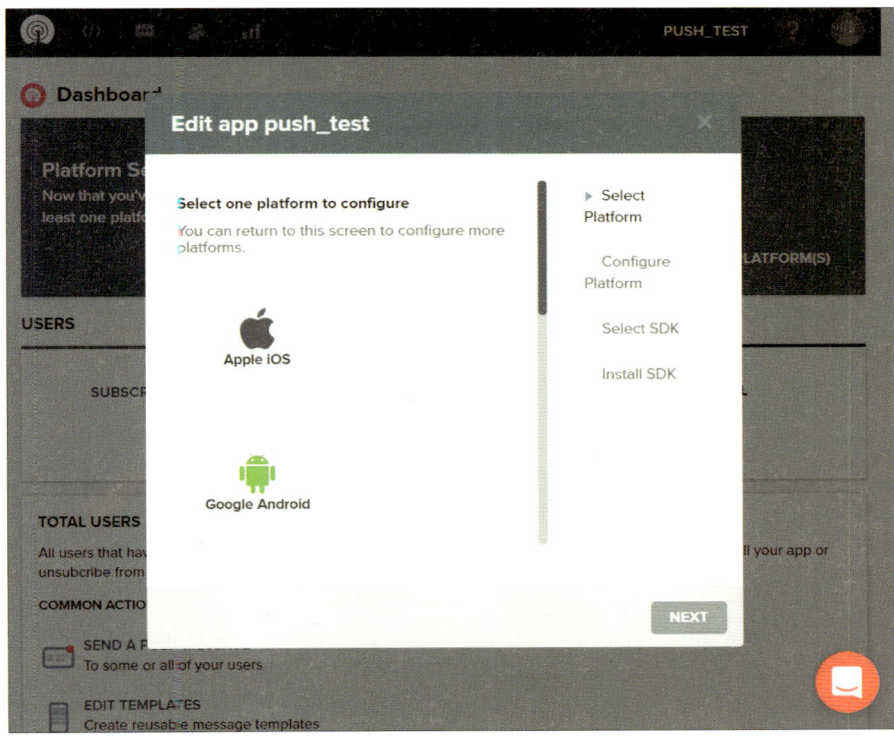

11 아이폰과 안드로이드 등 여러 가지 플랫폼이 나오는데 우리는 당연히 안드로이드를 선택해야 합니다. [Google Android]를 선택한 다음 [Next]를 클릭합니다.

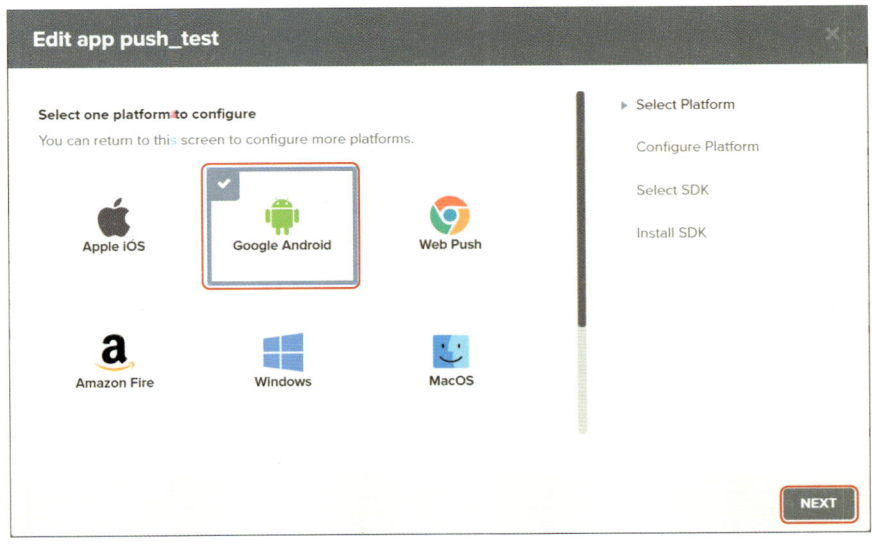

12 아래와 같이 여러 가지 항목이 나타납니다. 그런데 여기서 더 이상 진행할 수 없습니다. 아래에 보시면 Firebase Server Key와 Firebase Sender ID를 입력하라는 필드가 나타나기 때문입니다. 이 화면에서 멈춘 후 크롬에서 새로운 탭을 하나 오픈합니다.

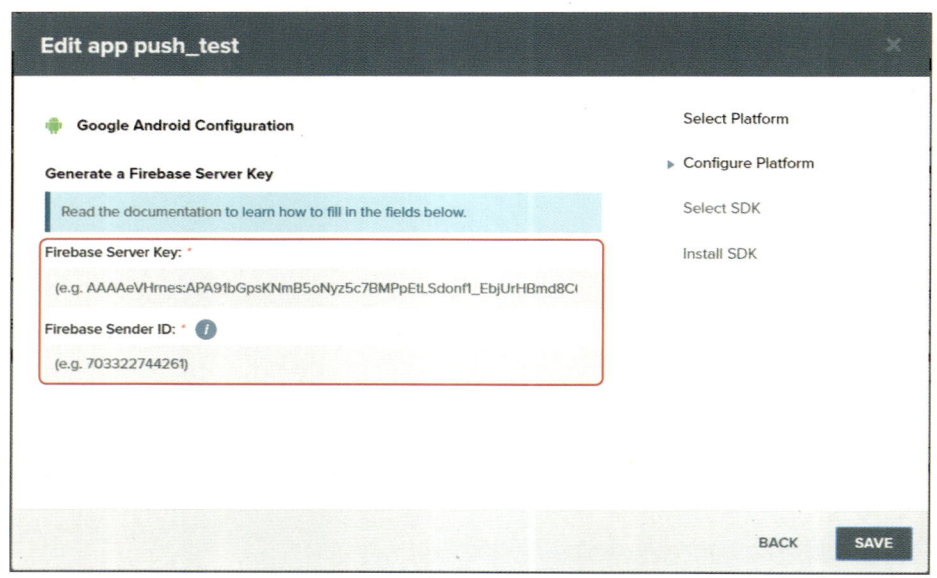

13 크롬의 새로운 탭에서 구글 사이트로 이동한 다음 아래와 같이 'firebase'를 입력합니다. 그러면 아래와 같은 화면이 나타나는데요. Firebase 사이트를 클릭합니다.

14 Firebase는 구글에서 운영하는 무료 플랫폼으로 안드로이드 어플과 관련된 여러 가지 유용한 기능을 제공하는 사이트입니다. [시작하기]를 클릭해서 로그인을 합니다. 구글 계정으로 로그인이 되어 있다면 여러분의 firebase 계정을 자동으로 만들게 될 것입니다.

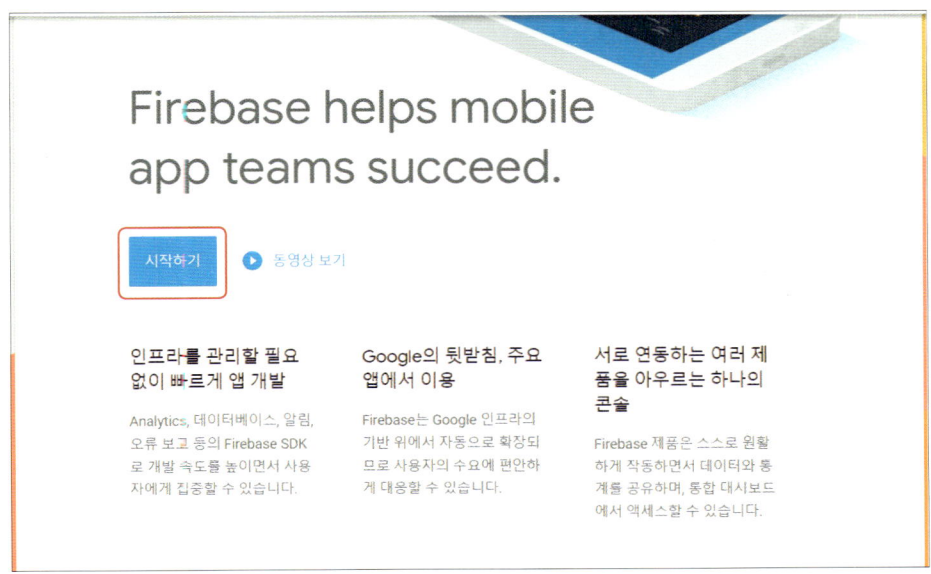

15 첫 화면으로 들어가면 아래와 같은 화면이 나타납니다. 여기서 [프로젝트 추가]를 클릭합니다.

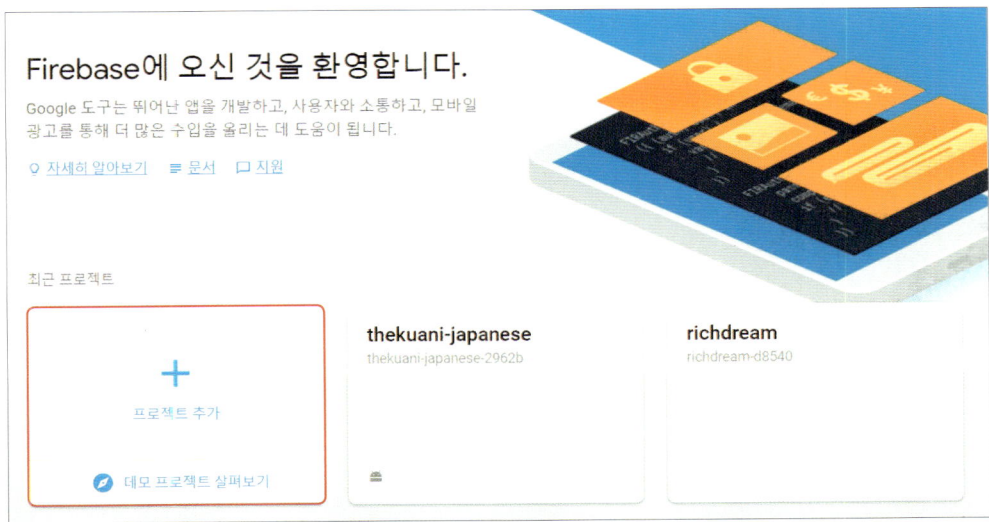

16 그러면 아래와 같이 프로젝트 추가 화면이 나타납니다. 이것 역시 껍데기 프로젝트를 만드는 것입니다. 실제 알맹이는 당연히 앱인벤터 프렌즈에서 만들고 있는 앱 프로젝트인 것이죠. 프로젝트 이름에 'pushtest'라고 입력하고, 체크박스들을 체크한 후 [프로젝트 만들기] 버튼을 클릭합니다.

17 위치는 어디가 되든 상관이 없긴 한데 아래와 같이 하면 될 것 같습니다. 위치 부분의 편집 버튼을 클릭하면 아래와 같이 위치를 수정할 수 있습니다. [애널리틱스 위치]를 '대한민국'으로 [Cloud Firestore 위치]를 'nam5(us-central)'로 설정하고 [프로젝트 만들기]를 클릭합니다.

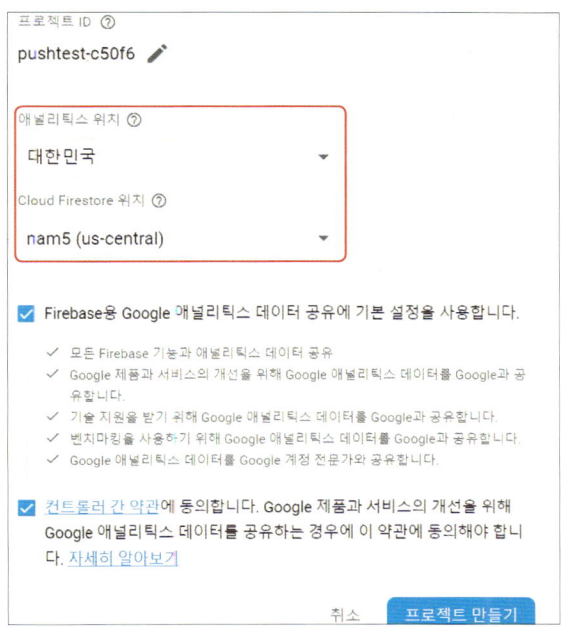

18 프로젝트가 생성되는 과정입니다.

19 프로젝트 생성이 완료되면 [계속]을 클릭합니다.

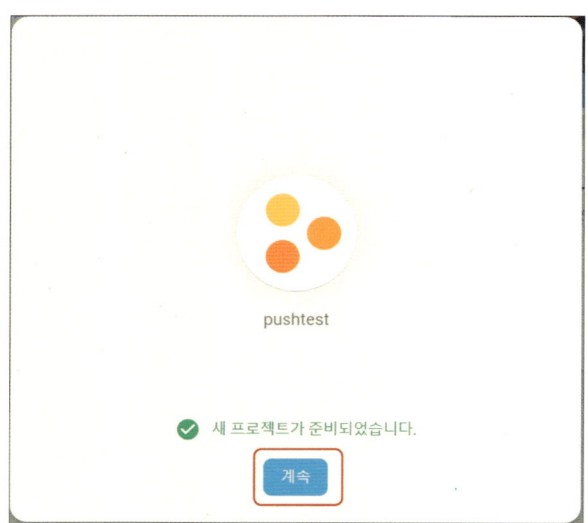

20 프로젝트 생성이 완료되면 아래와 같은 화면을 보실 수 있는데 톱니바퀴 모양을 클릭한 후 [프로젝트 설정]을 클릭합니다.

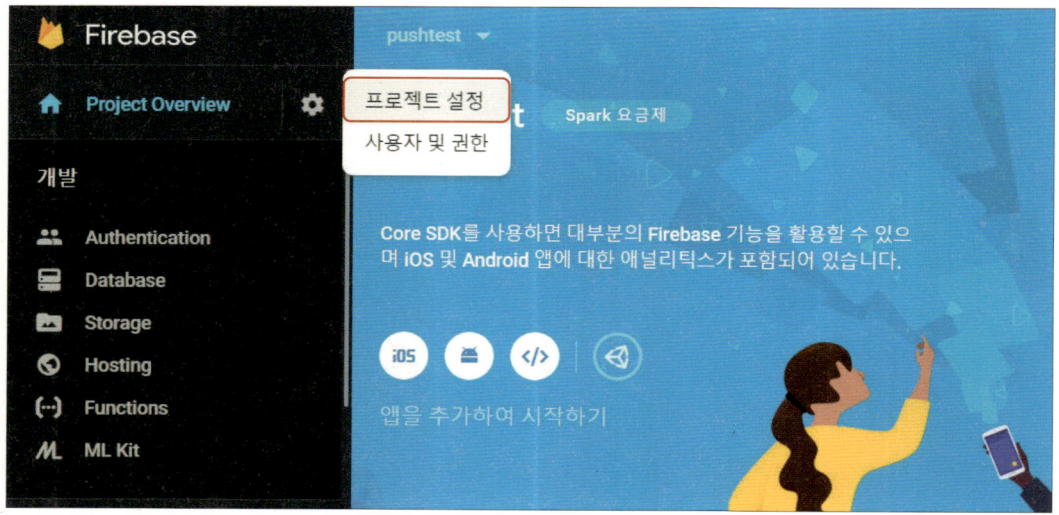

21 설정에서 [클라우드 메시징] 탭으로 이동합니다. 여기서 서버 키와 발신자 ID가 보일 겁니다. (12)의 One Signal 플랫폼에 집어넣지 못한 부분에 이 서버 키와 발신자 ID를 입력합니다.

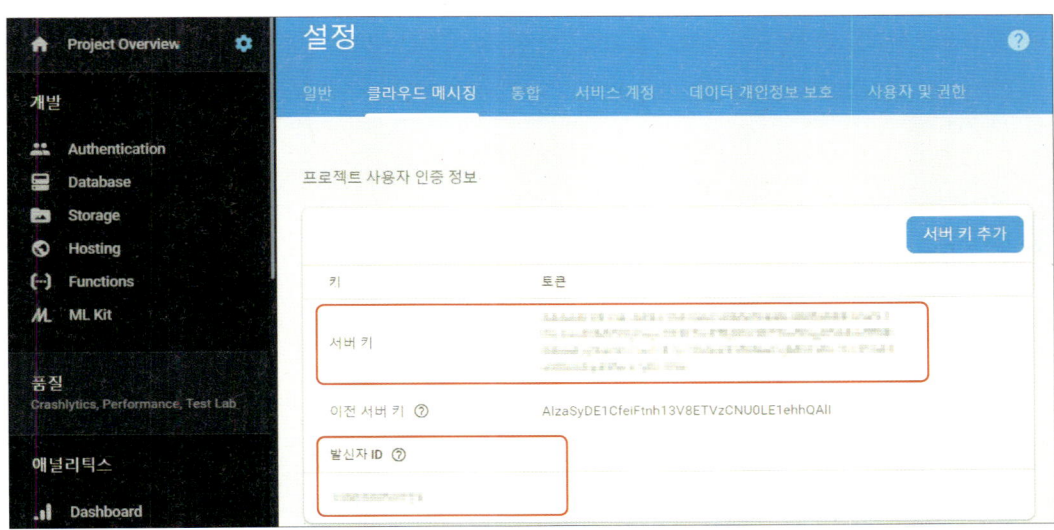

22 firebase의 서버 키를 One Signal의 [Firebase Server Key] 항목에, 발신자 ID의 키를 One Signal의 [Firebase Sender ID]에 붙여넣기하면 됩니다.

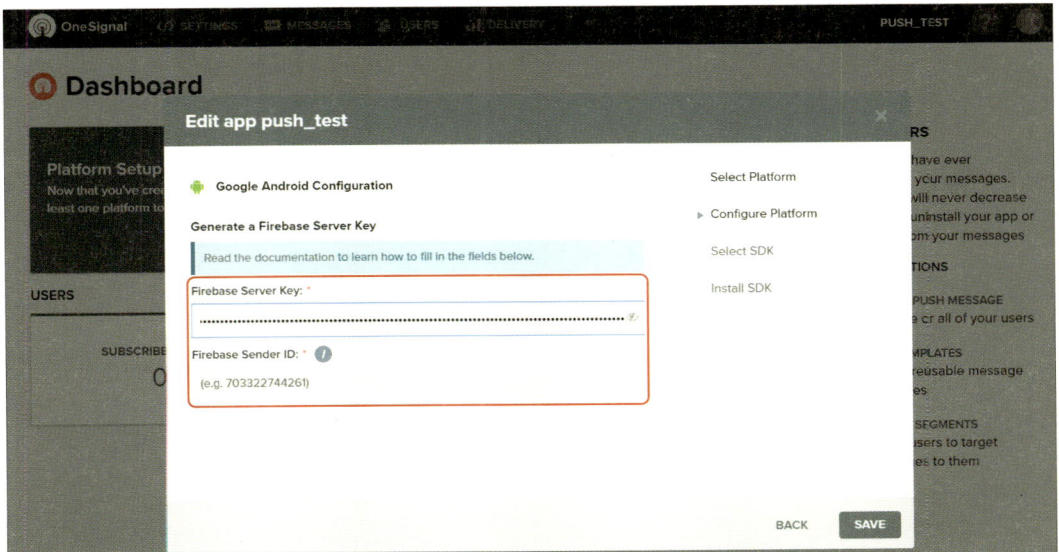

23 이후에 [SAVE] 버튼을 클릭하여 저장합니다.

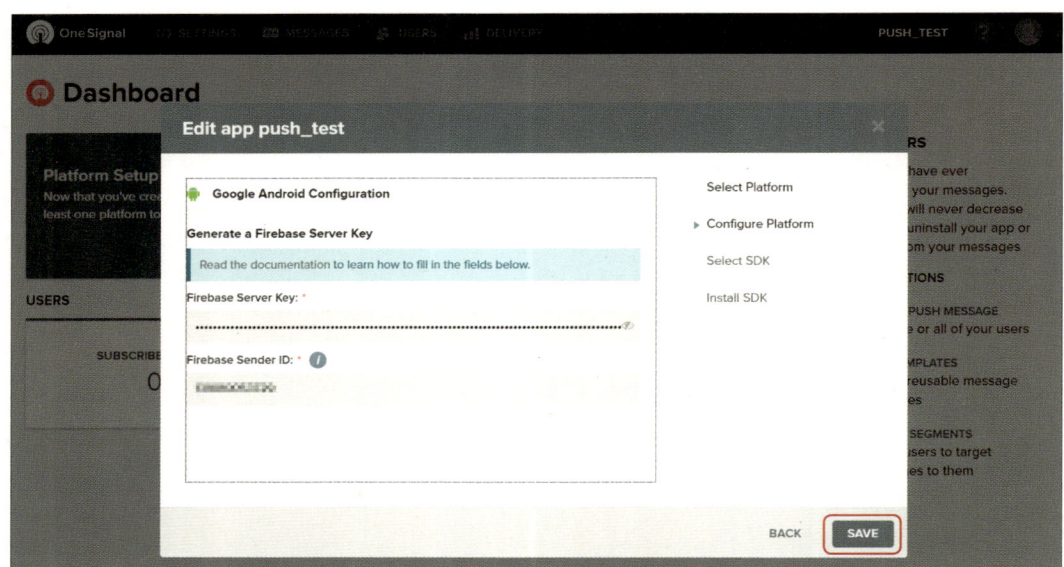

24 이렇게 생성된 정보를 어디에서 사용할 것인지를 물어보는 항목입니다. 아래 항목에는 앱인벤터가 없지만 맨 아래에 보이는 Server API를 클릭하면 앱인벤터와 연동합니다. [Server API]를 클릭한 후 [NEXT]를 클릭합니다.

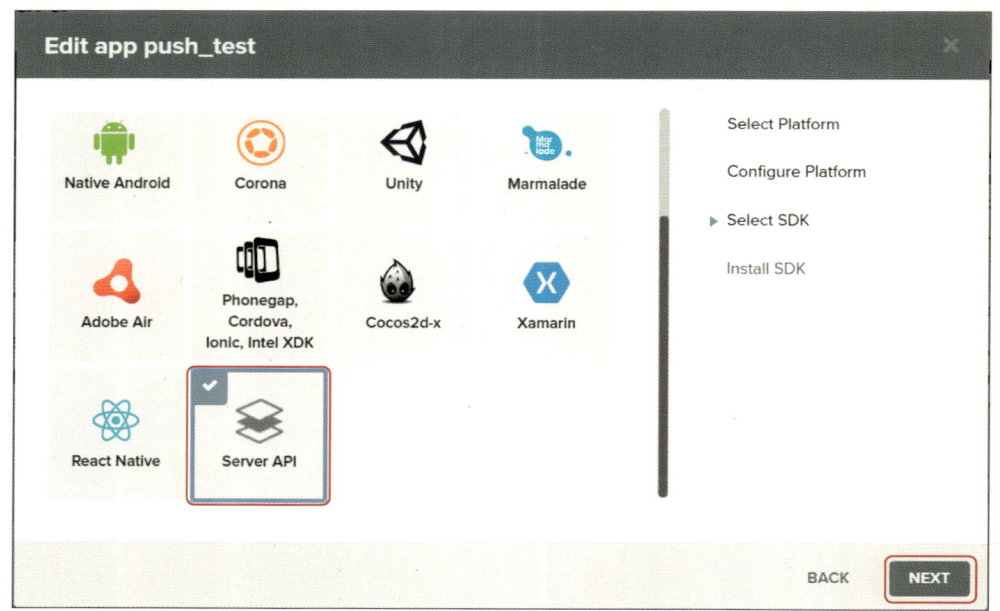

25 이제 최종 화면입니다. 아래 화면에서 [Your App ID]라는 부분이 보일 것입니다. 여기에 있는 항목을 복사합니다. 복사가 확실히 되었다면 [DONE]을 클릭합니다.

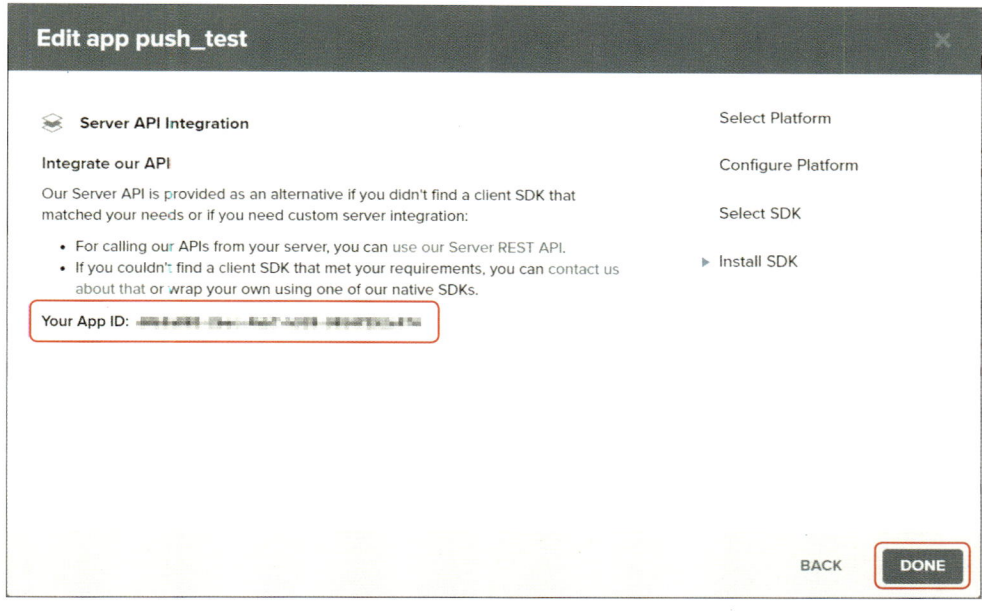

26 이제 앱인벤터 프렌즈(appybuilder)로 돌아와서 OneSignalPush 컴포넌트의 속성에 있는 [Appid] 속성에 방금 복사한 값을 붙여넣기 합니다.

27 이제 OneSignal 환경과 appybuilder의 연동이 완료되었습니다.

2. One Signal에서 앱 설치 유저들에게 푸시 메시지 보내는 방법

연동이 끝났으니 푸시 메시지가 잘 전달되는지 테스트해 보아야겠죠?

아래의 절차를 따라하기 바랍니다.

01 생성된 push_test 프로젝트로 들어옵니다. 오른쪽 하단에 보면 [SEND A PUSH MESSAGE]가 있습니다. 클릭합니다.

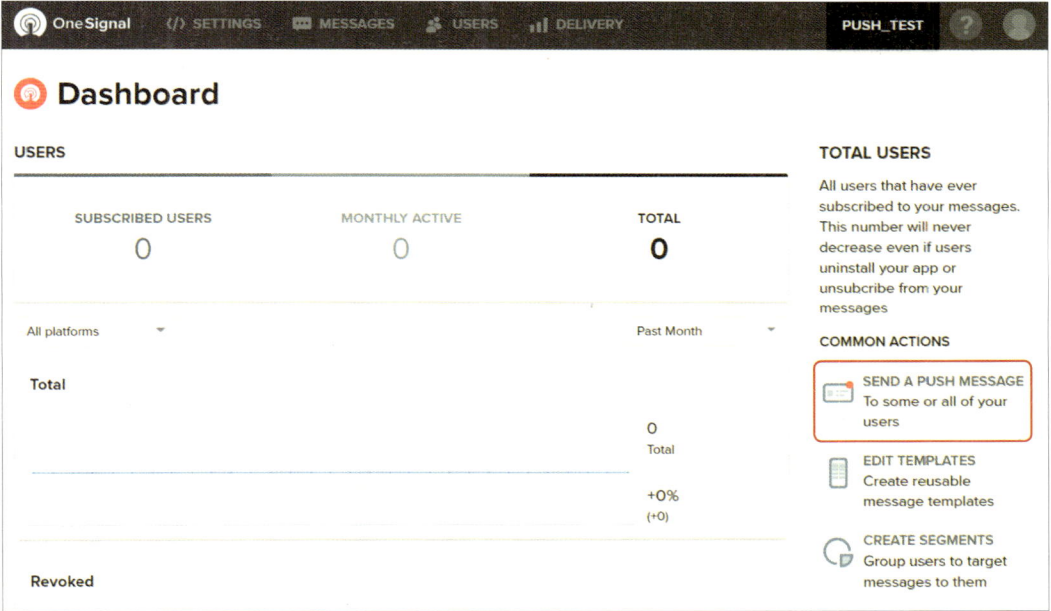

02 3가지 메뉴가 나오는데 [Send to Subscribed Users]를 선택합니다. 이것은 현재 앱이 실제 설치되어 있는 유저들에게 푸시 메시지를 전송하는 것입니다. 당연한 것이지만 앱이 설치되어 있지 않는 유저에게는 전송되지 않으며 앱이 현재 구동되고 있지 않더라도 푸시 메시지는 각자의 스마트폰으로 전송됩니다.

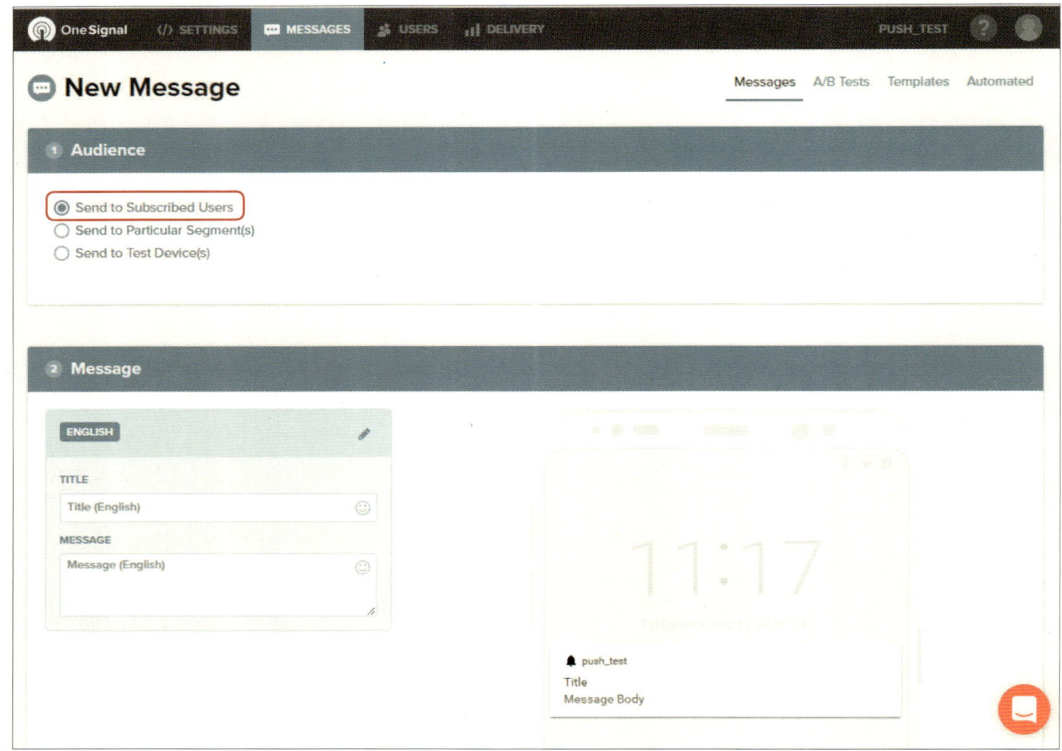

03 [MESSAGE] 부분에 아래와 같이 푸시 메시지를 입력합니다. [ENGLISH]라고 되어 있지만 상관없습니다. [TITLE]에 푸시 메시지의 제목을 쓰고 [MESSAGE] 부분에 전달할 메시지 내용을 입력하면 됩니다. 오른쪽 화면에서는 내가 보낼 푸시 메시지를 미리보기할 수 있습니다.

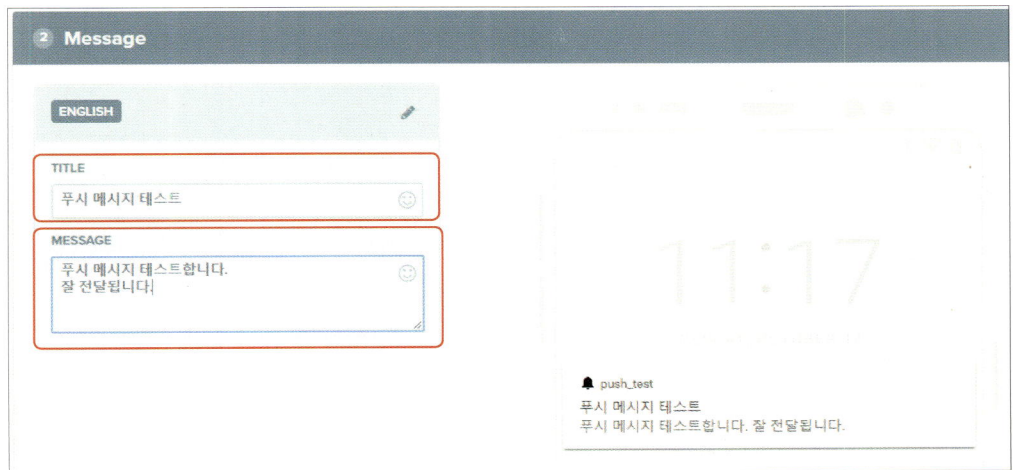

04 [Schedule]에서는 푸시 메시지를 전송할 타이밍을 선택할 수 있습니다. 아래 화면과 같이 선택하고 [CONFIRM]을 클릭하는 즉시 푸시 메시지가 유저들에게 전송됩니다.

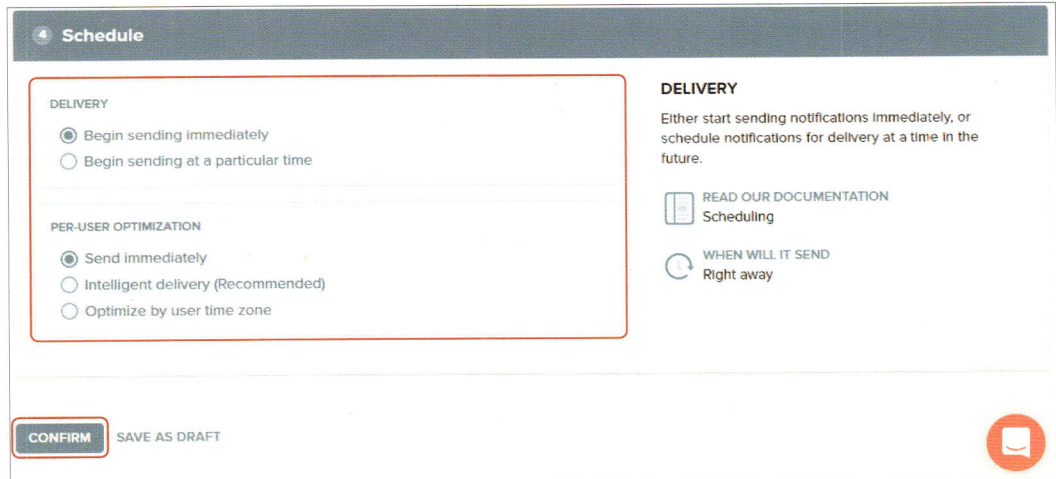

6장
구글 플레이에 앱 출시

1. 구글 개발자 등록하기

여러분이 개발한 앱을 출시할 차례가 되었습니다. 앞 장까지의 과정을 충실히 수행하셨다면 이미 하나의 앱을 개발하셨을텐데요. 그렇다면 개발한 앱을 출시해야겠죠? 출시를 해야 유저들이 스마트폰에 앱을 다운로드하여 사용할 수 있습니다. 우리의 최종 목적인 앱을 통한 광고 수익을 올리기 위해서는 구글 플레이에 개발한 앱을 등록하고 앱 사용자들에게 노출해야 합니다. 이제부터 구글 플레이에 개발자로 가입하고 앱을 출시하는 과정에 대해 살펴보겠습니다.

01 구글에서 '구글 플레이 개발자'로 검색합니다. 제일 상단의 [구글 플레이 개발자]를 클릭합니다.

02 아래와 같이 구글 앱 개발자로 등록하기 위한 화면이 나타납니다. 하단에 있는 [개발자 계약 수락] 부분에 체크하고 [결제 페이지로 이동]을 클릭합니다.

03 아래와 같이 결제 화면이 나타납니다. 구글 개발자로 등록하기 위해서는 25달러가 필요합니다.

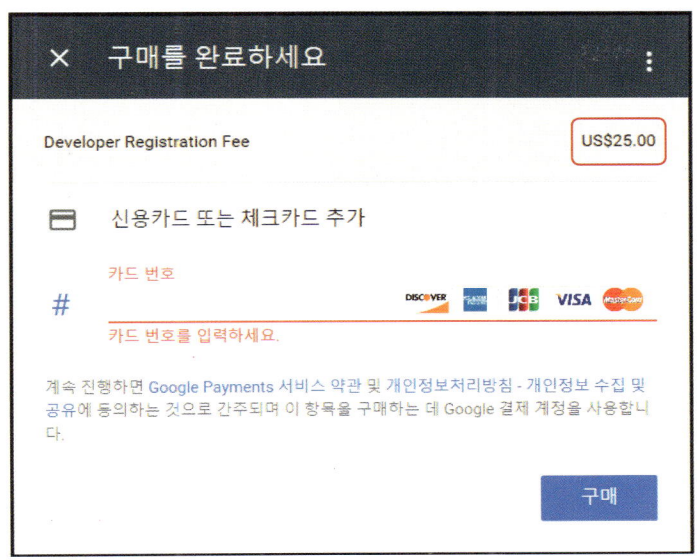

04 결제가 완료되면 아래와 같이 결제 완료 화면이 나타납니다. [등록 계속하기]를 클릭합니다.

05 마지막으로 계정 세부 정보를 작성하는 화면이 나타납니다. 개발자 이름, 이메일 주소, 전화번호 등을 기입합니다. 구글로부터 여러 가지 정보 메일을 수신하기 위해 이메일 환경 설정에 있는 두 개의 항목 모두를 체크합니다.

입력이 끝난 후 아래로 스크롤하면 [등록 완료] 버튼이 보일 것입니다. [등록 완료] 버튼을 클릭하여 등록을 완료합니다.

2. 구글 개발자에서 앱 출시하기

01 이제 구글 개발자 등록이 완료되었으므로 여러분이 만든 앱을 구글 플레이에 출시해 보겠습니다. 구글 플레이 개발자로 이동합니다.

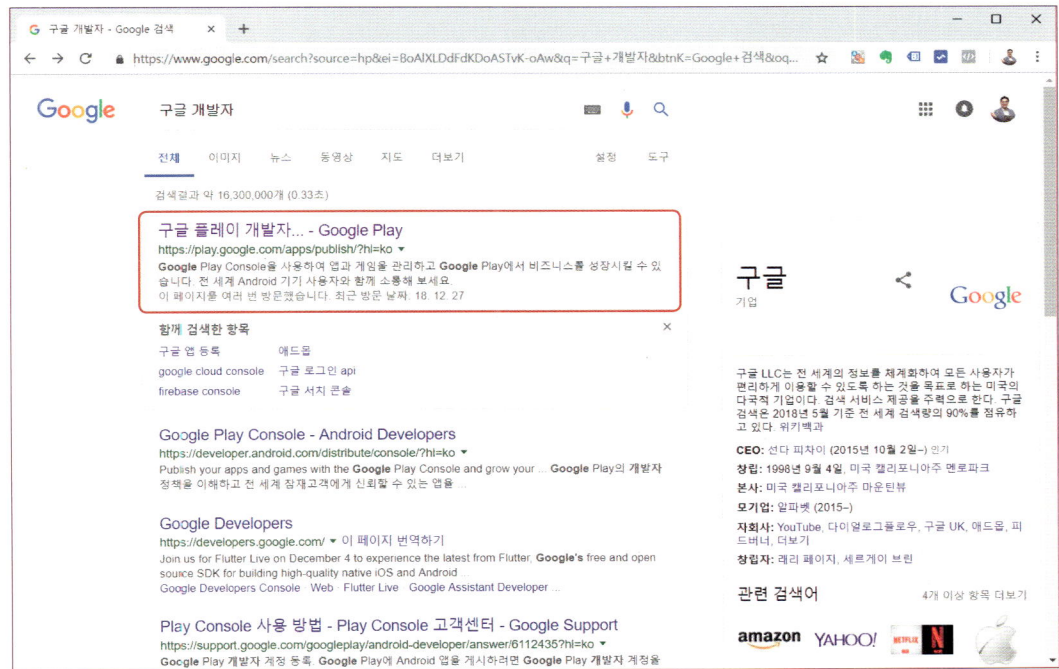

02 구글 플레이 개발자에 로그인하면 다음과 같은 화면이 나타날 것입니다. 현재 저는 여러 개의 앱이 있기 때문에 여러분의 첫 화면과 다를 수 있지만 여기서 [애플리케이션 만들기]를 클릭하면 앱을 구글 플레이에 출시할 수 있습니다. [애플리케이션 만들기]를 클릭합니다.

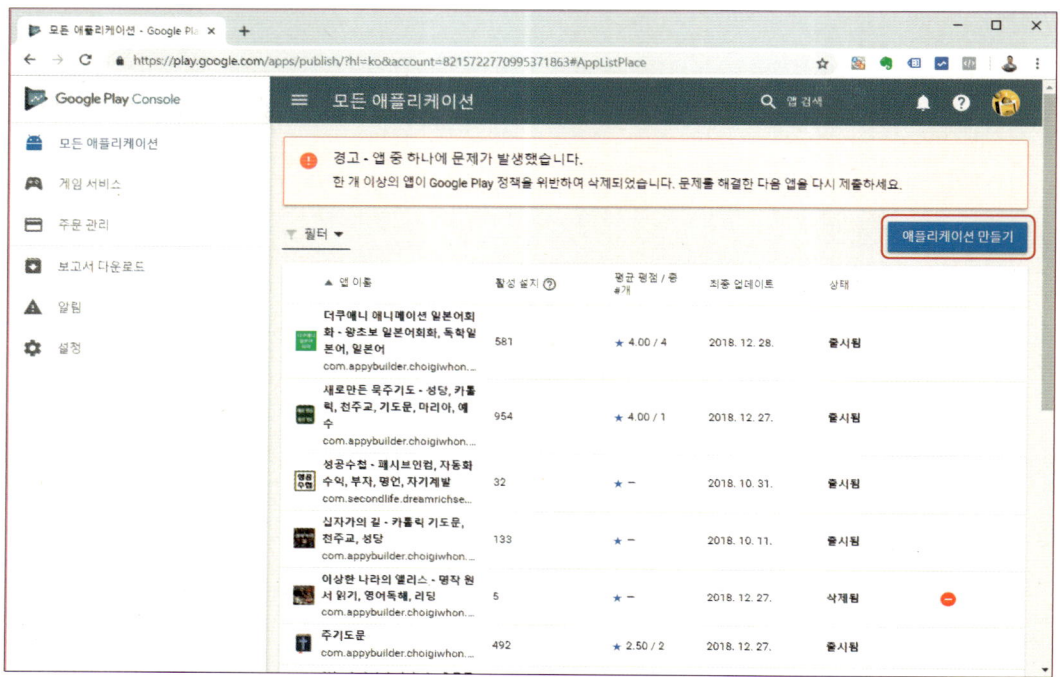

03 [애플리케이션 만들기]를 클릭하면 아래와 같은 화면이 나타납니다. 아래 제목은 구글 플레이에서 보여질 여러분의 앱의 이름이 됩니다. 가능한 앱을 잘 나타낼 수 있는 제목으로 작성합니다.

> **팁 앱 이름 작성**
>
> 제목, 즉 앱의 이름을 잘 만들어야 구글 플레이에서 많은 사람들의 검색에 노출될 수 있습니다. 따라서 가능한 많이 검색될 키워드를 위주로 제목을 만들기 바랍니다. 예를 들어 일본어 회화 앱을 만들고자 한다면 다음과 같이 제목을 만드는 것이 검색에 걸릴 확률이 높을 것입니다.
>
> 예) 더쿠애니 왕초보 일본어회화 - 애니메이션, 왕초보일본어, 일본여행

04 간단한 설명과 자세한 설명 부분을 입력합니다. 간단한 설명은 80자까지 입력 가능하며 자세한 설명은 4000자까지 입력이 가능합니다. 가능한 상세한 설명을 많이 입력하는 것이 검색에 도움이 됩니다. 또한 내용에는 앱이 검색될만한 키워드들을 많이 넣는 것이 좋습니다. 물론 관련된 내용이어야 하며 관련 없는 키워드나 내용을 입력하면 앱 검색 알고리즘에서 좋은 점수를 받을 수 없으므로 가능한 관련 내용만을 입력하기 바랍니다.

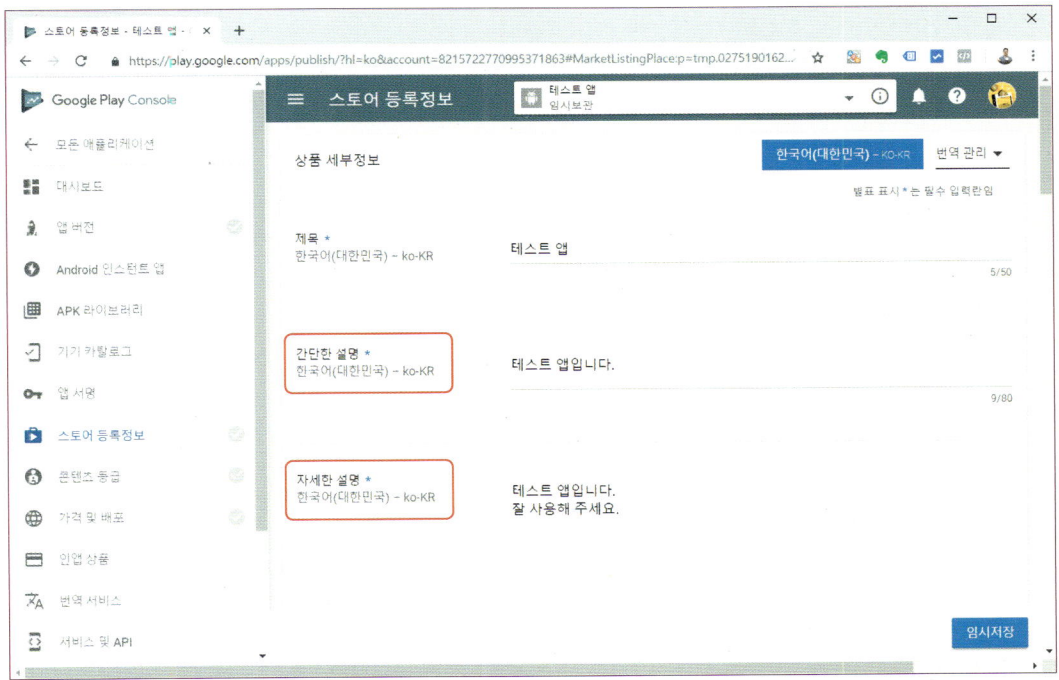

05 그 다음으로 그래픽 저작물을 등록합니다. 아래 화면에서는 앱의 스크린샷을 등록합니다. 스크린샷은 최소 2개 이상 등록해야 합니다. 스크린샷을 1개만 등록하면 등록이 진행되지 않으니 반드시 2개 이상의 스크린샷을 등록하기 바랍니다. 휴대전화 및 태블릿, ANDROID, WEAR OS 등에 스크린샷을 등록할 수 있지만 휴대전화와 태블릿 정도에만 등록하면 됩니다.

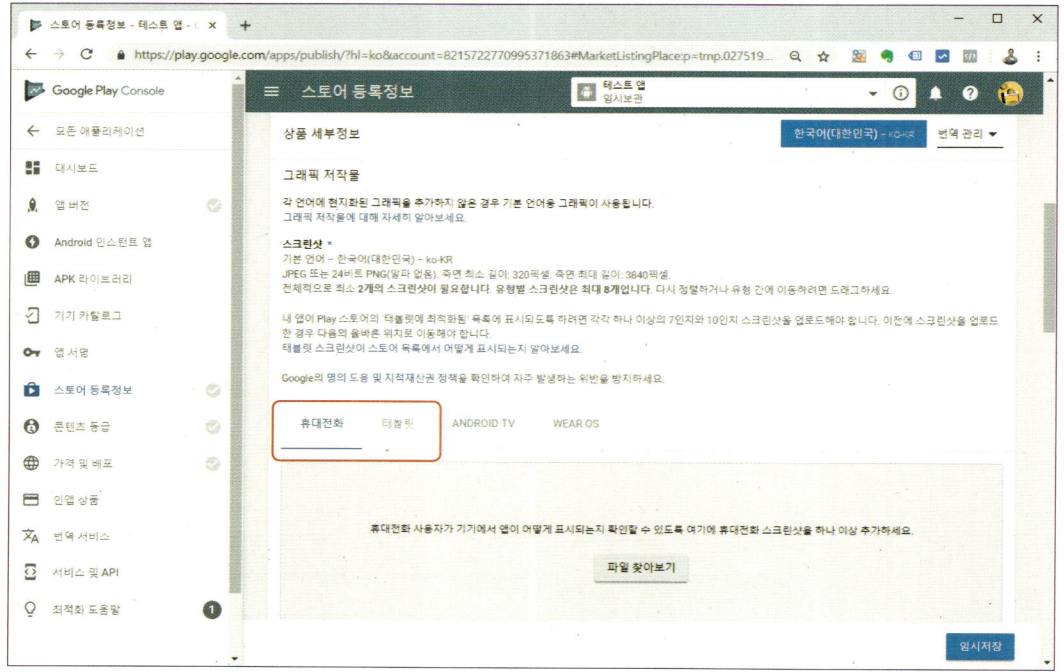

06 스크린 샷 등록이 끝나면 그 다음에는 아이콘과 그래픽 이미지를 등록해야 합니다. 프로모션 그래픽과 TV 배너, Daydream 360 입체 영상 이미지 등은 필수 등록 리소스가 아니므로 등록하지 않아도 됩니다. 아이콘은 512 × 512 픽셀, 그래픽 이미지는 1024 × 500 픽셀입니다. 반드시 픽셀이 일치해야 이미지가 등록되므로 이미지 사이즈 보정하는 프로그램(예: 포토샵, 포토스케이스)으로 이미지 사이즈를 정확히 일치시켜야 합니다.

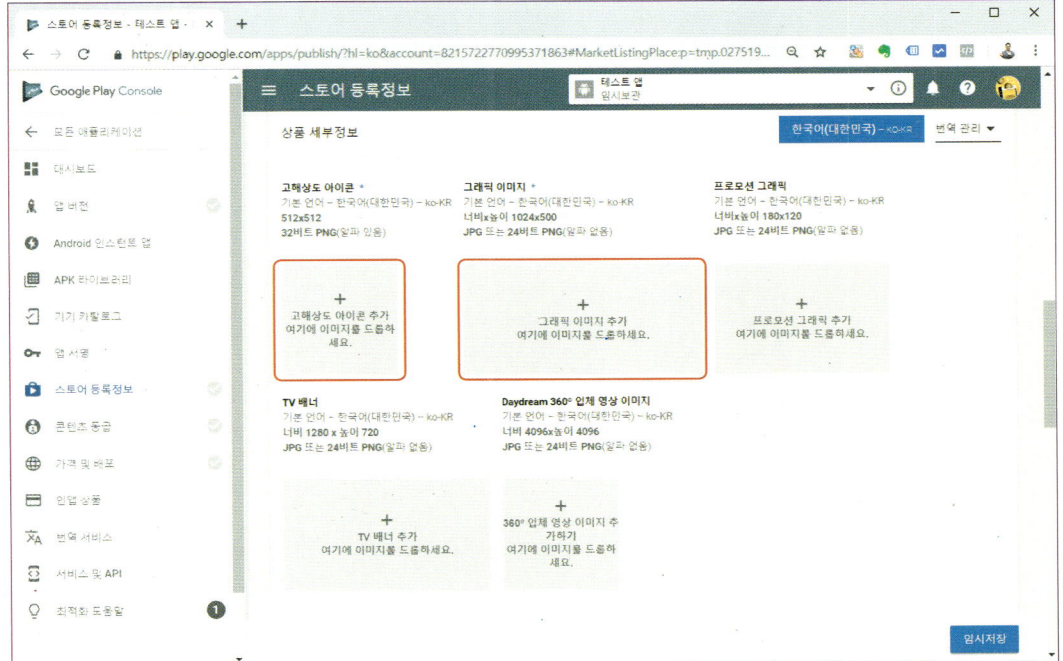

07 아래 화면은 그래픽 리소스 등록이 완료된 화면입니다.

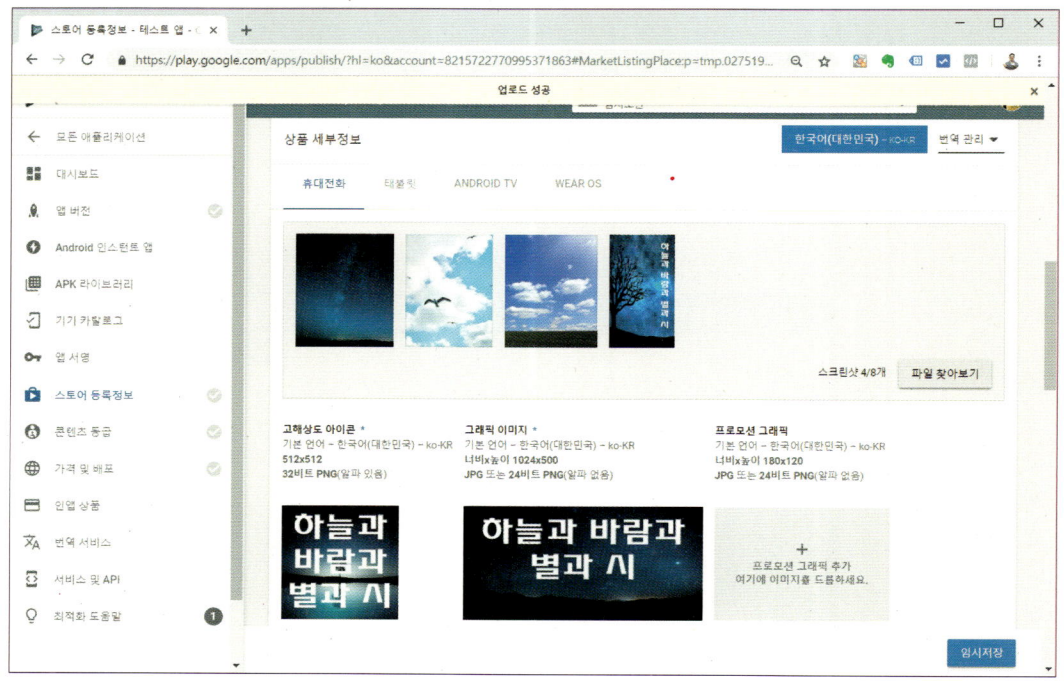

08 카테고리 항목의 애플리케이션 유형에서는 '애플리케이션'을 선택하면 됩니다. 카테고리는 여러분이 만드는 앱이 해당되는 카테고리를 선택하면 됩니다. 여러 가지 카테고리 항목 중에서 가능한 여러분의 앱에 어울리는 카테고리를 선택해야 합니다. 그렇지 않으면 앱 최적화 알고리즘에서 벗어나기 때문에 나타나는 항목에서 앱이 속한 카테고리를 선택하기 바랍니다.

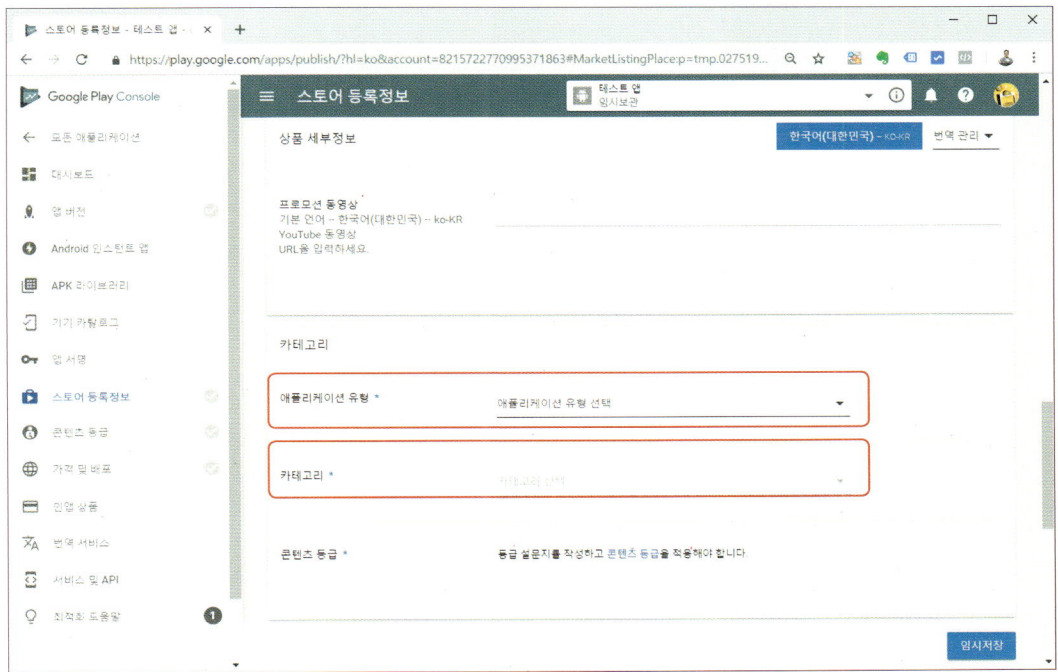

09 이메일에는 여러분이 연락 받을 수 있는 이메일 주소를 입력하면 됩니다. 반드시 현재 사용 중인 메일 주소를 입력해야 합니다.

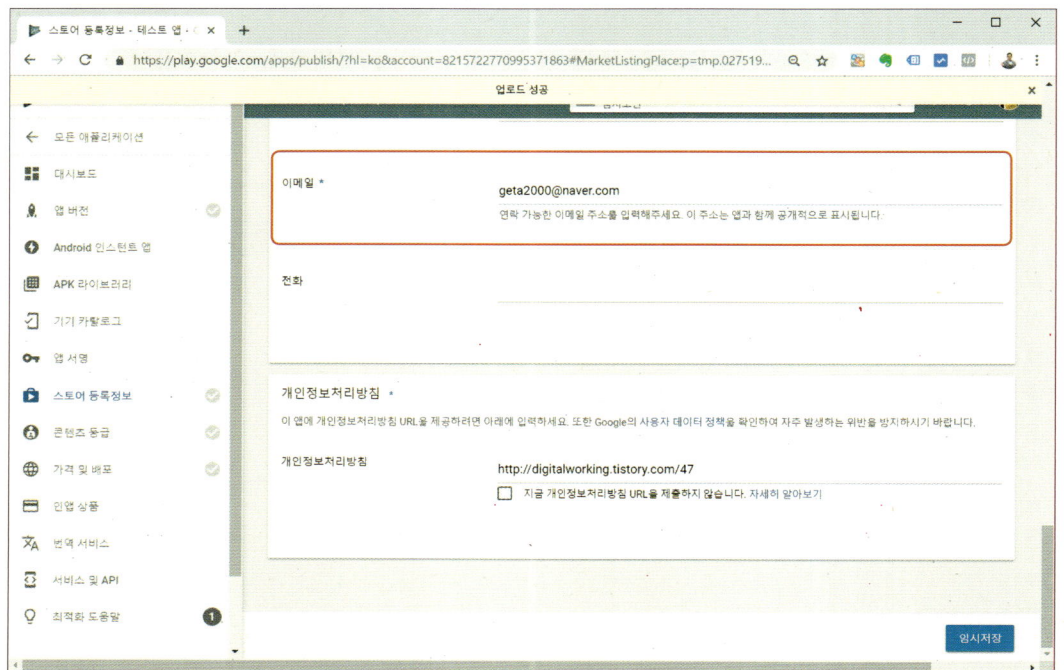

10 개인정보처리방침 부분의 경우 작년까지는 [지금 개인정보처리방침 URL을 제출하지 않습니다]를 체크하고 넘어가면 문제 없었습니다. 그러나 2018년 말부터는 반드시 개인정보처리방침이 입력된 웹페이지의 URL 주소를 기입해야 합니다. 네이버 블로그의 주소는 등록되지 않는 듯 하므로 가능하면 구글 블로거나 티스토리 블로그의 웹페이지에 아래와 같은 내용으로 된 반드시 입력해야 합니다. 입력 내용은 부록 부분에 첨부해 두도록 하겠습니다. 내용을 참고하셔서 블로그에 입력하시고 해당 URL을 개인정보처리방침 부분에 넣기 바랍니다. (개인정보처리방침 양식은 저자가 운영하는 카페에 오면 다운로드 받을 수 있습니다.)

---

1. 서비스 이용 약관

　　　　　　　서비스 이용약관

제1장 총칙
제1조 (목적)
이 약관은 "세컨드라이프"(이하 "회사"라 합니다)가 제공하는 "일본어 히라가나 카타카나 스피드퀴드·일본어기초"(이하 '서비스'라 합니다)를 회사와 이용계약을 체결한 '고객'이 이용함에 있어 필요한 회사와 고객의 권리 및 의무, 기타 제반 사항을 정함을 목적으로 합니다.

제2조 (약관 외 준칙)
이 약관에 명시되지 않은 사항에 대해서는 위치 정보의 보호 및 이용 등에 관한 법률, 전기통신사업법, 정보통신망 이용 촉진및 보호 등에 관한 법률 등 관계법령 및 회사가 정한 서비스의 세부이용지침 등의 규정에 따릅니다.

제2장 서비스의 이용
제3조 (가입자격)
① 서비스에 가입할 수 있는 자는 Application 이 설치가능한 모든 사람 입니다.

제4조 (서비스 가입)
① "Application 관리자"가 정한 본 약관에 고객이 동의하면 서비스 가입의 효력이 발생합니다.
② "Application 관리자"는 다음 각 호의 고객 가입신청에 대해서는 이를 승낙하지 아니할 수 있습니다.
　　1. 고객 등록 사항을 누락하거나 오기하여 신청하는 경우
　　2. 공공질서 또는 미풍양속을 저해하거나 저해할 목적으로 신청한 경우
　　3. 기타 회사가 정한 이용신청 요건이 충족되지 않았을 경우

제5조 (서비스의 탈퇴)
서비스 탈퇴를 희망하는 고객은 "Application 담당자"가 정한 소정의 절차(설정메뉴의 탈퇴)를 통해 서비스 해지를 신청할 수 있습니다.

11 [임시저장]을 클릭합니다. 왼쪽 화면의 [스토어 등록정보]에 초록색 체크 표시가 뜹니다. 왼쪽 메뉴의 체크 표시가 된 부분을 모두 초록색 체크로 바꾸면 앱을 출시할 수 있습니다.

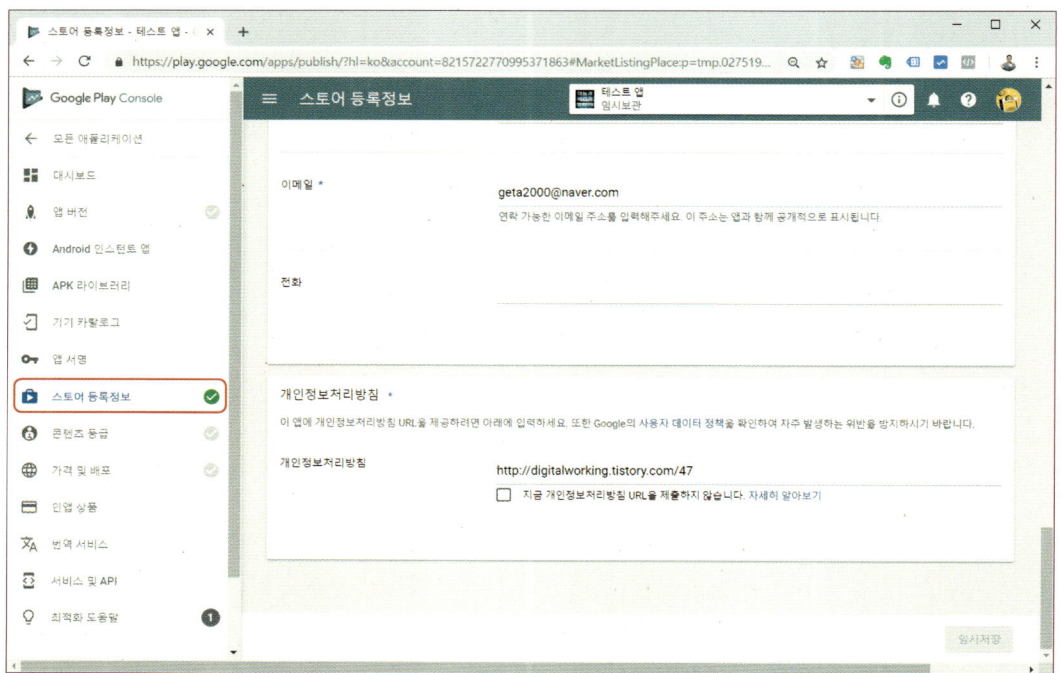

12 이제 왼쪽 메뉴에서 [앱 버전]을 클릭합니다. 아래와 같은 화면이 나타나는데 여기서 프로덕션 트랙의 [관리]를 클릭합니다.

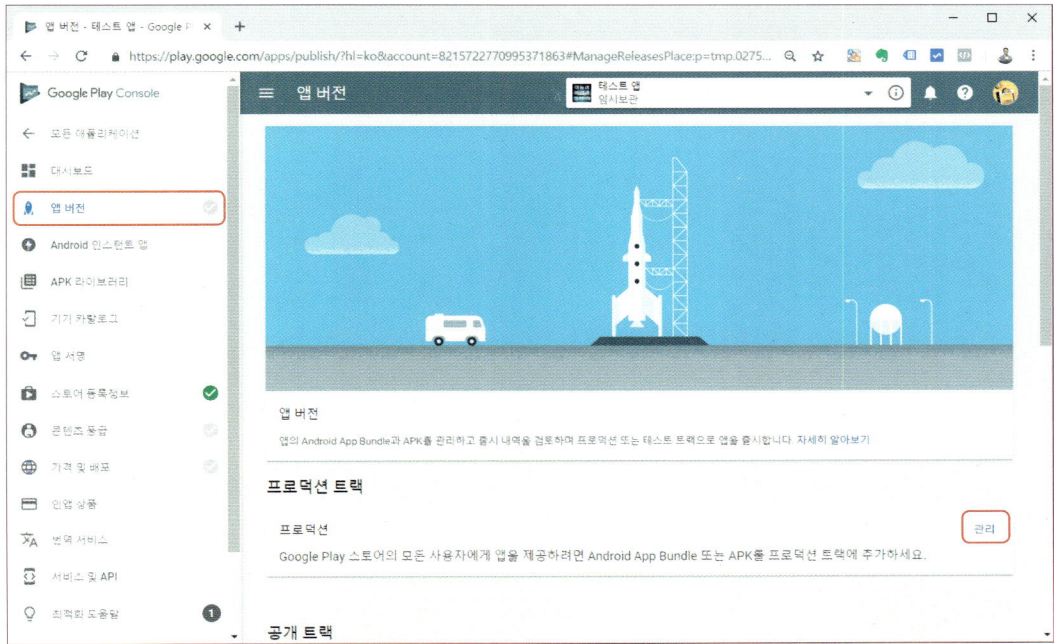

13 [새 버전 출시하기]를 클릭합니다.

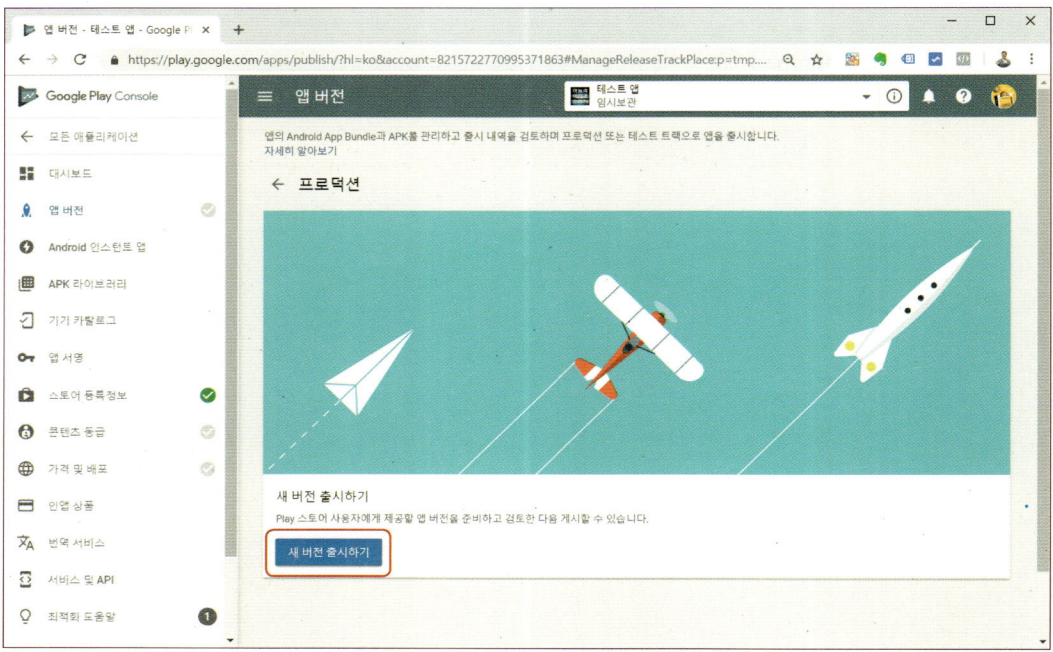

14 아래 화면이 나타나면 [마침] 버튼을 클릭합니다.

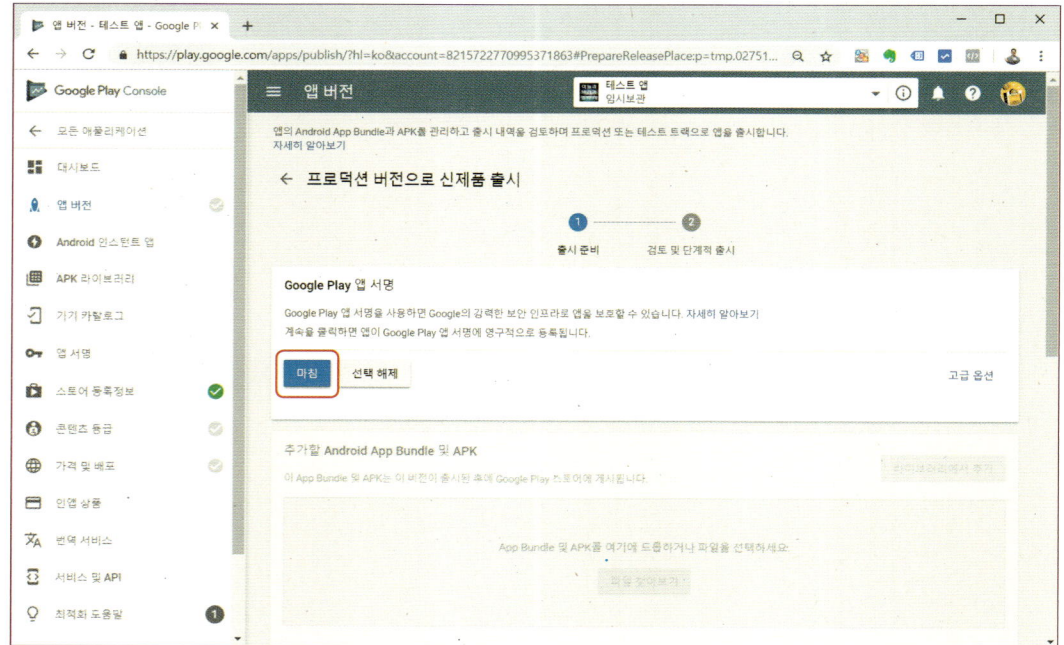

15 이제 실제 우리가 출시할 앱의 APK 파일을 아래 화면에서 [파일 찾아보기]를 클릭하여 업로드합니다. 아니면 APK 파일을 곧바로 아래 화면에 드래그&드롭해도 됩니다.

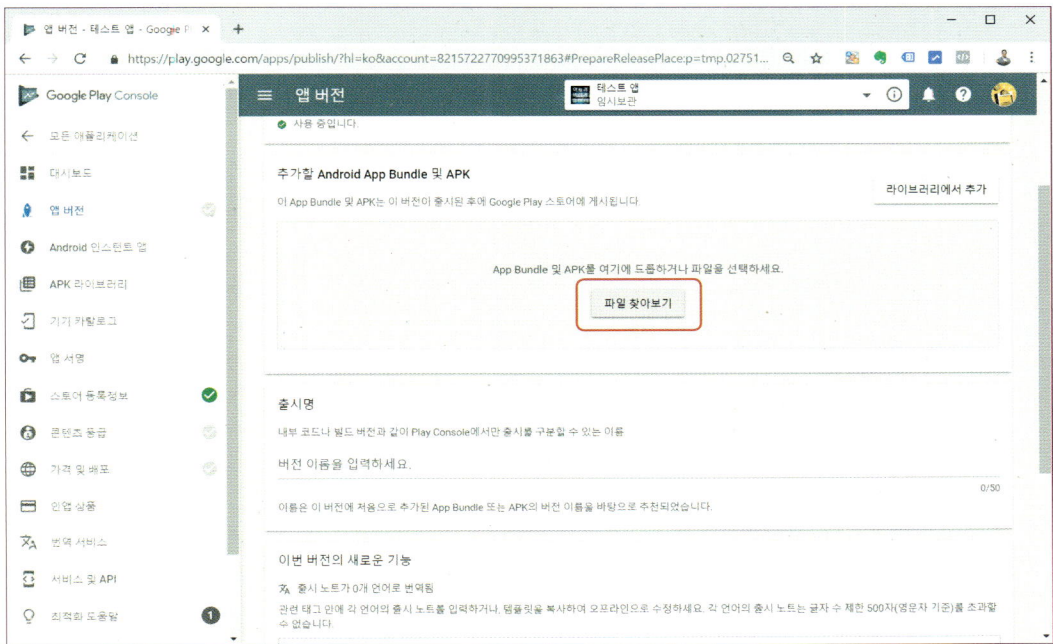

16 APK가 정상적으로 업로드되면 아래와 같이 유형, 버전 코드, APK download size가 표시됩니다. 만약 여기서 에러가 발생하면 appybuilder 혹은 kodular에서 apk를 다시 빌드해서 다운로드 받아야 합니다.

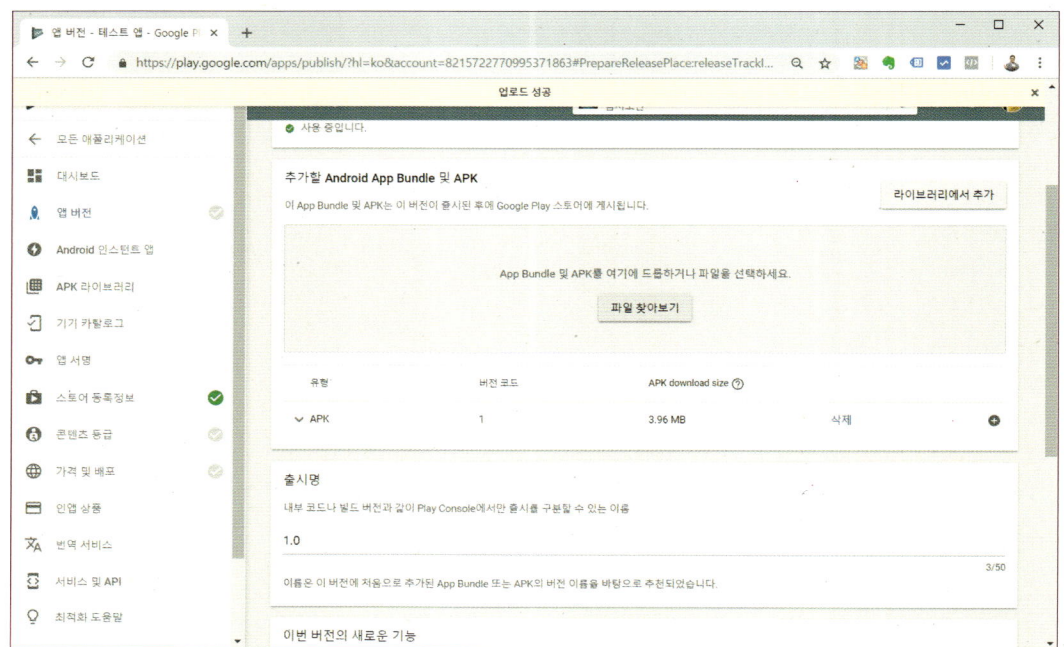

17 출시 노트에는 내용을 입력하지 않아도 되지만 추후 앱이 업데이트되면 출시 노트에 앱의 변경 사항들을 입력하기 바랍니다. [저장] 버튼을 클릭합니다.

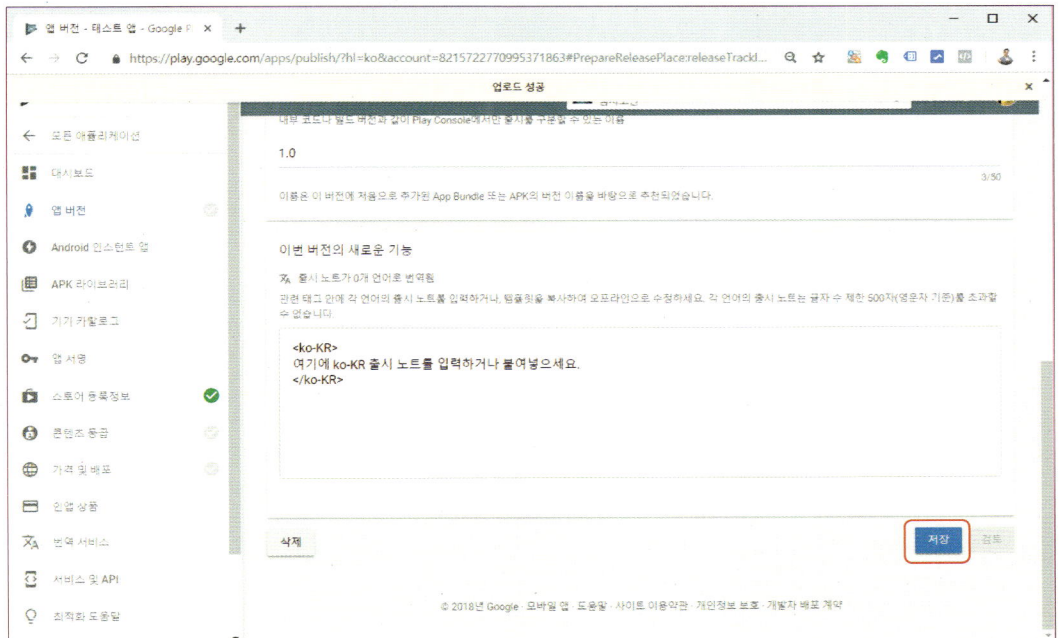

18 왼쪽 메뉴를 보면 [앱버전]에도 초록색 체크 표시가 된 것을 볼 수 있습니다.

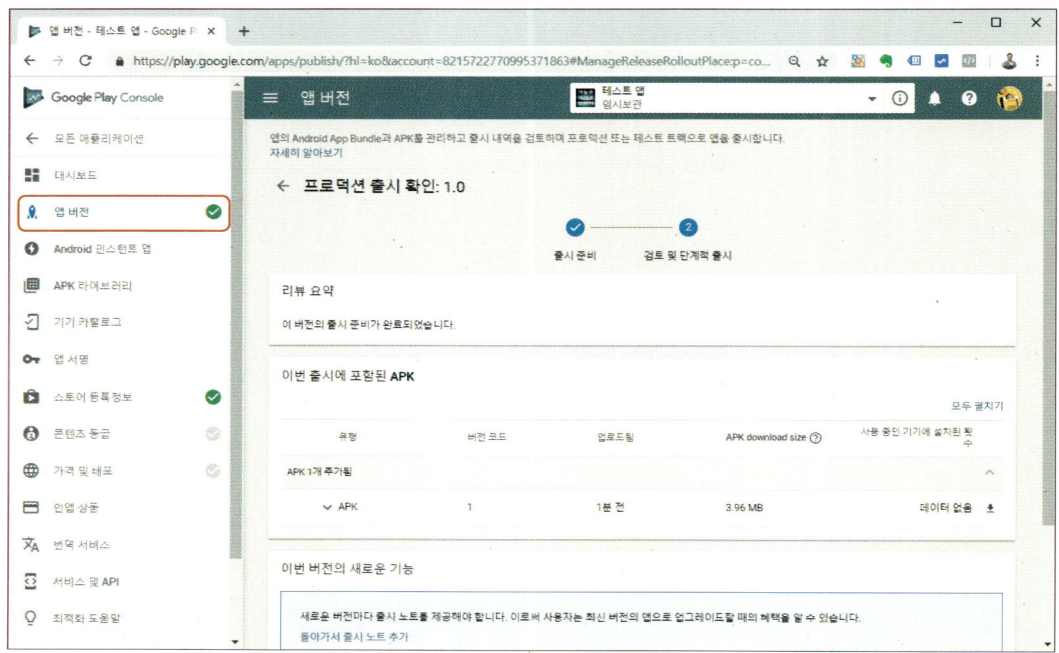

19 이제 왼쪽 메뉴 아래에 있는 [콘텐츠 등급]으로 이동합니다. [계속]을 클릭합니다.

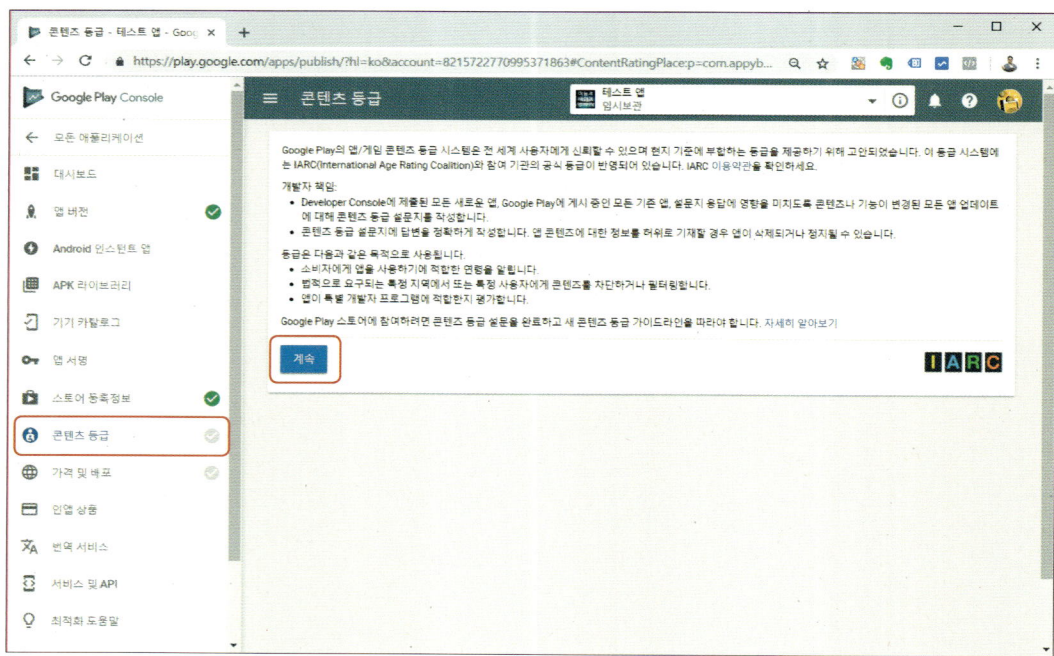

20 콘텐츠 등급 설문지를 작성하라는 내용이 나타납니다. 이메일 주소 및 이메일 주소 확인에 실제로 받을 수 있는 메일 주소를 입력합니다. 그리고 앱 카테고리를 선택해야 하는데, 여러분이 만드는 대부분의 앱은 [참고자료, 뉴스 또는 교육]에 속해 있을 것입니다. 다른 카테고리라면 항목에서 해당 카테고리를 선택하면 됩니다.

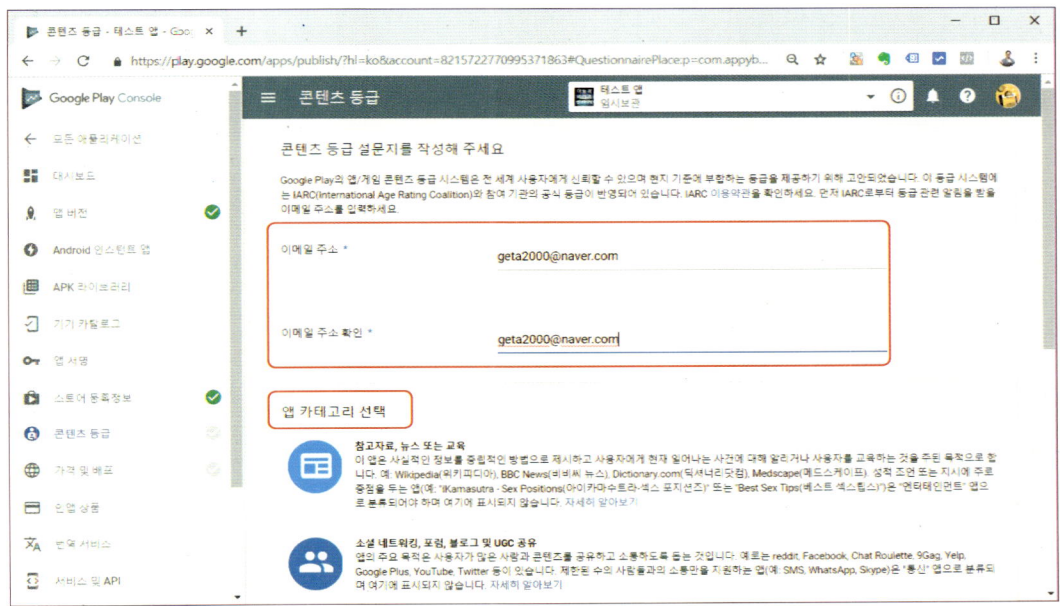

21 앱의 폭력성, 선정성, 비속한 표현, 불법 약물, 기타에 대한 설문이 나타납니다. 모두 [아니오]로 선택하면 됩니다.

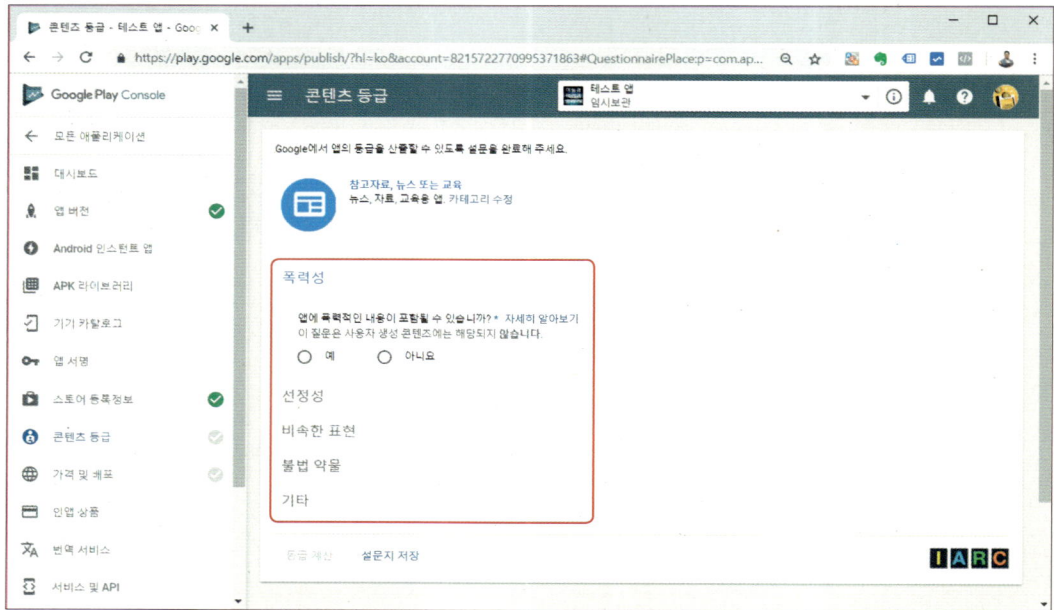

22 아래와 같이 선택합니다.

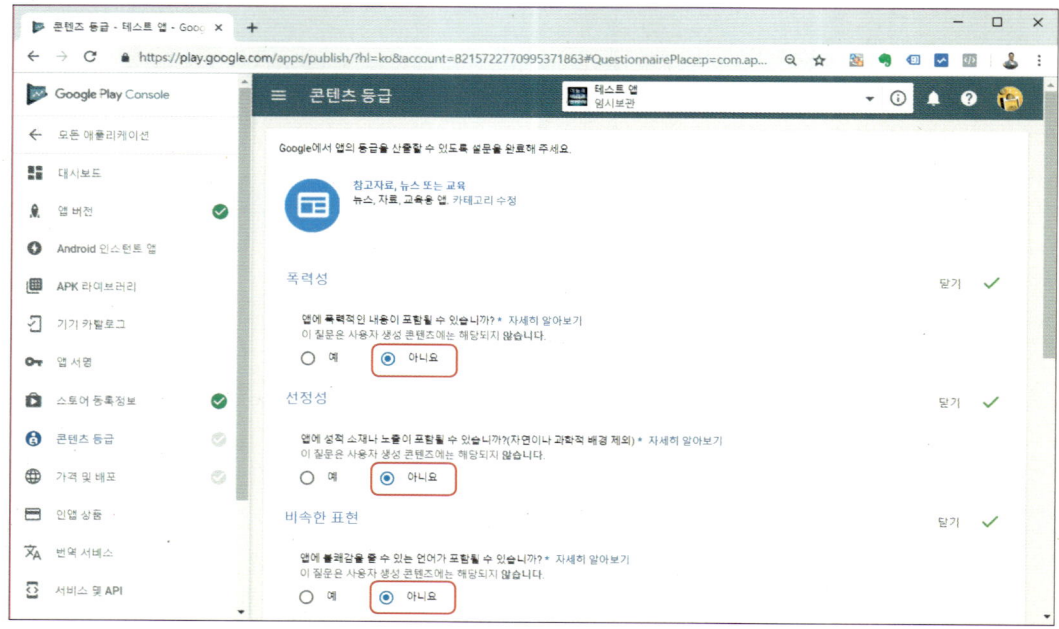

23 아래 화면과 같이 나타나면 [설문지 저장]을 클릭합니다.

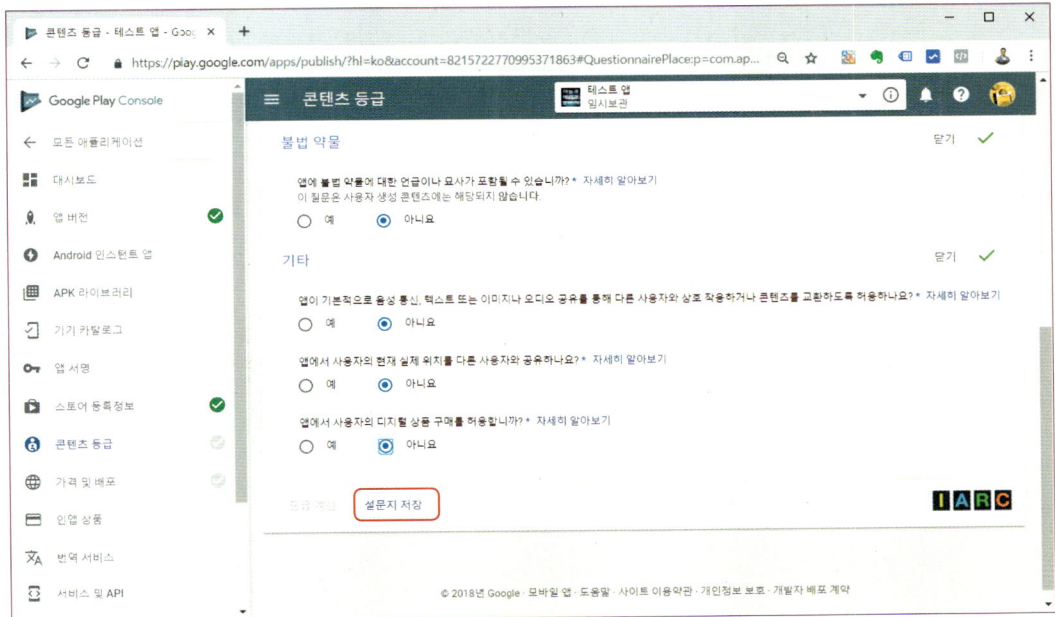

24 [설문지 저장]을 클릭하면 [등급 계산]이 나오는 데 클릭합니다.

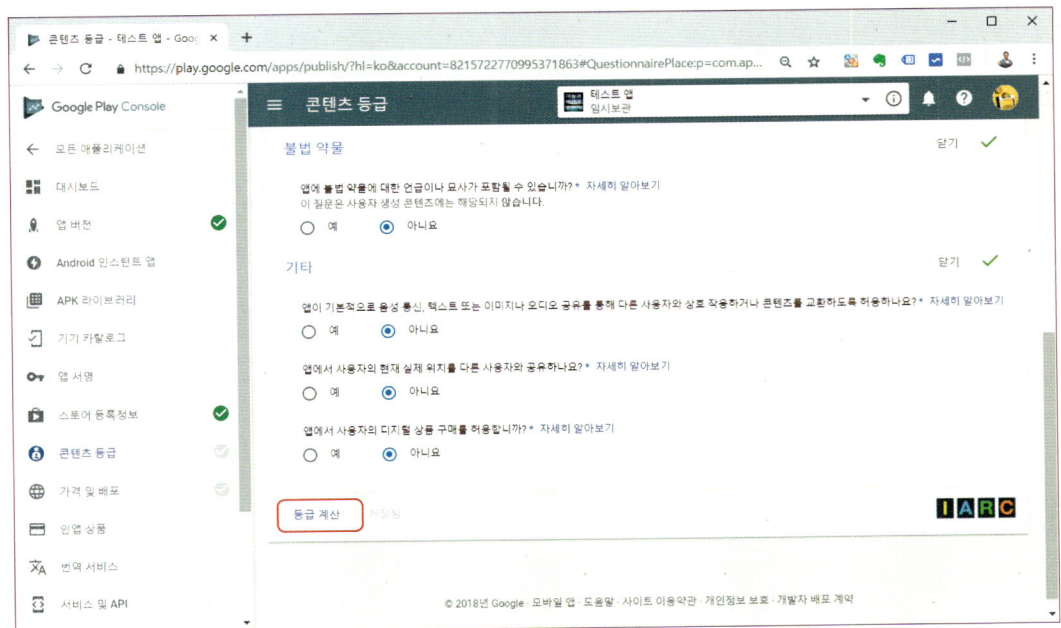

25 앱의 등급이 산출되었다는 메시지가 표시됩니다. 아래로 계속 스크롤합니다.

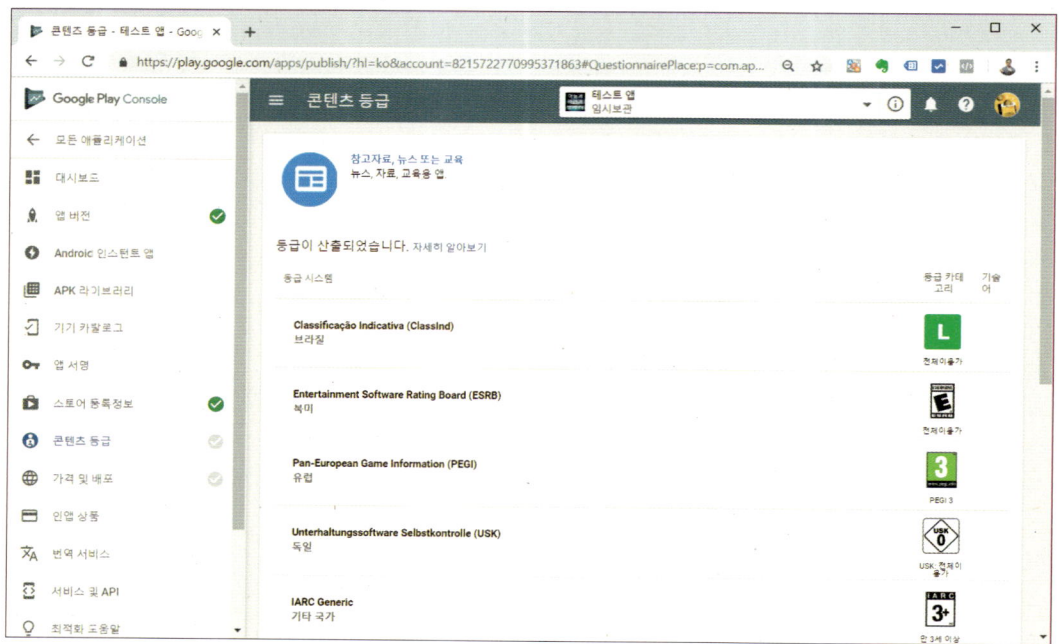

26 [등급 적용]을 클릭하여 여러분 앱의 등급을 적용합니다.

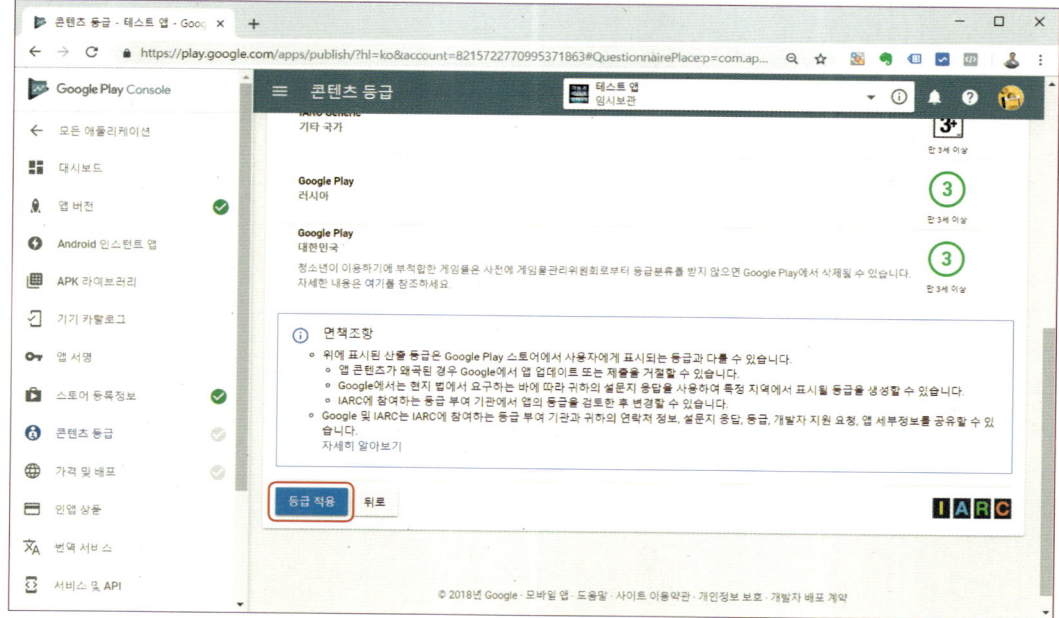

27 왼쪽 메뉴에서 [콘텐츠 등급] 부분에도 초록색 체크가 켜졌습니다.

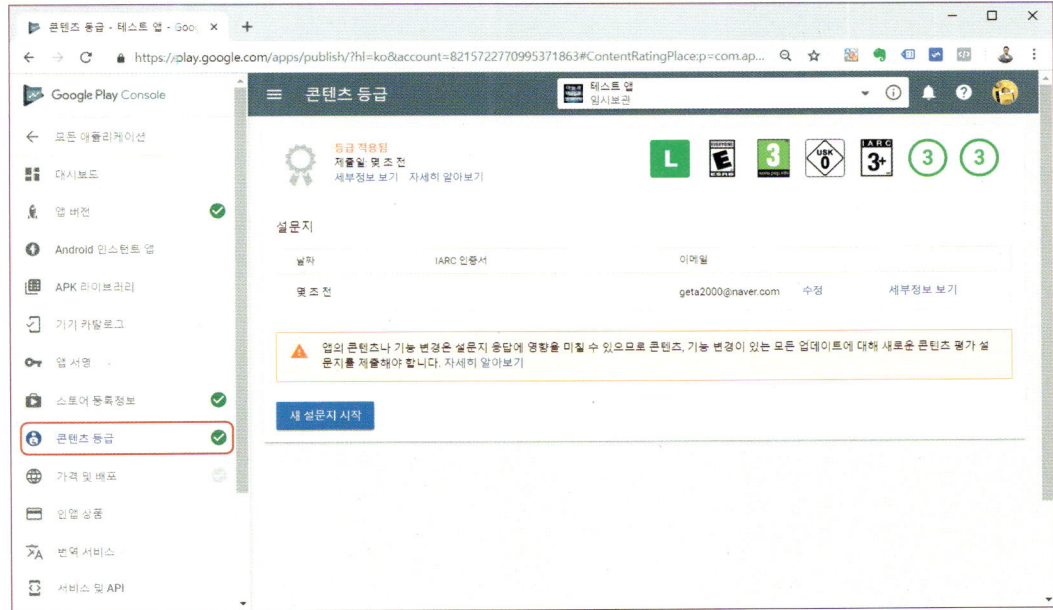

28 이제 마지막으로 [가격 및 배포]로 이동합니다. 가격 및 배포를 클릭하면 아래와 같은 화면이 나타납니다.

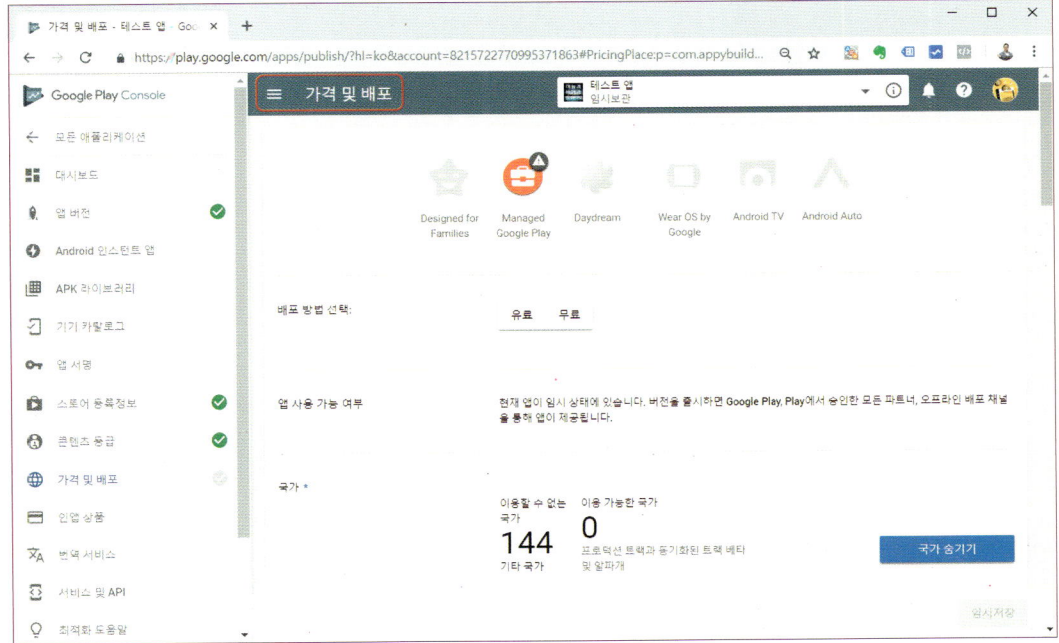

29 우리가 출시할 앱은 무료 앱입니다. 따라서 배포 방법 선택에서 [무료]를 선택합니다.

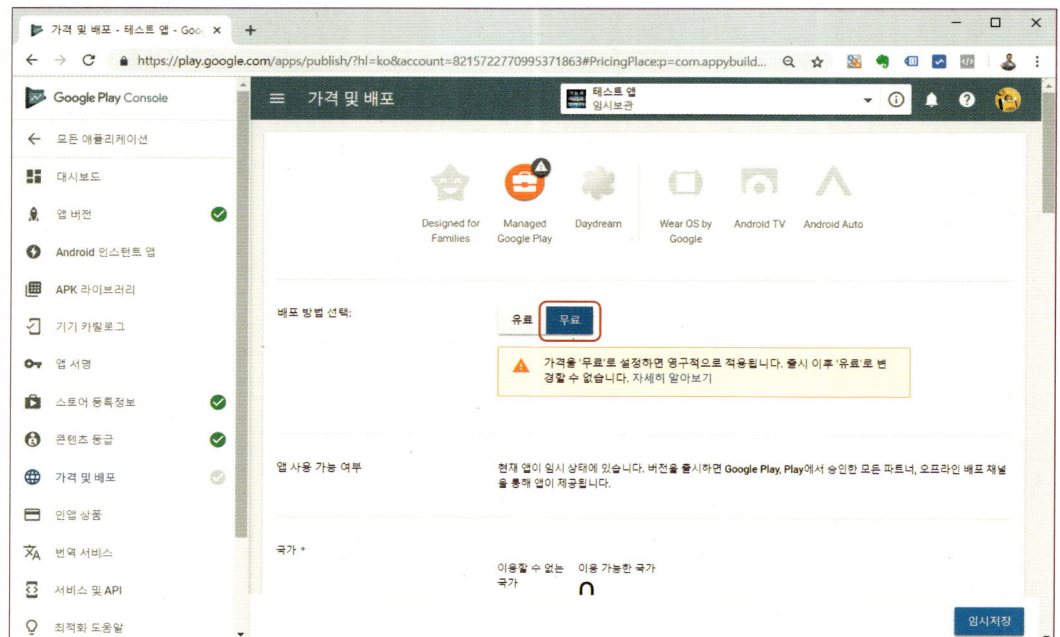

30 앱을 출시할 국가를 선택합니다. 아래 화면에서 앱을 출시할 국가를 선택하면 됩니다. 만약 모든 국가에 출시를 일괄적으로 하려면 상단에 있는 [사용 가능] 부분을 클릭합니다. 그러면 앱을 출시할 수 있는 모든 국가에 여러분의 앱이 출시됩니다. 모든 국가에 배포한다고 마냥 좋은 것은 아닙니다. 앱의 광고 단가 등을 따져서 광고가 출력되기 때문에 가능한 타겟을 생각하여 출시하기 바랍니다. 한국어로 되어 있는 앱이라면 대한민국에서만 출시하는 것이 좋습니다.

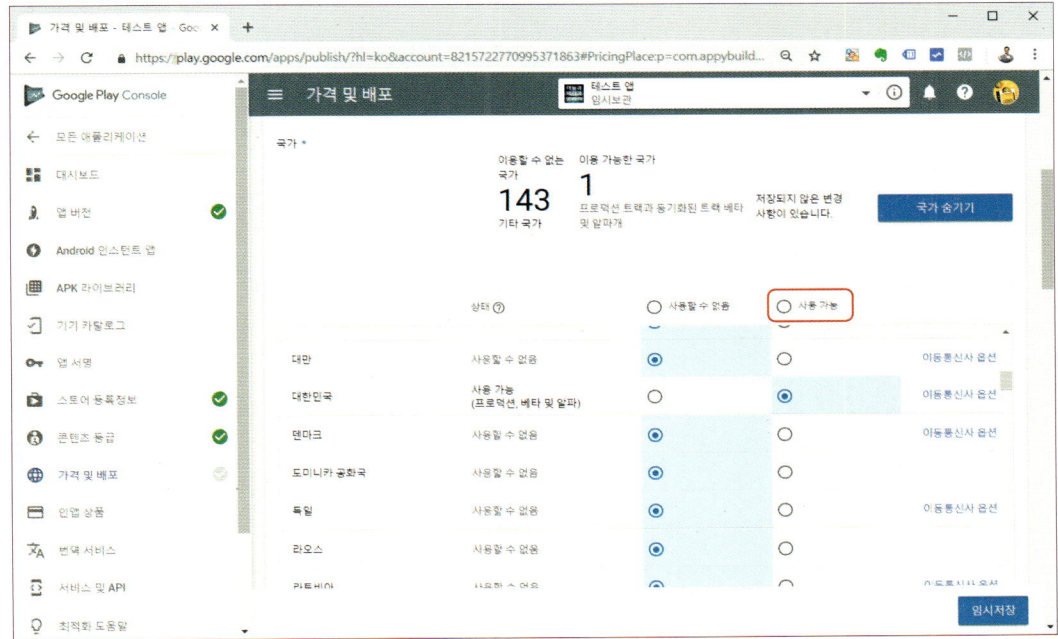

31 어린이를 대상으로 하는 앱에는 [아니오]를 선택하고, 광고 포함 부분에서는 [예, 광고가 포함되어 있습니다]를 선택합니다. 우리 앱에서는 광고가 출력되므로 반드시 광고 포함을 선택해야 합니다.

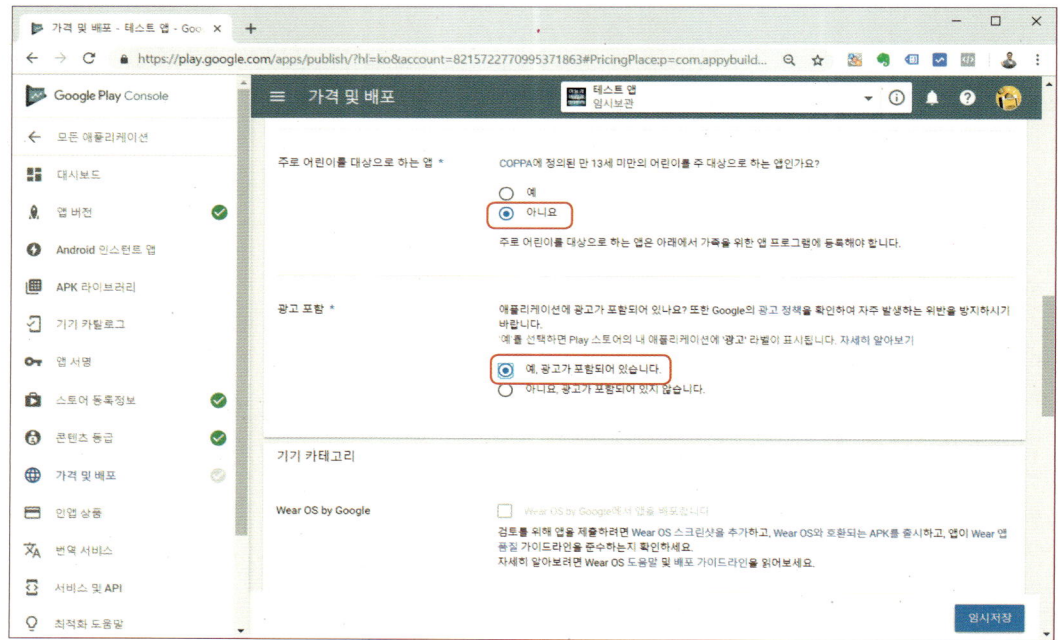

32 아래 화면에서는 특별히 선택해야 할 것이 없습니다.

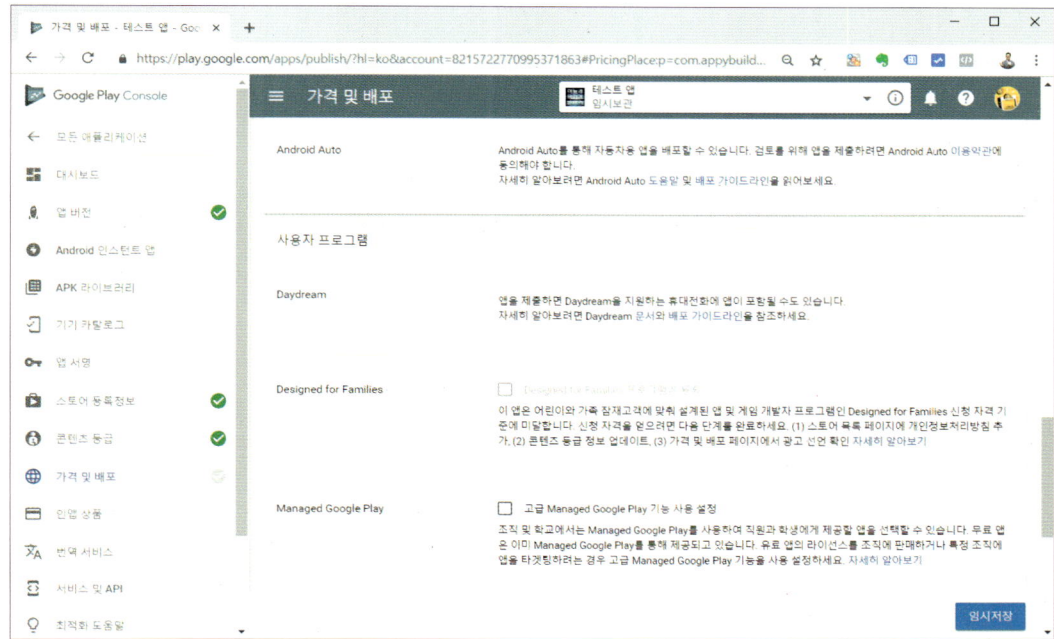

33 [콘텐츠 가이드라인] 및 [미국 수출 법규]에는 체크를 반드시 해야 다음 단계로 진행할 수 있습니다. 두 가지 항목 모두 체크했다면 [임시저장]을 클릭합니다.

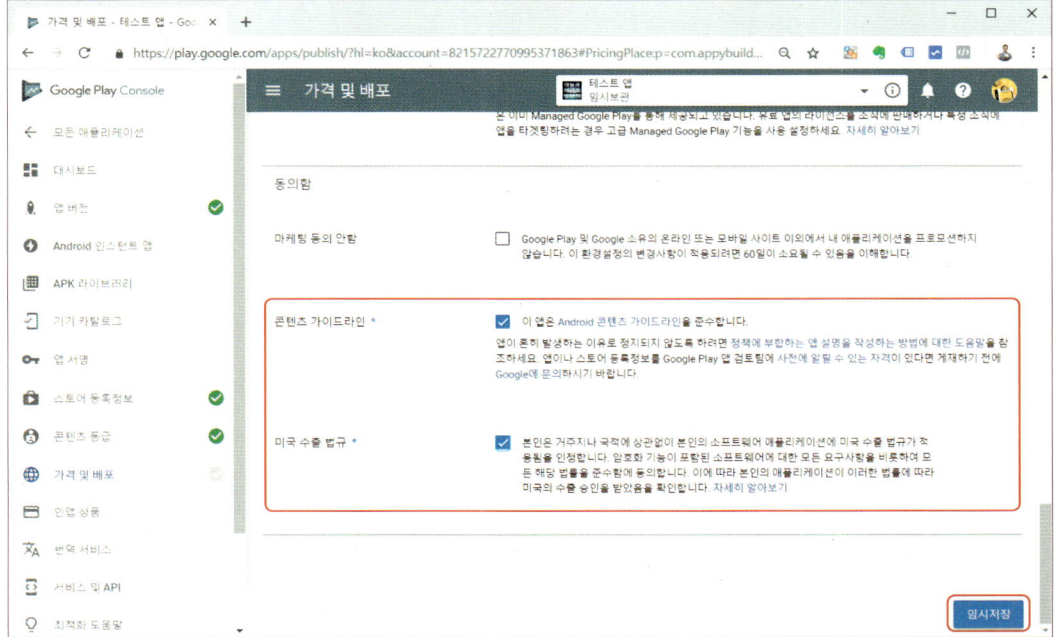

6장 구글 플레이에 앱 출시

34 그러면 [임시저장]에서 [출시준비]로 변경될 것입니다. [출시준비]를 클릭합니다.

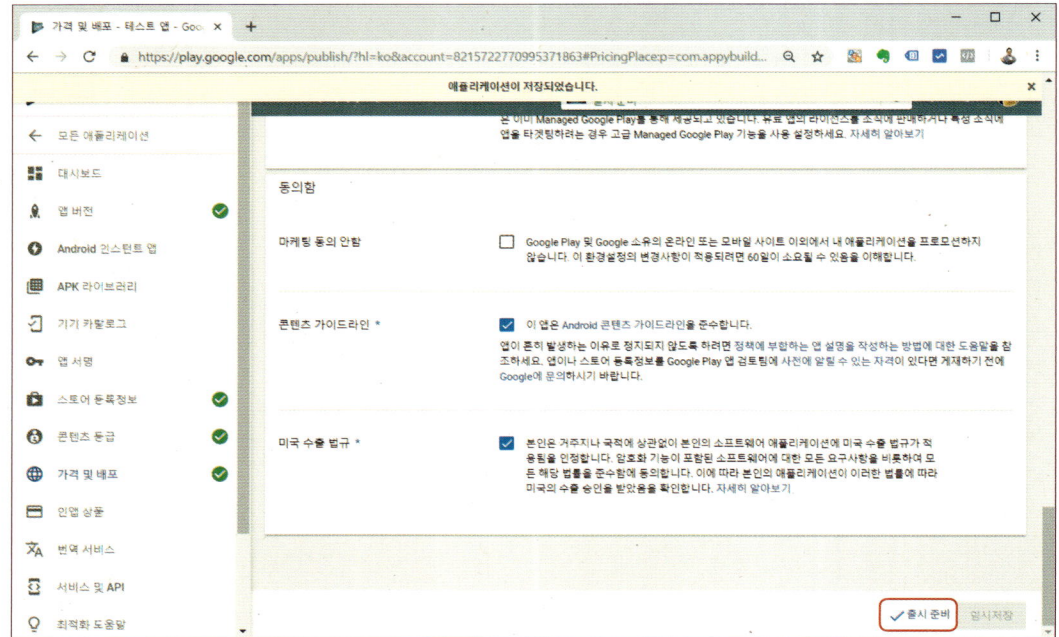

35 [출시준비]를 클릭하고 나면 아래와 같은 화면이 나타나는데 [버전관리]를 클릭합니다.

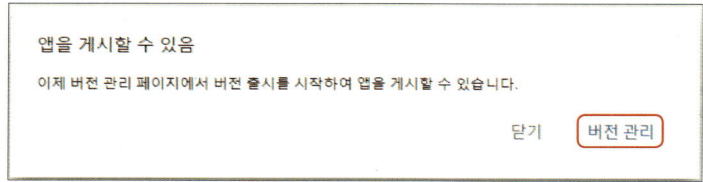

36 [버전관리]를 클릭하면 다시 앱 버전 화면으로 넘어오게 되는데 여기서 프로덕션 트랙의 [버전 수정] 버튼을 클릭합니다.

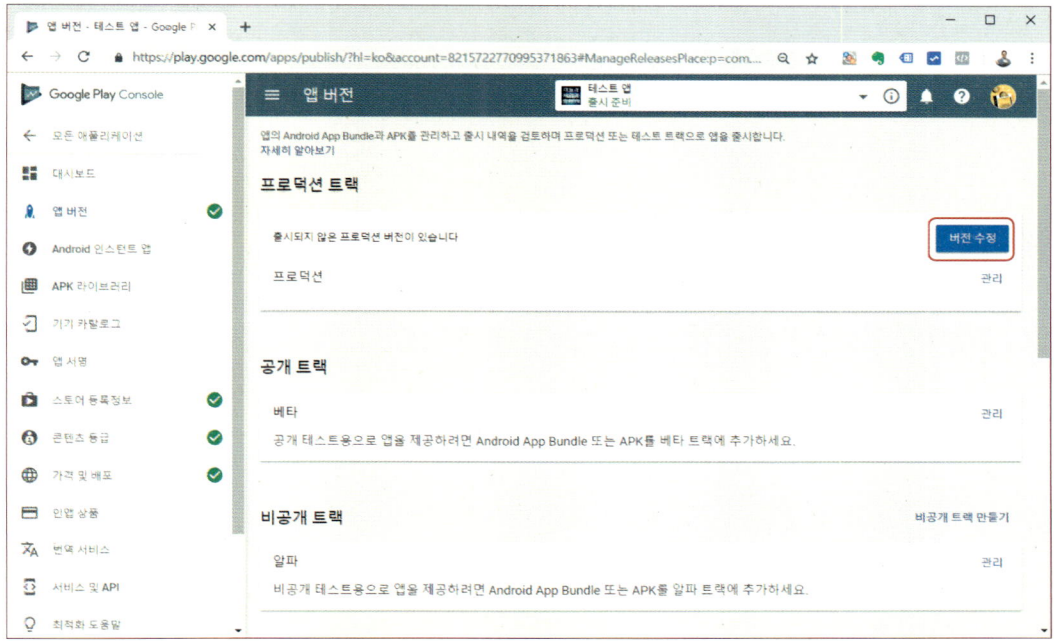

37 그렇게 하면 아까 실행했던 앱 업로드 화면으로 오게 되는데, 화면 아래 부분으로 스크롤하면 [검토] 버튼이 보일 것입니다. [검토] 버튼을 클릭합니다.

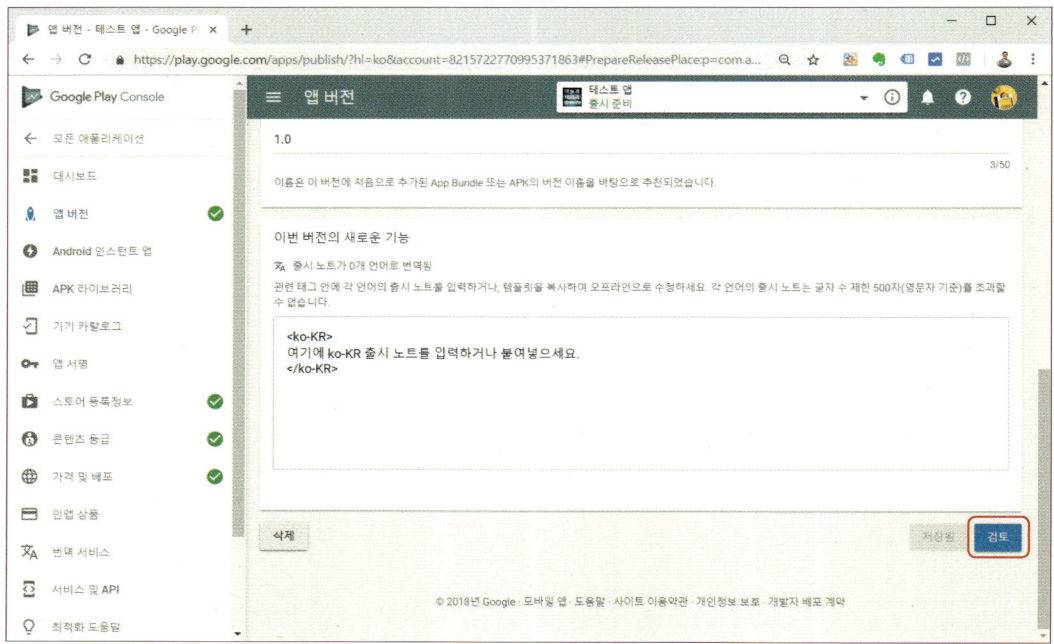

38 [검토] 버튼을 클릭하면 [프로덕션 출시 시작] 버튼이 생성됩니다. 클릭합니다.

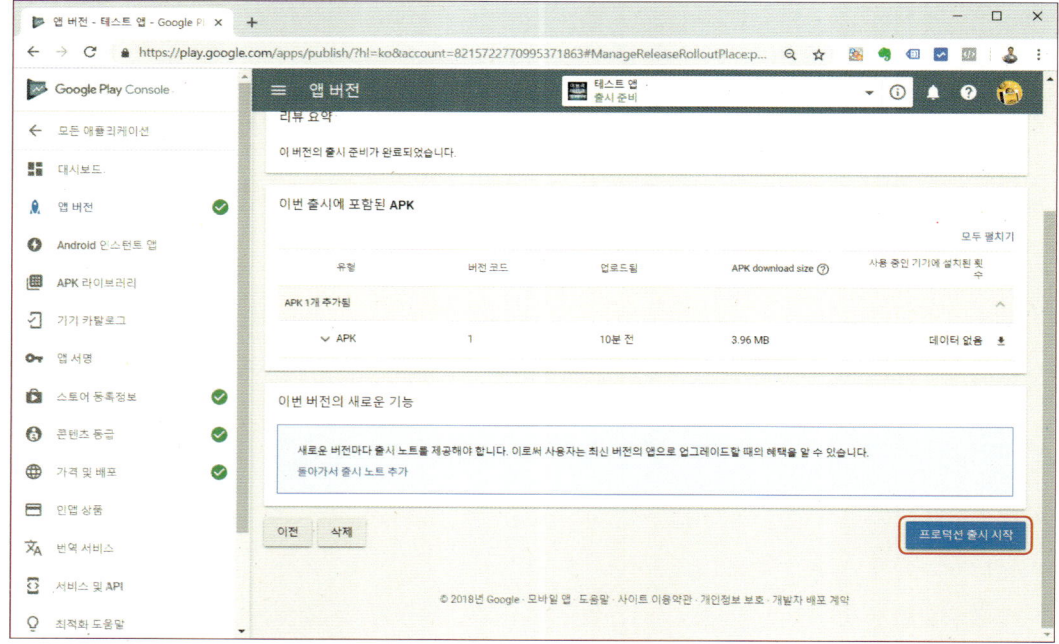

39 화면처럼 '이제 Play 스토어의 모든 사용자가 앱을 사용할 수 있게 됩니다. 계속하시겠습니까?' 메시지가 출력됩니다. [확인]을 클릭하면 구글 플레이에 여러분이 제작한 앱이 출시됩니다.

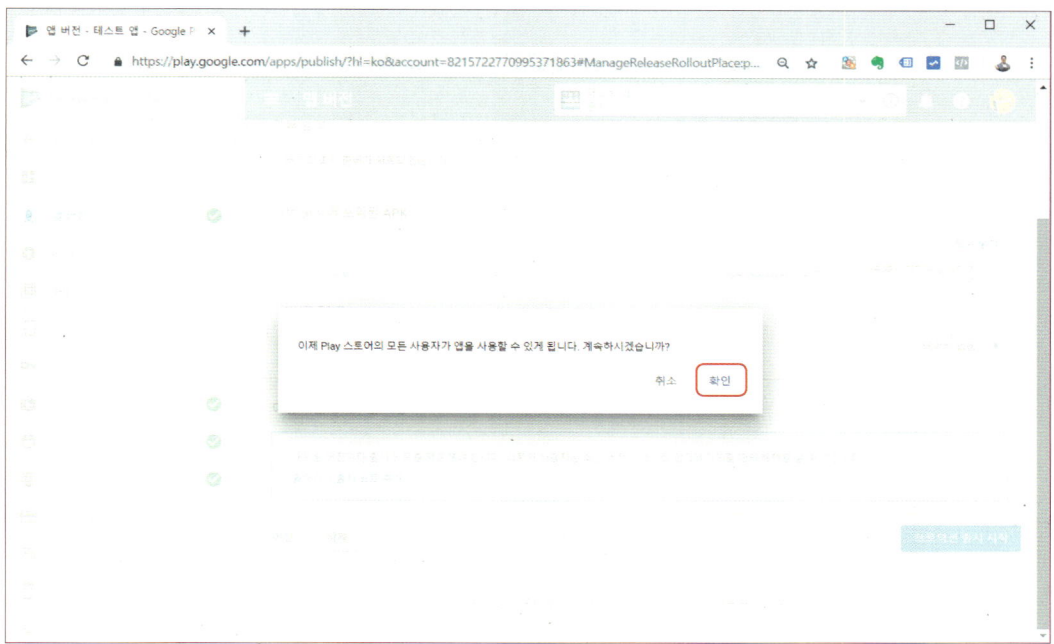

40 앱이 출시되면 아래 화면에서 출시 결과를 볼 수 있습니다. 아래 화면에서 나오지는 않았지만 앱이 출시되면 [상태] 부분에 '보류중'이라고 뜰 것입니다. 이것은 앱이 구글 측으로부터 심사를 받고 있다는 것이며 2-3시간(길면 반나절) 정도 경과하면 앱의 상태가 '출시됨'으로 변경됩니다.

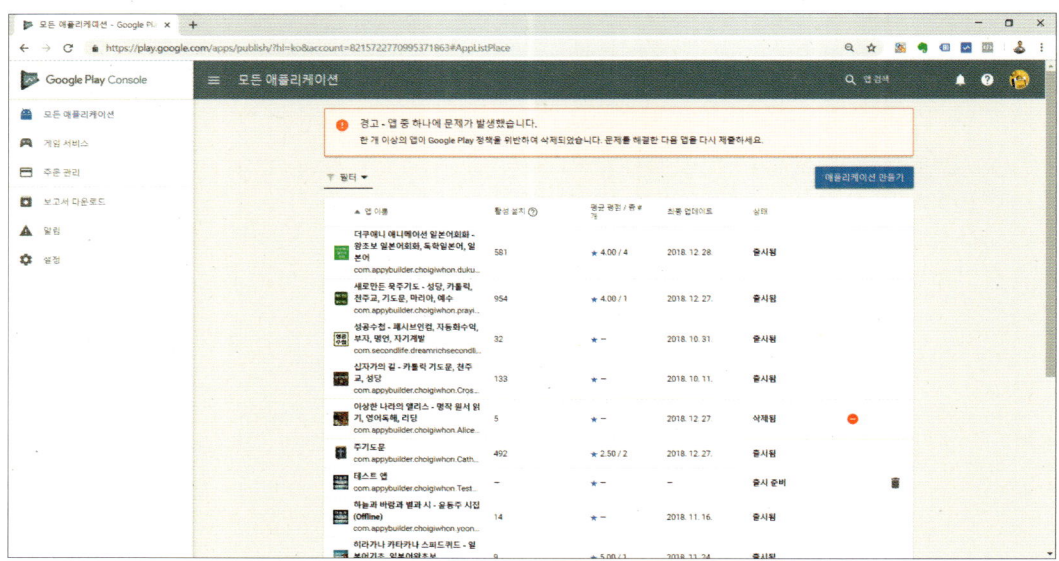

41 구글 플레이로 이동하여 여러분이 출시한 앱을 검색해 볼 수 있습니다. 아마 첫 출시 후에는 바로 검색되지 않을 것이며 1일 정도가 경과하면 구글 플레이에서 검색되기 시작할 것입니다.

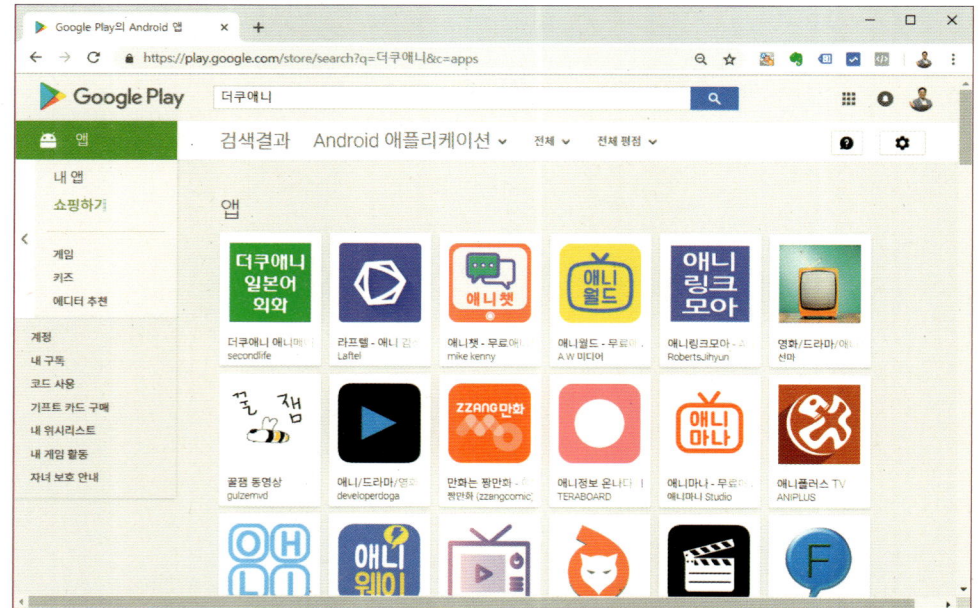

42 아래와 같이 여러분이 만든 앱의 정보를 구글 플레이에서 직접 확인할 수 있습니다.

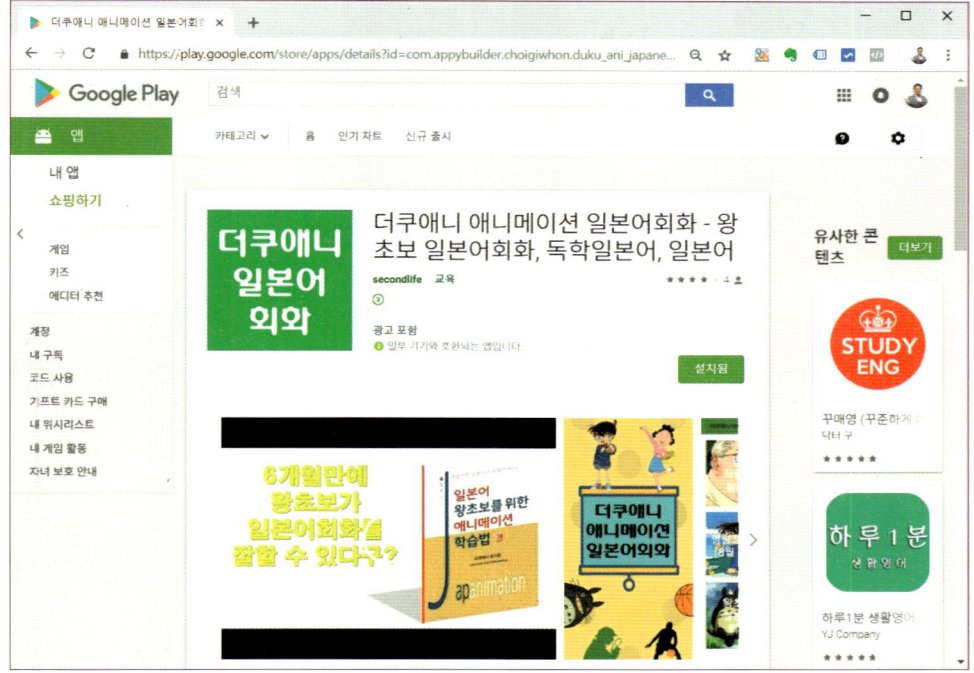

6장 구글 플레이어 앱 출시

43 앱의 사용자가 늘어나고 댓글을 추가할 수도 있습니다.

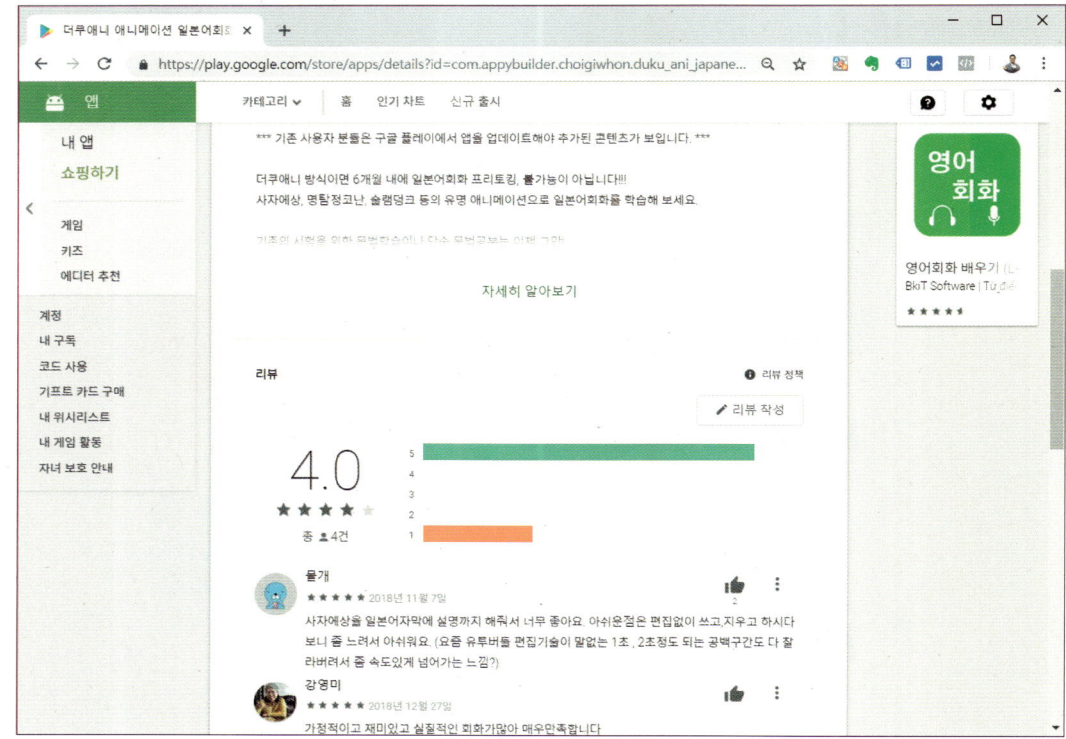

44 앱의 현재 버전 및 추가 정보를 확인할 수 있습니다. 또한 설치 수도 확인이 되는데 구글 개발자에서 보이는 설치 수와 구글 플레이에 보이는 설치 수가 일치하지는 않습니다. 정확한 설치 수는 구글 개발자에서 보는 것이 더 정확합니다.

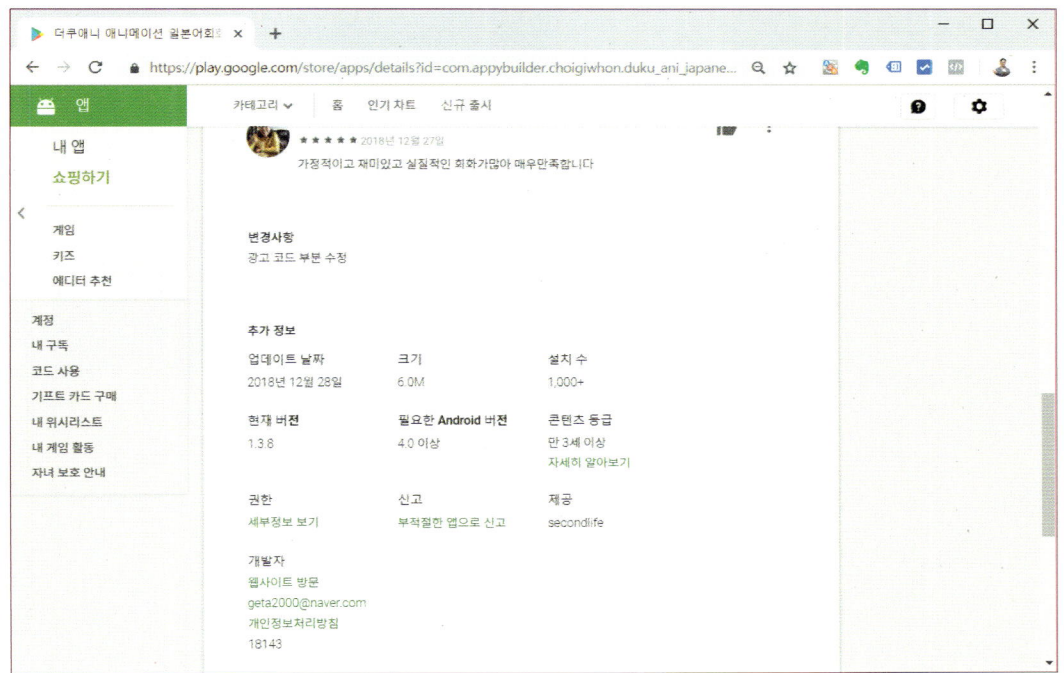

이상으로 구글 개발자를 통해 여러분의 앱을 출시하고 확인하는 작업까지 진행했습니다. 위의 과정을 한번만 해보면 앱을 출시하는 과정이 결코 어렵지 않다는 것을 알 수 있습니다.

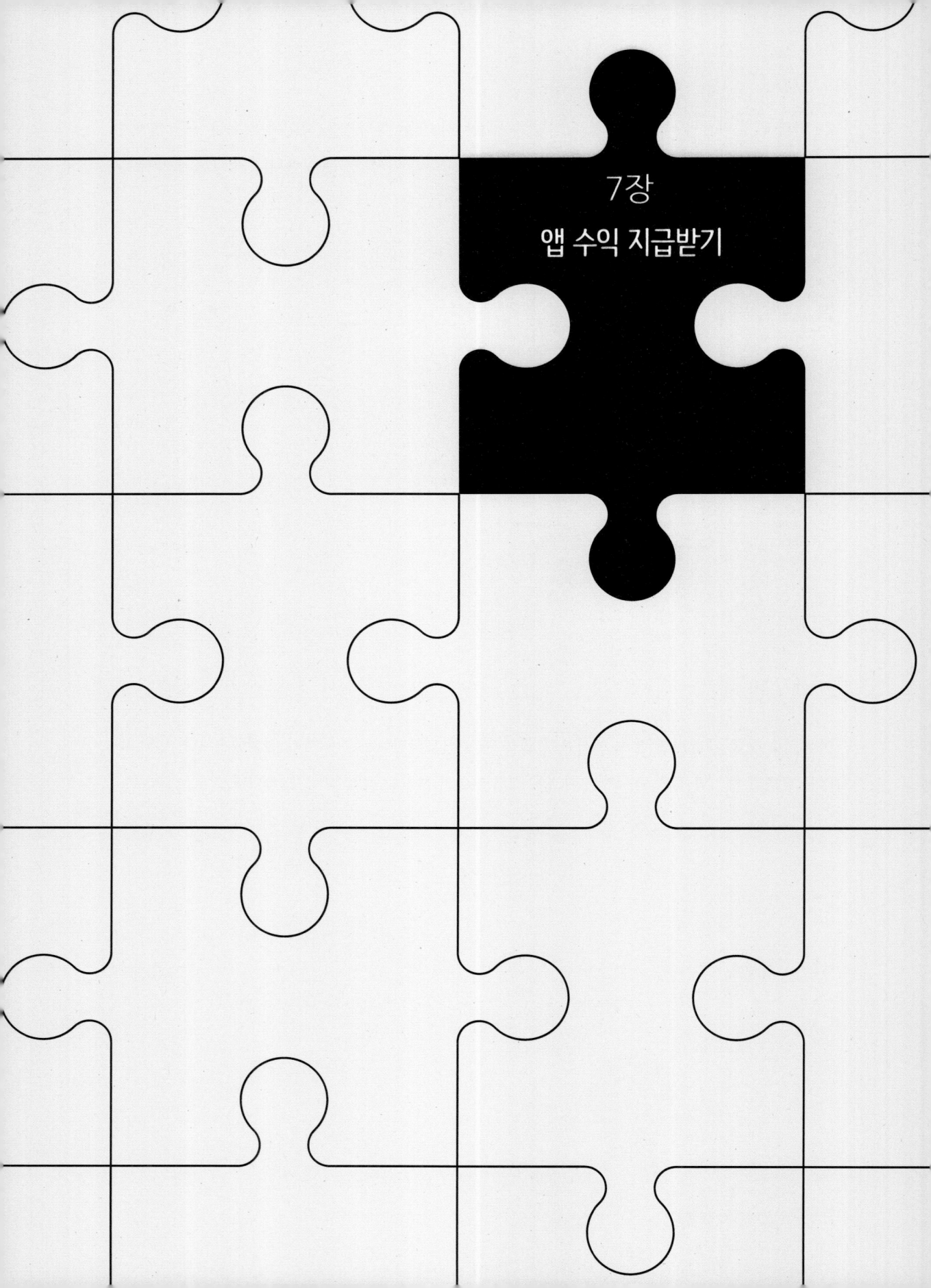

7장
앱 수익 지급받기

이제 마지막으로 여러분이 만든 앱에서 벌어들인 수익을 실제로 받을 수 있도록 설정해 보겠습니다. 본 과정을 잘 진행해야 구글로부터 수익을 실제로 받을 수 있으므로 절차를 잘 따라하기 바랍니다.

1. 구글로부터 입금받기 위한 외환통장 개설

티스토리 블로그, 유튜브, 애드몹을 통해 애드센스와 연동하여 수익을 창출했다면 구글로부터 수익을 입금 받을 수 있습니다. 하지만 이렇게 수익을 통장으로 받으려면 외환통장을 개설해야 합니다. 그리고 개설한 외환통장의 정보를 구글 애드센스에 입력해야 합니다.

외환통장은 각 은행 창구에서 개설할 수 있습니다. 구글 애드센스에서 발생한 수익은 외환이므로 실제 한국의 통장으로 입금받을 때는 수수료가 발생합니다. 이 때 수수료가 가장 저렴한 은행이 SC제일은행입니다. SC제일은행은 300달러까지는 수수료가 없습니다. 그러므로 조금이라도 수수료를 아끼고 싶다면 SC제일은행에서 외환통장을 개설하면 됩니다. 개설 목적을 물어볼 경우에는 '구글 애드센스 입금 통장'이라고 하면 됩니다.

그리고 외환통장에는 SWIFT CODE라고 하는 것이 나오는데 이것은 각 은행의 고유코드라고 보면 됩니다. 이 정보를 추후 구글 애드센스에 입력해야 하므로 개설한 통장의 SWIFT CODE 및 영문 주소 등을 잘 기입해 두었다가 구글 애드센스 출금 통장 등록 시 입력하면 됩니다.

SC제일은행 다음으로 수수료가 저렴한 것은 우체국 외환통장입니다. 우체국 통장은 한번 전송 시 5,000원의 수수료가 발생합니다. 그리고 기타 은행은 금액 1회 전송 시 10,000원의 수수료가 부가됩니다. 우리가 초기에는 아무리 열심히 해도 수익이 100달러 이상을 넘기가 힘듭니다. 열심히 했는데 거기에서 10,000원의 수수료가 발생한다고 하면 아무래도 조금 아까울 것입니다. 따라서 집 근처에 SC제일은행이 있으시다면 SC제일은행에서 외환통장을 개설하는 것을 추천드리며 SC제일은행이 없다면 우체국 외환통장 개설을 추천드립니다.

저의 경우에는 카카오뱅크를 이용하고 있습니다. 카카오뱅크도 수수료가 10,000원이 발생합니다만 저의 경우에는 카카오뱅크의 편리함 때문에 카카오뱅크를 활용하고 있습니다. 카카오뱅크는 CITI은행의 SWIFT CODE를 활용하고 있으므로 당연히 외환을 받을 수 있습니다. 만약 은행 일로 번거롭게 다니기 싫으시다면 간편하게 카카오뱅크를 개설하는 것도 좋겠습니다.

각 은행의 SWIFT CODE는 다음과 같습니다.

은행명	영문 은행명	SWIFT 식별 코드
국민은행	KOOK MIN BANK	CZNBKRSE
농협	NATIONAL AGRICULATURAL COOPERATIVE FEDERATION	NACFKRSEXXX
기업은행	INDUSTRIAL BANK OF KOREA	IBKOKRSE
외환은행	KOREA EXCHANGE BANK	KOEXKRSEXXX
신한은행	SHIN HAN BANK	SHBKKRSE
우리은행	WOORI BANK	HVBKKRSEXXX
하나은행	HANA BANK	HNBNKRSE
한국씨티은행	CITIBANK KOREA	CITIKRSX
우체국	KOREA POST OFFICE	SHBKKRSEKPO
SC제일은행	STANDARD CHARTERED FIRST BANK KOREA	SCBLKRSE
부산은행	BUSAN BANK	PUSBKR2P
대구은행	DAEGU BANK	DAEBKR22
경남은행	KYONGNAM BANK	KYNAKR22XXX
광주은행	THE KWANGJU BANK, LTD.	KWABKRSE
카카오뱅크	CITIBANK KOREA INC-KAKAO	CITIKRSXKAK

2. PIN 번호 입력하기

PIN 번호는 여러분의 애드센스 수익이 10달러가 넘어가면 받을 수 있는 번호입니다. 이 PIN 번호는 애드센스 가입 시 입력했던 여러분의 집 주소로 전달되는데 우편물로만 받을 수 있습니다. 따라서 구글 애드센스 등록 시 우편물을 받을 수 있는 주소를 정확하게 기입해야 합니다.

10달러의 수익이 발생하면 아래와 같이 PIN 번호가 들어있는 우편물을 받아볼 수 있습니다.

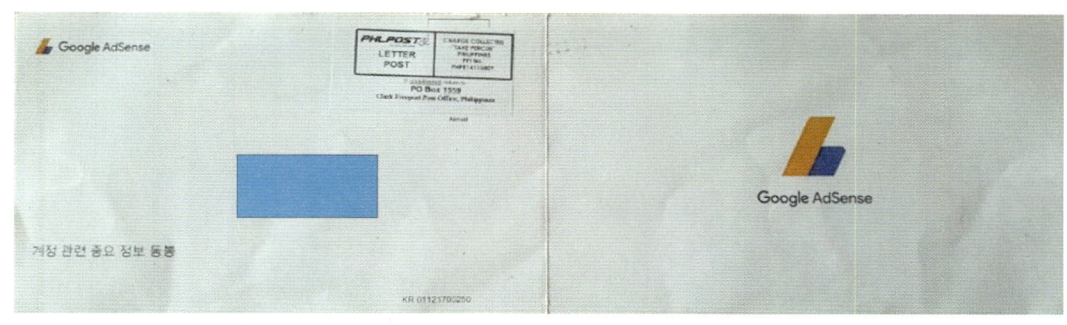

PIN 번호를 확인했다면 구글 애드센스 사이트의 [계정] 메뉴를 클릭하여 여러분의 정보를 업데이트하면 됩니다. 이때 PIN 번호를 입력할 수 있습니다.

01 구글 PIN 번호가 입력되지 않은 상태에서는 아래와 같이 [주소를 확인하지 않아 지급이 보류 중입니다]라는 메시지가 상단에 출력됩니다.

02 왼쪽 메뉴의 [설정] → [계정 정보]로 이동합니다. 우측과 같이 주소 및 계정 상태를 등록하는 부분이 표시됩니다. [주소 인증]을 클릭합니다.

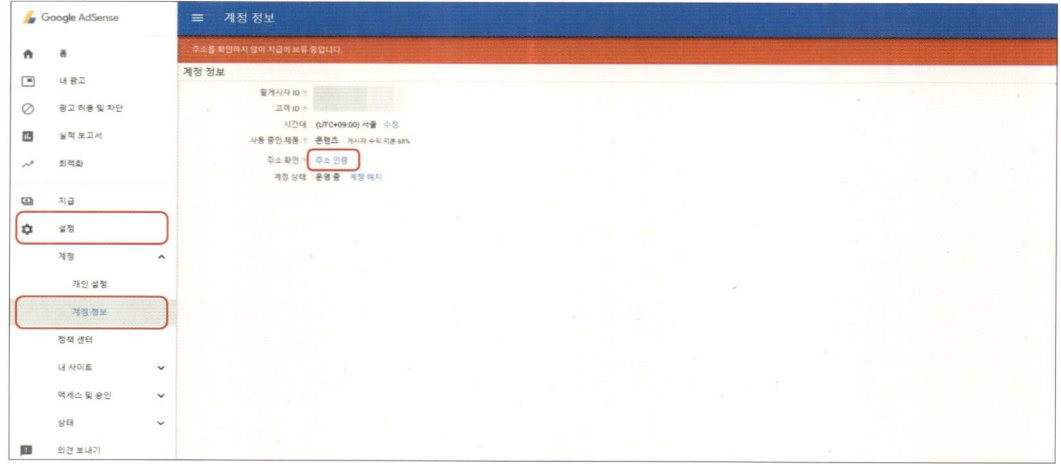

03 PIN 번호 입력과 함께 PIN 번호 우편물을 받을 수 있는 주소를 입력합니다. 이곳은 한글로 입력하셔도 됩니다. PIN을 입력하고 [PIN 제출] 버튼을 클릭합니다.

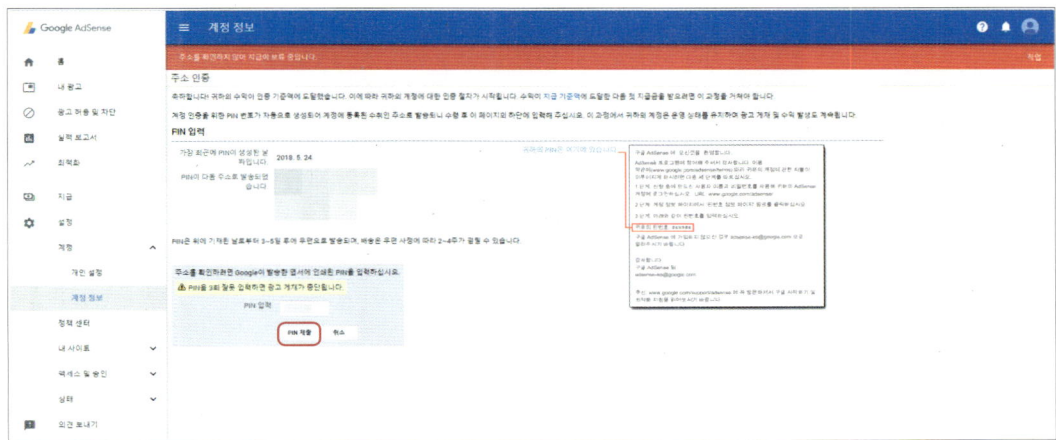

04 [PIN 제출]을 클릭하면 아래와 같이 버튼이 비활성화됩니다.

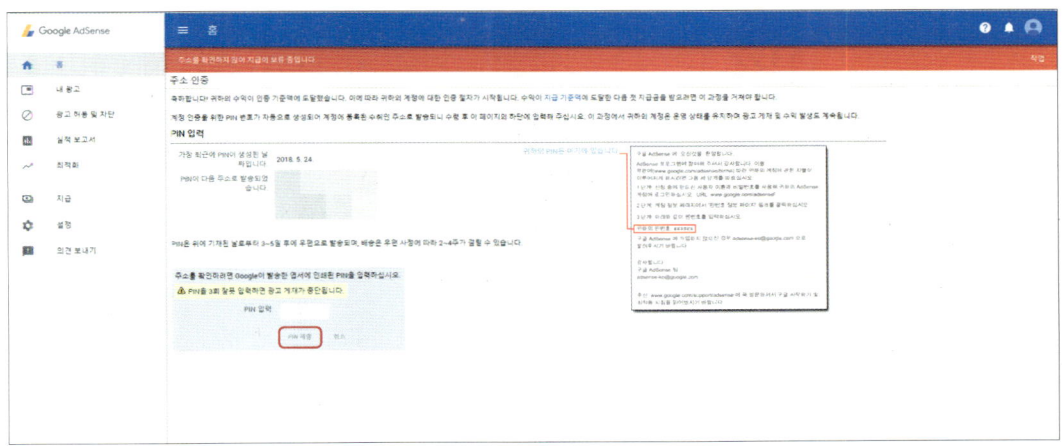

05 정확히 기입한 상태에서 애드센스 홈 화면으로 오면 조금 전까지 출력되었던 메시지가 사라집니다.

06 다시 [설정] 부분으로 들어가면 PIN이 정상적으로 등록되었음을 확인할 수 있습니다.

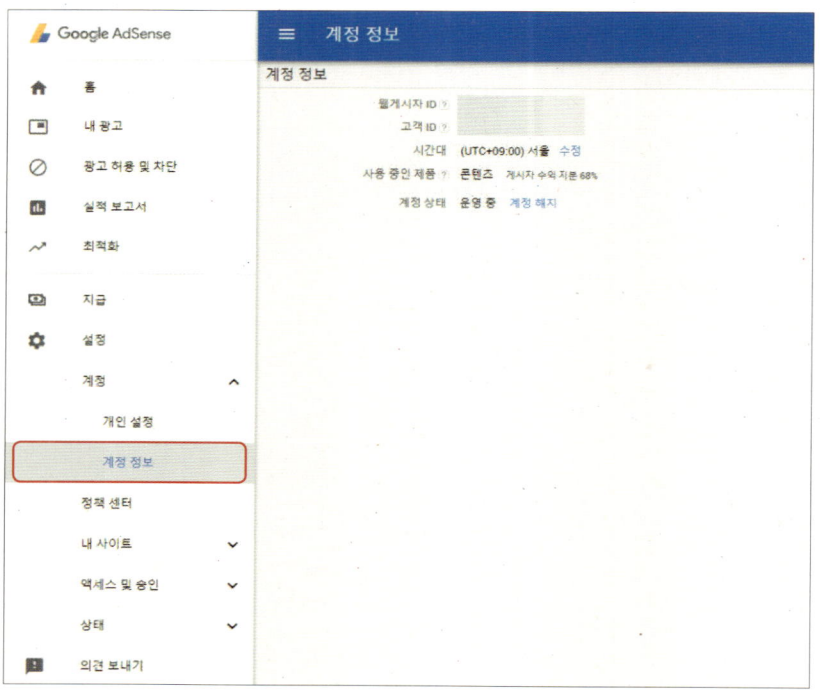

3. 구글 애드센스에서 지급 설정하기

외환통장 개설이 완료되었다면 이제 구글 애드센스에 여러분의 수익을 받을 수 있는 외환통장을 등록하는 절차만 남았습니다.

아래 절차를 그대로 따라하기 바랍니다.

01 구글 애드센스 메인 화면의 왼쪽 메뉴에서 [지급]을 클릭합니다.

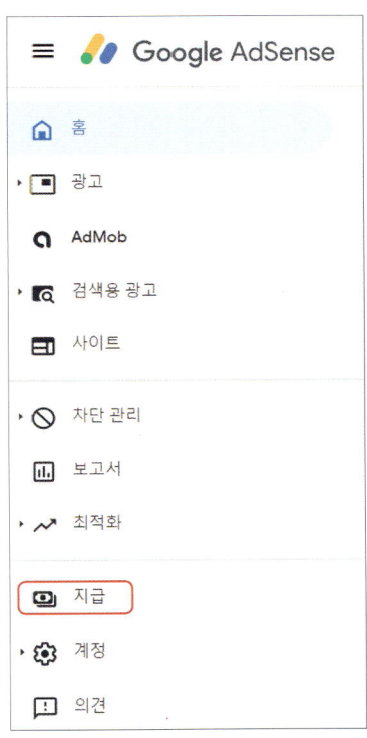

02 아래 화면에서 [지급 받는 방법] → [결제 수단 관리]를 클릭합니다.

03 [결제 수단 추가]를 클릭합니다.

04 아래의 화면이 나타나면 여러분이 개설한 외환통장의 정보를 입력합니다. 이 부분은 통장에 있는 그대로 작성해야 합니다. 당연히 영문입니다.

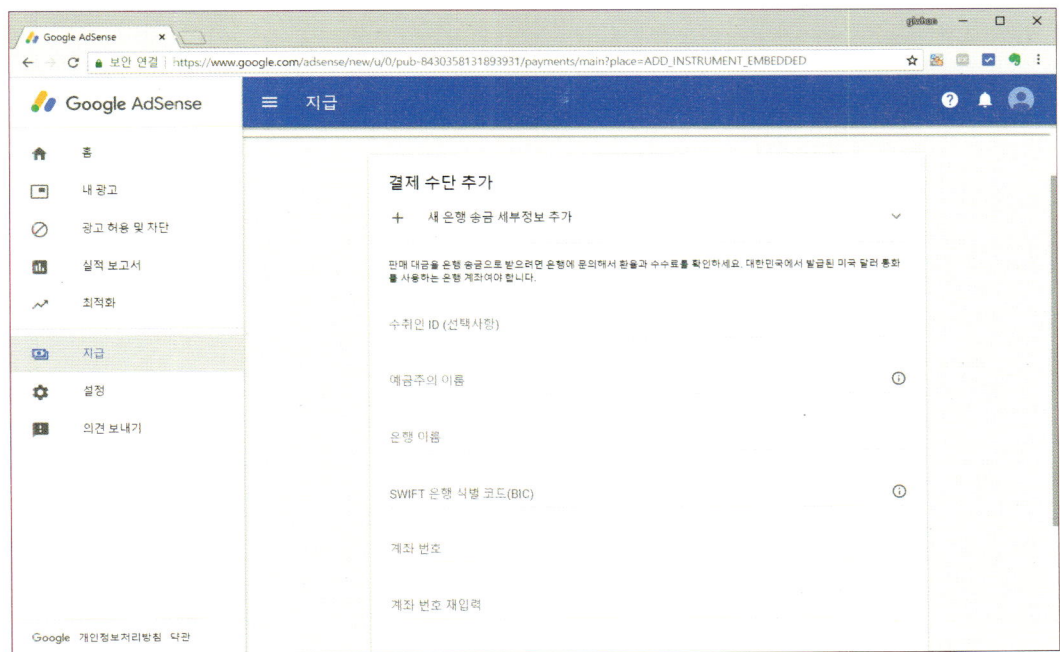

05 저의 경우에는 카카오뱅크로 입력하였습니다. 여러분은 여러분의 외환통장 정보를 입력하면 됩니다.

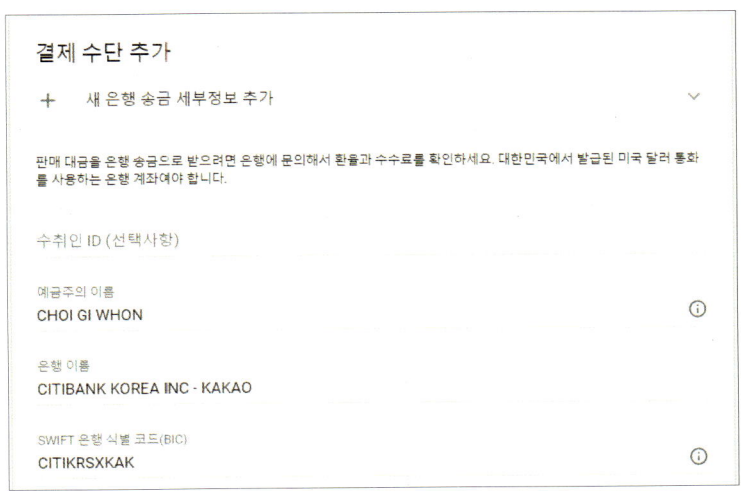

06 모든 정보를 입력하고 [저장]을 클릭하시면 아래 화면과 같이 여러분의 외환통장 정보가 구글 애드센스에 등록됩니다.

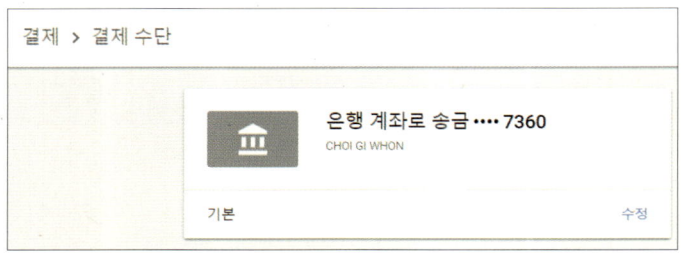

07 수익 확인은 지급 메뉴에서 가능하며 월 수익이 100달러를 넘으면 그 달 21일 경에 아래와 같이 구글로부터 지불 영수증을 받을 수 있습니다.

08 구글로부터 받은 지불 영수증입니다. 이 영수증을 받았다고 해서 외환통장에 바로 입금이 되는 것은 아닙니다. 이 영수증을 받을 날로 5일 이내에 실제 여러분의 외환통장에 입금이 됩니다. 만약 1주일이 넘게 입금되지 않으면 통장을 개설한 은행측에 확인 전화를 하면 됩니다.

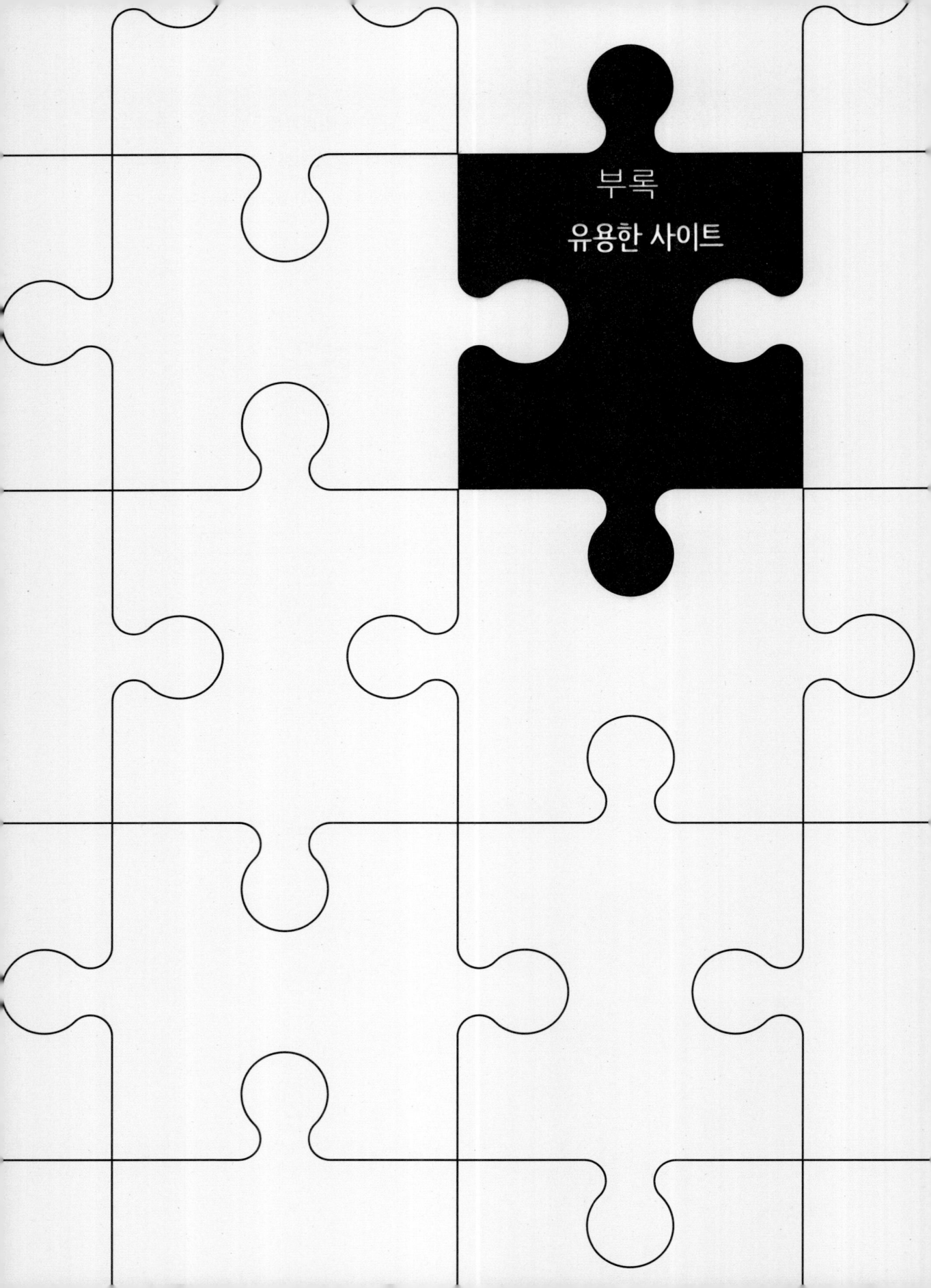

부록

유용한 사이트

1. 앱인벤터 도큐먼트 사이트

앱인벤터를 처음 사용하는 유저들에게 다양한 무료 학습 리소스를 제공합니다.

http://appinventor.mit.edu/explore/ai2/tutorials.html

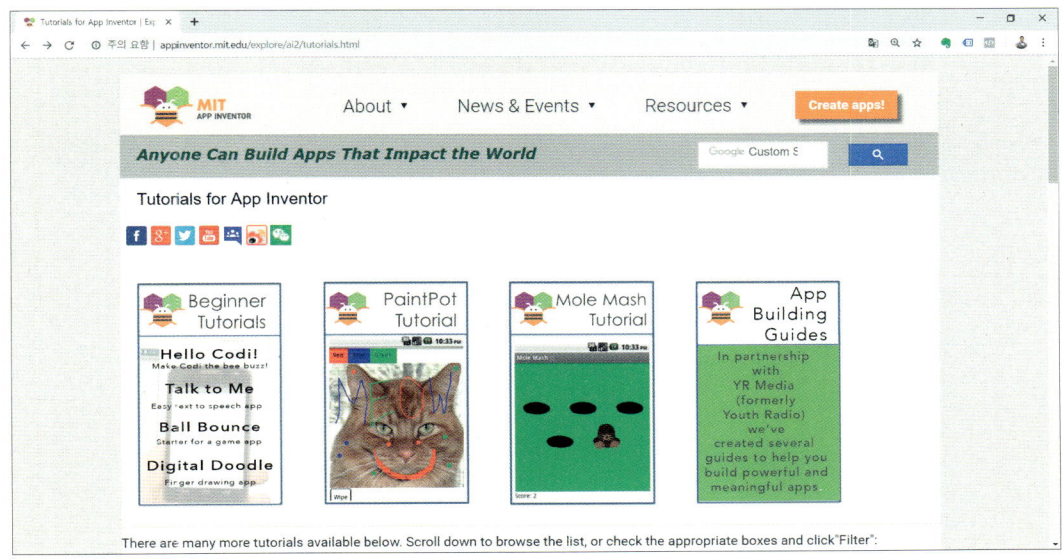

2. 무료 앱인벤터 교재 (영어)

http://www.appinventor.org/book2

앱인벤터 교재를 온라인에서 무료로 학습할 수 있습니다. PDF로 받을 수 있을 뿐만 아니라 영상 튜토리얼도 제공하므로 앱인벤터를 처음 사용하는 초보자들에게는 유용한 사이트입니다.

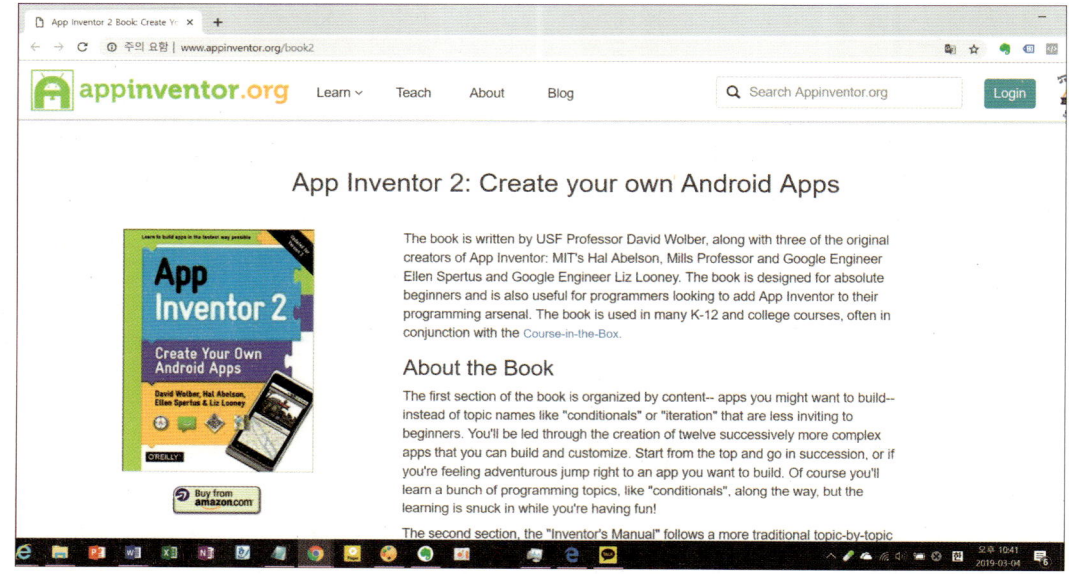

3. 패시브인컴으로 부자되기 연구소

http://cafe.naver.com/appbuja

저자가 운영하는 카페입니다. 먼저, 무료 어플을 통한 수익 창출 방법을 연구하고 있으며, 종이책과 전자책의 셀프 출간을 통한 수익 창출 방법도 연구하고 있습니다. 구글 플랫폼은 항상 새로운 내용으로 업데이트 되므로 변경 사항은 카페에서 지속적으로 확인하실 수 있습니다.

부록 - 유용한 사이트

"세컨드라이프TV" 유튜브를 운영하고 있습니다.

인터넷 강의(유료)도 진행하고 있으며, "패시브인컴으로 부자되기 연구소" 카페에서 별도로 신청할 수 있습니다.

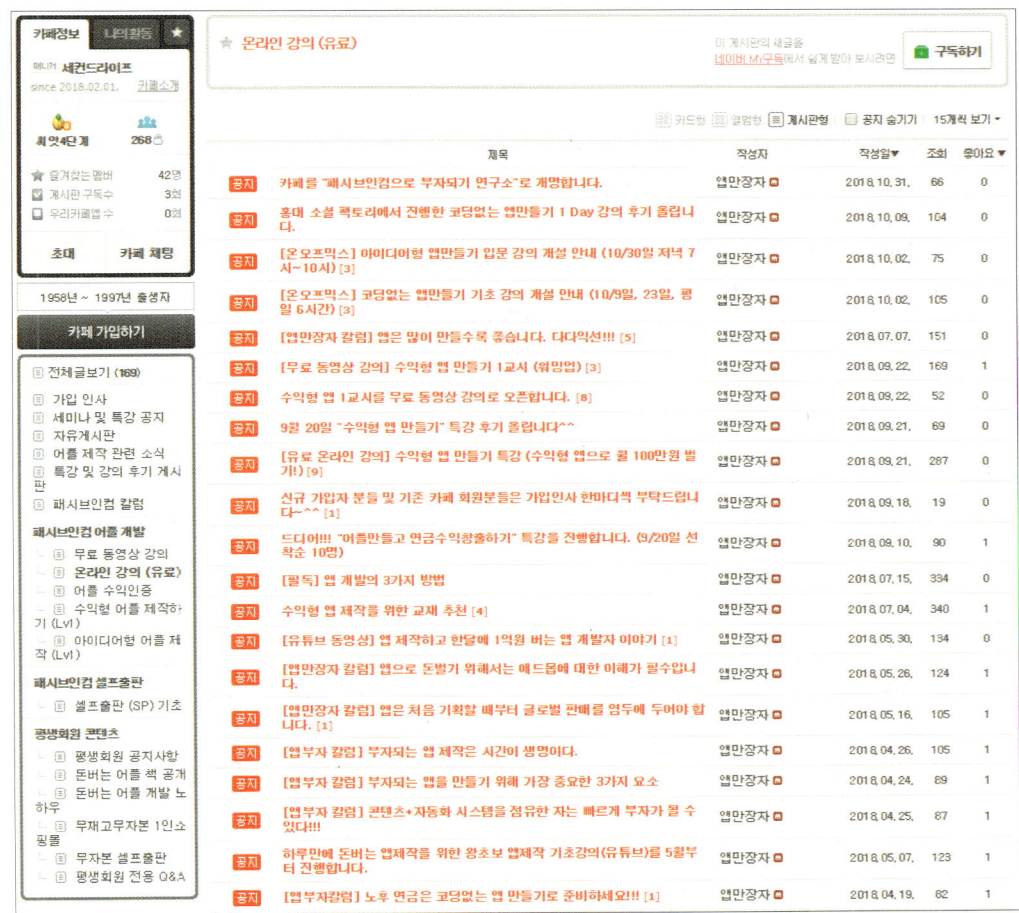

부록 - 유용한 사이트

에듀캐스트에서 "돈버는 앱 인벤터"를 검색하면 저자와 만날 수 있습니다.

https://educast.com

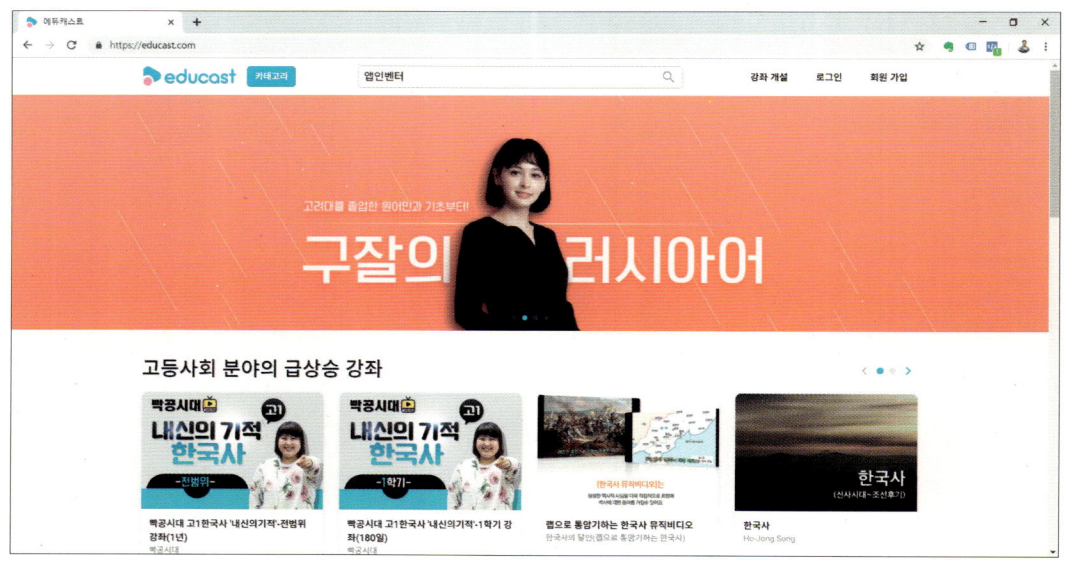